越境するリーダーの役割と育成

企業家的ミドルの探索

ENTREPRENEURIAL
MIDDLE MANAGEMENT

福原康司［著］

同文舘出版

はしがき

筆者がミドル・マネジメントに関する研究に取り組み始めた大学院修士課程の頃，日本の経営学会ではミドルに関する研究が非常に活発だったこともあり，腰掛け程度の浮ついた気持ちで大学院に進学した筆者にとって，その時代に流行っていた研究テーマに安直に飛びついたことはある意味必然の流れであった。そして，日本企業にICTが普及し始めた時代でもあり，コミュニケーション・メディアとしてのミドルが将来的には淘汰されるだろうとまことしやかに叫ばれていたこともあって，あまのじゃくを自認する筆者は，世の中で不必要だと言われると，その存在意義を理論的に究明したいという欲求に駆られたのも，このテーマに取り組もうとしたきっかけだったように思う。加えて，博士課程に進学し，指導教授に代わって学部のゼミ生を指導する機会が徐々に与えられるようになると，そこでのある体験がこの先ミドルが決して不要にならないことを筆者に確信させる。

その体験とは，指導教授とゼミ生の双方が筆者を介して相互に不平不満を漏らしていたことである。そういう不満のはけ口を聞く場面に直面する際，きまって「私に文句を言うのではなく，（ゼミ生や先生に）直接言ってくれませんか？」という台詞を双方に向かって言い放つ自分がそこにはいた。指導教授とゼミ生とが直接対決を忌避しながら，私に代弁させて互いの主張をぶつけ合う状況は大きく変容することなく，大学院生活が修了した。この実体験が基となり，「そうか，ミドルは管理階層だけでなく，年齢，性別や民族など，様々な種類のレイヤーを媒介する存在で，レイヤー間のギャップから生じるコンフリクトを緩衝する重要な役割を担っているから，あらゆる組織にこれからもきっと必要不可欠な存在であり続けるのだろう」という強い確信に変わった。ゼミのような小さな組織の中ですらこんなことを痛感させられたのだから，大きな組織であればなおさらだろうと漠然と感じていた。ミドルによる組織内の様々なコンフリクトの緩衝機能は，ある種の組織スラックとして研究すると大変興味深い研究テーマとなり得ることは本書の中でも若干考察しているが，それが本書のメインテーマになりはしなかった。逆説的には，こういう板挟みになってコンフリクトを吸収する煩わしい役割を背負いたくないと思う若い世代が増え，管理職に就くことを忌み嫌う傾向が強まっているのだろう。

このようにしてミドル研究は，大学院生活を終え大学で職を得てからも，少しの間は違った研究関心の下継続していた。しかし，注意力が散漫で色々なことに目移りする筆者の悪癖が顔を覗かせ，種々の研究に手を出しては引っ込めることを繰り返し，1つの研究テーマを狭く深く掘り下げながら体系的な研究を重ねるにはほど遠いものだった。理論研究によって本書の書名にある「企業家的ミドル」に関するモデル構築まではたどり着いたものの，その複雑なモデルを検証する方法に関して思考停止に陥ってしまっていたことも，ミドル研究から足が遠ざかった一因である。大学院時代の恩師に「研究テーマを1つに決めたのなら，脇目も振らずに同じテーマを探究しない限り，その研究分野の権威にはなれないし博士号も取得できない」とよく言われたのを，昨日のことのように覚えている。研究者も一芸に秀でて初めて一人前の研究者になれることを説いた恩師のこの言説が，この数年間筆者の頭の中で痛いほどリフレインすることになる。そして，重い腰をあげ，原点回帰すべくミドル研究に再び取り組み，ずいぶんと遠回りをしたがようやく博士号の取得と本書の出版に漕ぎ着けることができた。

さて，前置きが長くなったが，先述したようにだいぶ手垢のついた研究領域であるミドル研究に再びスポットライトを当てるべき理由は，序章でも触れられているように，近年日本よりはむしろ海外においてにわかにミドル研究が脚光を浴びていることに加え，日本にあってはミドルに関する大規模な実態調査が矢継ぎ早に実施されており，再び産学における関心の高まりを見せているからである。この古くて新しい研究テーマを，「企業家」なるメタファーと関連づけて論究しようと考えた筆者の意図は次の通りである。すなわち，事業創造を通じてイノベーターとしての役割をミドルが中心になって担えば，トップやロワーとの接触頻度の高いポジションであるが故に，企業内の企業家精神のカタリスト（触媒）機能としての重要な位置づけになるはずである。もちろん，こうした主張をしている研究はこれまでも散見される。しかし，企業家の重要な行動特性の1つとしてしばしば指摘される組織外部へのネットワーキング（人脈づくり）をミドルが行うことの意味や意義について言及する研究は必ずしも多くはない。イノベーターになるどころか，既存の組織ルーティンにしがみつきイノベーションや変革の足かせになってしまいがちなミドルが，主たる所属組織（例えば勤務先や家族）から一歩外に踏み出し越境活動を行うことは，組織だけでなくミドル自身の革新の契機になる可能性が高くなるだろう。ベストセラーになっているオライリー＆タッシュマンの『両利きの経営』で論じられているように，組織はとかく既存事業の規模を拡大（スケールアップ）する「深化」の方向に偏りがちで，新しく事業を創造（スタートアップ）する「探索」がなおざりになってしまう。この「深化」に傾倒する重力をはねのけ，常に「探索」を志向する組織の行動規範は，主たる組織を越境して様々な組織やコミュニティへ探索の旅に出ることによってようやく定着するはずである。本書のタイトルが，『企業家的ミドルの探索』とつけられたのは，筆者の研究が未だ探索段階にあるということも含意しているが，こうした越境活動を通じて探索の旅路に就くミドルの存在こそが，上述した組織の探索活動を促進する，という意味も込めて付したつもりである。

ただし，人は年輪を重ねるたびに，居心地の良い既存の組織やコミュニティとは距離を置き，新しいそれらに入り込む機会を拒む傾向にある。ことさら日本人にはその傾向が強いように感じる。新しい組織やコミュニティに加入し新たな人間関係を構築するには，時間や金銭，場合によっては知識習得などの様々なコストが発生することと隣り合わせで，そうしたコストを豊かな人生を送る投資だとはなかなか思えないからかもしれない。しかし，筆者の経験からするに，深い利害関係を有する主たる組織やコミュニティからいったん離れて，あまり利害のない組織やコミュニティに複数所属していると，利害の脆弱性故に日頃言えない不満や愚痴を吐露できストレス解消ができたり，普段抱えている仕事の悩みを打ち明けると，周囲から意外な視点や発想をもって新しい気づきを与えてもらえたりすることが少なくない。また，主たる組織の悪い部分だけでなく，改めて良い部分を見つめなおすきっかけになることも多い。良い所は伸ばし，悪い所は改善する努力を意識しながら組織に関与するのと，そういうことを意識すらせずに組織に従事しているのとでは，どちらが組織やその本人とって健全であるかは自明である。本書の中では，こうした組織を良い意味で批判的かつ客観的な視点から再考する能力を，批判的内省力と呼んでいるが，この批判的内省力は組織や個人が病理に蝕まれずに成長し続けるための必須能力であると筆者は信じている。

加えて，ジョブ型雇用が浸透しつつある昨今，所属組織を変転しながらキャリア開発をはかろうとする人たちが増加している。こうした状況にあって，以前所属していた組織の良さを再確認し，元サヤに戻るようなケースも増えており，企業も出戻ってくる人達に積極的に門戸を開くようになっている。また，ダブルワーク（副業）やパラレルワーク（複業）も推奨され，複数の組織に所属しながら働くことが一般的になっている。日本のこのような労働市場を取り巻く環境にあって，もはや越境活動が今後の働き方にビルトインされるような動向すらあり，否応なしに越境活動をせざるを得ない時代が近い将来訪れる様相を呈している。そのような未来を先取りして，とりわけ３つの管理階層の中で年輪を重ねて越境活動に消極的になりがちなミドルこそが越境活動を行う意味や意義を究明することは，理論的かつ実践的な示唆が多くあると言えるだろう。

普段積極的に越境活動に取り組んでいるミドルの人達には，自己の実践経験を理論的に内省する機会として，反対に越境活動に消極的なミドルの人達には，越境活動に取り組む価値を理論的に学習し一歩外に出る勇気をもってもらう啓蒙書として，本書をぜひ手に取って読んでもらえたら幸甚の至りである。

福原康司

企業家的ミドルの探索
―越境するリーダーの役割と育成―
◎目次

第3章

ネットワーク形成過程の行為主体とパワー

第4章

境界連結者としての企業家的ミドルの機能

第5章

企業家的ミドルのネットワーク・リーダーシップにおける信頼とパワー

第6章 企業家的ミドル育成基盤の社内ベンチャーの実態と課題

第7章 語りによるリーダーシップの開発と越境学習

補章

企業家的ミドルのパワーと信頼に関する探索的調査

企業家的ミドルの探索

—越境するリーダーの役割と育成—

序章

日本企業の競争優位の組織的な要因の１つに，ミドル・マネジメント（以下ミドル）を創発的戦略（emergent strategy）の主体としたイノベーションの生成メカニズムを主張する研究は，これまで多く存在する（例えば，加護野, 1988; 金井, 1991; 金井ら, 1994; 河合, 1999; 野中, 1990; Nonaka & Takeuchi, 1995; 十川, 2002）。実際，80年代までの日本の高度経済成長期を支えた大企業においては，トップ・マネジメント（以下トップ）による強いリーダーシップの発揮によって組織を牽引し多くのイノベーションを生み出してきたというよりも，いわゆる闇研と呼ばれている非公式な研究開発の余地を意図的に現場に与え，ロワー・マネジメント（以下ロワー）とミドルとが共闘して自らのアイデアをトップに対して交渉し承認に漕ぎ着けることで，数々のイノベーションを起こしてきたと言える。

しかしながら，バブル崩壊後の90年代以降になると，こうした日本企業の競争優位の源泉であったミドルによる創発的戦略が足かせになり，グローバルマーケットの中で迅速な製品開発と市場投入を武器にした海外企業に対して競争劣位を強いられ，環境不適合を起こすことになる。むしろ，トップダウンによる事業の選択と集中を強力に推進した日本企業が競争優位を確立するようになり（三品, 2004），日本企業におけるミドルの存在意義が薄れていったように思われる。加えて，日本企業にICT（Information and Communication Technology）が浸透すると，命令系統におけるコミュニケーション媒体としてのミドルの不要論がまことしやかに叫ばれるようにもなり，ミドルにとって不遇の時代が到来する。経営戦略論や経営管理論，あるいは経営組織論等の観点から，ミドルは本当に不要になるのだろうか。

こうした問いに対して１つの答えを出してくれたのは，沼上ら（2007）である。彼らは，企業の内向きの調整志向が強くなったりフリーライダーが顕著になったりして組織が重くなると，ミドルによる創発的戦略が機能不全になるのであって，こうした組織の重さを軽減しミドルを機能ならしめれば，依然としてミドルの役割はその輝きを失わないことを実証的に明らかにしている。また，上述したように日本では過去にミドル研究が精力的に取り組まれだいぶ手垢のついた研究領域になってしまったからなのか，近年下降の一途をたどっている感すらあるのに対して，米国ではフロイド＆ウォルドリッジ（Floyd & Wooldridge, 2017）が編者となり，様々な国のミドル研究の第一人者を招集して *Handbook of Middle Management Strategy Process Research* を発刊している。MBA教育の盛んな米国においてトップダウンによるSBU（Strategic Business Unit）経営信仰がある種のドミナント・ストーリーとして流布する中で（Mintzberg, 2004），米国の経営学者達がイニシアティブを取ってミドル研究のハンドブックシリーズを出版した事実は，これまで欧米でのミドルに関する体系的な研究叢書が皆無に等しい状況だっただけに，むしろ世界ではミドル研究に熱い眼差しが向けられている表れであろう。加えて，日本でもミドルに関する大規模な調査が直近で行われており（例えば，一般社団法人日本経営協会の2016年『日本のミドルマネジャー白書』や産業能率大学総合研究所の2020年『日本企業のミドルマネジャー調査報告書』等），ミドルの現状把握と課題についての検討が実務界で再び注目を集めている。

こうした動向にあって，本書ではこの古くて新しいミドル研究を改めて取り上げるに際して，「企業家的」という形容詞に着目することにする。これまでミドル不要論が産学で繰り返し叫ばれてきたが，その度に「企業家的ミドル」や「ミドルによる企業家精神の発揮」というキーワードがどこからともなく湧き上がる一方で，ミドルに企業家精神あるいは企業家的行動を発揮させるということが何を意味しているのか，必ずしも統一的見解がなく，各人各様に使用されてきたように思われる。こうした暗黙知としての「企業家的ミドル」あるいは「ミドルによる企業家精神や企業的行動の発揮」なる言語使用を形式知化したい，という研究目的から本書はスタートしている。

第二の研究関心としては，これまで幾度となくミドルのネットワーキングの重要性が指摘されてきたが，その主な舞台は組織内にフォーカスした研究が多く（例えば，金井, 1991; 河合, 1999; Nonaka & Takeuchi, 1995; 十川, 2002），ミドルによる組織外部へのネットワーキングに関する研究蓄積は極めて脆弱である。ここでネットワーキングとは，人脈づくりのことを意味するが，組織外部への人脈づくりを通じて協働行為を推進する過程を，本研究ではネットワーク・リーダーシップと称して，ミドルによるネットワーク・リーダーシップを解明することが次の研究目的となる。その理由は，組織内部においてネットワーク・リーダーシップを発揮する場合，そこには自ずと階層組織というしがらみの中でリーダーシップを発揮しなければならない一方で，そうした階層組織内のポジションに付帯する権限や責任という呪縛から相対的に解放された組織外部で協働行為を推進する場合，必然的にリーダーシップの発揮方法が異なることが予想されるからである。

加えて，これまでのリーダーシップ研究，とりわけ日本のリーダーシップ研究の多くが，上述したような組織内部でリーダーが行使する影響力やパワーに着目しており，組織外部でのリーダーシップ研究となるとその研究蓄積は必ずしも潤沢とは言えない。こうした日本でのリーダーシップ研究の状況にあって，高木（1995）はポリエージェントシステムというモデルを用いてネットワーク・リーダーシップを究明しようとした希有な研究に位置づけられる。しかしながら，高木の研究は，ネットワークを形成する際の行為主体間の関係性にのみ着目しており，そうした関係性がどのような変数によって構築されるかについてはブラックボックス化されている。また，金井（1994）もネットワーキングの過程を解明しているが，その行為主体はトップを想定した研究であり，ミドルによる組織外部へのネットワーキングに注目したものではない。

第三の研究目的は，上述したミドルによる組織外部でのネットワーキングが，所属組織へのイノベーション生成においてどのような意義や意味を持つかを究明することにある。組織内にしかネットワークを持たないミドルは，必然的に内省機会が制約された存在であり，既存のプロダクトやプロセスに対して批判的な解釈を行うことに限界があることは自明であろう。沼上（2000）は，自ら生み出した知識に自ら拘束される反省的実践家に対して積極的に対話の場を持ち，彼・彼女らの内省を促進する経営学者の重要な役目を主張しているが，実践家，その中でもとりわけ組織内部で上司や部下，他部門との直接的な接触頻度の高いミドルという管理階層が，組織外部と相互作用を積極的に行えば，組織全体の内省機会はより効率的に高まることが容易に想像できる。こうした組織メンバーが組織の境界を越えて行う活動が，所属組織にどのような影響を与えるかを究明する研究領域の１つとして，近年「越境（boundary crossing）学習」がにわかに注目を集めており，イノベーションや内省との関連からその重要性が指摘されつつある（例えば，石山, 2018; 香川・青山, 2015; 中原, 2021; 辻ら, 2017)。

以上のような研究目的の下，本書では次のような研究展開をしていくことにする。まず第１章では，これまでのリーダーシップ研究の成長発展の軌跡をたどりながら，研究の視座やアプローチを整理・分類し，その中で本研究がどのカテゴリーに位置づけられ，いかなる研究貢献があるかを検討する。第２章では，企業家精神に関する先行研究をレビューすると同時に，従来独立企業家やトップの文脈の中で語られることの多かった企業家精神なるキーワードが，ミドルと結びつく論理を解明する。そして，本書の主題でもある企業家的ミドルの行動枠組みを企業内企業家精神に関する先行研究をたぐり寄せながら導出する。第３章は，第２章で導出された企業家的ミドルの行動枠組みの中の１つであるネットワーク行動に焦点を当てつつ，ネットワーク・リーダーシップが発揮される舞台としてのネットワーク組織について検討すると同時に，本研究におけるネットワーク・リーダーシップの行為主体を確認することから始める。次に，ネットワーク・リーダーシップを説明する変数としてパワーに着目するが，まずはリーダーシップという概念とパワーという概念との関係性を論じ，その後組織外部でのネットワーク・リーダーシップを発揮する際のパワーの正当性について考察する。第４章では，企業家的ミドルがネットワーク・リーダーシップを発揮するということは，すなわち所属組織と外部環境とを連結する行為と同義だが，その際企業家的ミドルが所属する組織の内部に向けてパワーを行使する際のパワーの源泉について，情報の多義性という観点から情報パワーの可能性を検討すると共に，企業家的ミドルの持つコミュニケーション・メディアとイノベーションの可能性についても検討する。第５章は，企業家的ミドルによるネットワーク・リーダーシップを説明するためのもう１つの変数として信頼に着目する。そこでまず信頼概念を整理すると同時に，もう１つの説明変数であったパワーとの異同について考察する。次に本研究の目的にたぐり寄せた信頼に関する先行研究の限界を指摘した上で，ネットワーク・リーダーシップを発揮する際のパワーと信頼に関するモデルを提示する。第６章では，企業家的ミドルの育成基盤としての社内ベンチャー制度について検討する。日本企業における社内ベンチャー制度の定性的調査を通じて，社内ベンチャー制度の機能不全の論理を探ると同時に，機能させる制度設計についても理論的に検討する。第７章では，リーダーシップ能力の開発について語りによるアプローチの可能性をケーススタディから検討するのと同時に，企業家的ミドルによるネットワーク・リーダーシップが越境学習の観点からどのような意味や意義を持つか検討することにする。最後に補章として，第５章で提示したモデルの一部分を検証すると同時に，周辺的な変数に関する探索的な定量分析を行う。

図表0-1　本書の構成

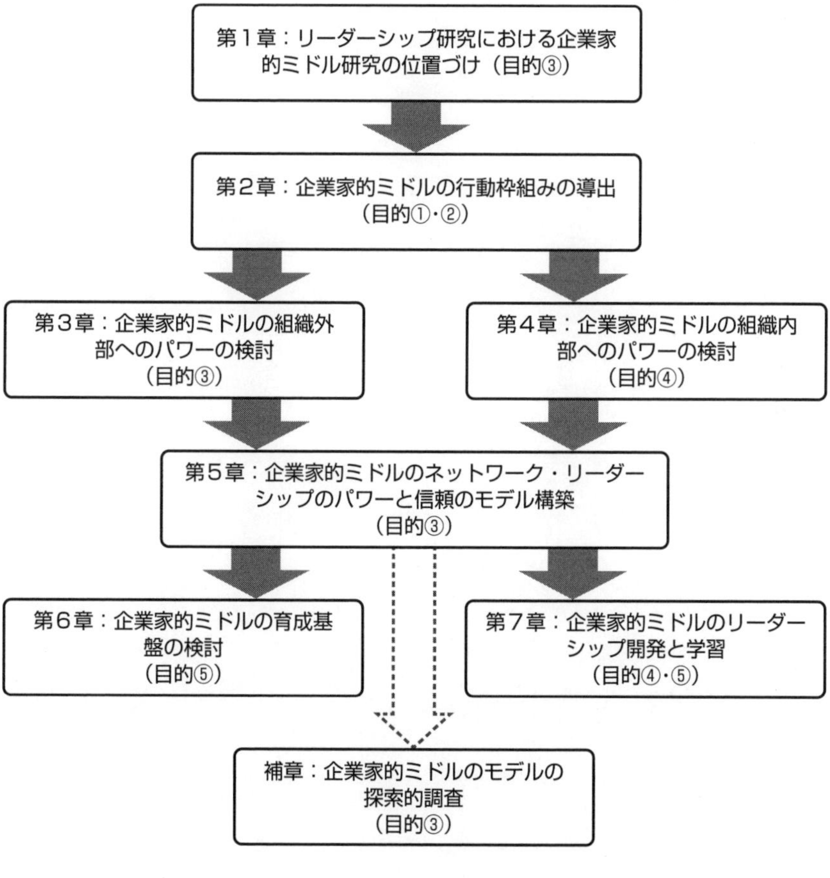

改めて先述した本書の研究目的を整理すると，次の５点に集約できる。すなわち，①「企業家的」や「企業家精神」と「ミドル」との理論的接合，②ミドルによる企業家的行動（企業家的ミドル）の枠組みの導出，③ミドルの組織外ネットワーキング（ネットワーク・リーダーシップ）研究の位置づけおよびモデル構築（説明変数の究明）と探索的検証，④上記③の組織論的かつ学習論的な意味・意義の検討，そして⑤企業家的ミドルの育成の基盤や方法に関する試論である。そして，これらの研究目的と，本書の各章で考察する内容との関係性を可視化すると，**図表0-1**のように示すことができる。

第1章 リーダーシップ研究における企業家的ミドル研究の位置づけ

本書の主題である企業家的ミドルに関する考察を始める前に，リーダーシップ研究の軌跡を概観・分類し，その中で企業家的ミドル研究がどのようなアプローチに位置づけられるかについて検討していくことにする。ミドルに関するリーダーシップ研究は，経営戦略論の文脈内で成長してきたトップのリーダーシップ研究と，モチベーション論の文脈内で発展してきたロワーのリーダーシップ研究とを架橋する役割を担い，それゆえミクロ・マクロ・リンクの組織論研究において重要な位置づけになり得るとされている（金井, 1991）。したがって，本書で考察の対象となる企業家的ミドルの研究が，リーダーシップ研究においてどのような新しい視座や可能性を秘めているか本章で確認しておくことは，研究の貢献やオリジナリティを明確にするという観点からも，本研究をスタートさせる上で不可欠だと言えるだろう。

1 リーダーシップ研究発展小史

リーダーシップ（Leadership-Seshemet），リーダー（Leader-Seshemu），あるいはフォロワー（Follower-Shemsu）という概念は，約5000年前の古代エジプトで使用されていたヒエログリフに既にその痕跡があるという（Bass, 1990, pp.3-4）。古より組織を創造し活動を営んできた人間にとって，組織を束ねる主体への関心は必然的なことであったのだろう。それゆえ，リーダーシップに関する研究は，自ずと無尽蔵に存在することは想像に難くない。リーダーシップ研究について網羅的にレビューし，初学者からリーダーシップ研究者まで幅広い読者層が参照するリーダーシップ・テキストの金字塔として，バス（Bass）の *Bass & Stogdill's Handbook of Leadership* とユーケイル（Yukl）の *Leadership in Organizations* をその双璧としてあげることができる。両著作共に1981年の初版から版を重ね，前者は2008年に第４版を，後者は2019年に第９版を世に送り出している[1)]。とりわけ，Bassの第４版は1,516頁に及び，第３版の1,182頁から300頁を優に超える大著である。巻末のReferenceを比較すると，その数は7,668から9,005へと膨れ上がり，18年間のうちに少なくとも1,337以上の新たなリーダーシップに関する著作が世に出されたことになる。リーダーシップに関する両テキストが長期に渡って版を重ねてきた事実からも明らかなように，リーダーシップ研究は飽和するどころか，混沌とするほどに多種多様な研究が積み重ねられ今日に至っている。

本書では，これらの膨大なリーダーシップに関する先行研究の全貌をレビューし，体系的に論じるつもりはないし，また目的でもないため，雑駁にその軌跡をたどることに留める。

リーダーシップは，資性論から形態論，さらに状況論へと発展していった（Yukl, 1989）。そして，80年代頃から，変革型（transformational）リーダーシップやカリスマ的（charismatic）リーダーシップなど，とりわけ巨大組織においてノンルーティンな活動に取り組むリーダーの性格や行動が着目されるようになっていった（例えば，Bass, 1985; Bass & Avolio, 1994; Burns, 1978; Conger & Kanungo, 1998）。さらに近年では，真正（authentic）リーダーシップや自己愛的（narcissistic）リーダーシップなど[2)]，自己の直面している状況にリーダーシップ・スタイルを適応させるというよりはむしろ，ゆるぎない信念や価値に基づいて周囲を自己の向かう方向へ扇動するリーダーの特性に研究関心が向けられている（Cooper et al., 2005; Paunonen et al., 2006; Rosenthal & Pittinsky, 2006; Walumbwa et al., 2008）。このようにリーダーシップ研究は，フォロワーに対して直接的に影響を及ぼせる小規模な集団のリーダーの資質から，第三者を介して間接的にし

1） 正確には，Stogdill, R.M.（1974）. *Handbook of Leadership*. New York: Free Pressを継承する形で，Bassが第２版として1981年に出版し，その後1990年に第３版，2008年に第４版と版を重ねている。また，Leadership in Organizationsもユーケイル（Yukl）の単著としては2013年の第８版が最後で，第９版はガードナーら（William Gardner IIIとWilliam Gardner）を加えた共著になっている。

2） 「authentic」は「正真の」，「narcissistic」は「自己陶酔的」などと訳されることがあるが定訳はない。そのため，あえて「オーセンティック」や「ナルシシスティック」とカタカナ表記されることが多い。なお，「authenticity」の語源には，古代ギリシャ語で「自分自身に誠実である」や「自らを律する」のような意味が含意されていることから（Gardner et al., 2011; Walumbwa et al., 2008），意訳すると「その人らしい」という訳をあてがうことができる。

か影響力を発揮できない大規模な組織を牽引するリーダーに固有な資質へと，リーダーシップの影響力の範囲が変わることで，再び資性論的な研究に回帰している側面がある。

その一方で，主にリーダーに焦点を当てるのではなく，当該リーダーのリーダーシップをフォロワーがどのように認知しているかについて，定量的もしくは定性的に分析することを通じて，リーダーシップを違う角度から究明しようとする研究が散見されるようになる（例えば，Cogliser et al., 2009; 淵上, 2002; Hall & Lord, 1995; Lord & Brown, 2004; Lord et al., 1999; Meindl, 1995; Paul et al., 2001）。

2　リーダーシップ研究の分水嶺と近年の動向

リーダーシップ研究の大きな研究動向については上述した通りだが，淵上（2002）によれば，次の２つのエポックメイキングがあったことを理由に，1990年前後がリーダーシップ研究の分水嶺に位置づけられるという（淵上, 2002, 4-5頁）。

第一に，80年代までのリーダーシップ研究における主たる関心事が，リーダーの性格や行動に傾倒していたのに対し，90年代以降はリーダーとフォロワーの相互作用の過程を積極的に探求しようとする研究が急増したことを指摘している。このことは，洋雑誌のデータベース集として有名な「EBSCO host[3)]」を基に，ヒット件数を比較してもその傾向が示唆される。例えば，1989年以前と1990年以降2020年までの２つの期間で，タイトルに「leader」と「follower」の両キーワードを含む学術雑誌（査読付）の論文数を検索すると，前者はわずか62件であるのに対して，後者では1,405件もヒットする。同様に，「leadership」と「followership」とでAND検索を行うと，89年以前では７件でしかないヒット数が，90年以降（2020年まで）だと167件と飛躍的に増大する。もちろん，90年以降は新しく発刊されたジャーナル数も著しく増えているため，両期間を一

3） 選択したデータベースは，「Academic Search Complete」，「Business Source Premier」，「Psychology & Behavioral Sciences Collection」，「APA PsycInfo」，「EconLit」，「Library, Information Science & Technology Abstracts」の６つである。

概に比較することはできないが，１つの指標としては興味深い結果であろう。

第二の理由は，ユーケイル（Yukl, 1989）やバス（Bass, 1990）など，80年代までのリーダーシップ研究を総括するような研究成果がまとめられたことに加え，周知の通りリーダーシップ研究を専門に掲載する学術雑誌 *The Leadership Quarterly* が1990年に創刊された事実をあげている。そもそもの学際性ゆえに，社会心理学や社会学あるいは経営学など拠って立つ学問領域ごとに研究蓄積が行われ，ややもすれば学問分野ごとのセクショナリズムやそれに伴う部分最適化の罠に陥りがちなリーダーシップ研究を，同じフィールドに立たせ，学際的かつ統合的に再構成しようとする気運の高まりが，こうした動向から見て取れるというのである。

The Leadership Quarterly に関して言えば，2001年以降は定期的に特集号が組まれるようになり，研究関心や研究方法などのすり合わせを明示的に行うことで，リーダーシップ研究をいくつかのタイプへと収斂しようとする試みが行われている。これまでの具体的な特集のテーマは**図表1-1**の通りである。

図表1-1　*The Leadership Quarterly* の特集号の内容

年（巻）	号	特集号の内容
2001（12）	2	リーダー，フォロワー，価値（Leaders, Followers, and Values）
2002（13）	1	リーダーシップの多面的な研究方法を比較評価する（Benchmarking Multilevel Methods in Leadership）
	5	感情とリーダーシップ（Emotions and Leadership）
2003（14）	4・5	イノベーションのために先導する：ミクロ研究（leading for innovation: Part 2: Micro studies）
2004（15）	1	イノベーションのために先導する：マクロ研究（leading for innovation: Part 2: Macro studies）
	4	リーダーシップにおける政治的視点（Political Perspectives in Leadership）
2005（16）	3	真正リーダーシップの開発：リーダーシップの肯定的な種類を把握する（Authentic Leadership Development- Getting to the Root of Positive Forms of Leadership）
	5	リーダーシップ，自我，アイデンティティ（Leadership, Self, and Identity）
	6	精神的リーダーシップのパラダイムにむけて（Toward a Paradigm of Spiritual Leadership）

2006（17）	3	チーム型組織でのリーダーシップ（Leadership in Team-Based Organizations）
	5	文化横断的なリーダーシップ（Cross-Cultural Leadership）
2007（18）	3	破壊的リーダーシップ（Destructive leadership）
	4	リーダーシップと複雑系（Leadership and Complexity）
2008（19）	2	リーダーシップの多層アプローチ（Multi-Level Approaches to Leadership）
	4	人間性から見たリーダーシップ（Leadership: Views from the Humanities）
2009（20）	1	リーダーシップと組織学習（Leadership and Organizational Learning）
	4	リーダーシップのメソモデル化：リーダーシップに関するミクロ・マクロ・パースペクティブ（Meso-Modeling of Leadership: Integrating Micro- and Macro-Perspectives of Leadership）
2010（21）	2	公的な統合リーダーシップ（Public Integrative Leadership）
	4	リーダーシップ開発の評価（Leadership Development Evaluation）
2011（22）	3	リーダーシップ開発の縦断的研究（Longitudinal Studies of Leadership Development）
2012（23）	2	リーダーシップの生態（Biology of Leadership）
	4	リーダーシップと個人差（Leadership and Individual Differences）
2013（24）	3	リーダーシップの真摯さ（Leader Integrity）
2015（26）	1	リーダーシップのアジアモデル（Asian Models of Leadership）
	3	リーダーの認知（Leader Cognition）
	4	リーダーシップと感情（Leadership and Emotions）
2016（27）	2	リーダーシップに対する集合的アプローチとネットワークアプローチ（Collective and Network Approaches to Leadership）
	3	ジェンダーとリーダーシップ（Gender and Leadership）
2017（28）	2	暗黙的リーダーシップとフォロワーシップ論に関するダイナミックな観点（Dynamic viewpoints on Implicit Leadership and Followership Theories）
	4	カリスマ：新たな未知の領域（Charisma: New frontiers）
2020（31）	2	リーダーシップの進化論と生態学（Evolution and Biology of Leadership）
	3	経済学とリーダーシップ（Economics and Leadership）
2021（32）	4	リーダーのパワー：その原因と結果に対する厳密な洞察（Leader Power: Rigorous Insights on its Causes and Consequences）
	5	21世紀のリーダーシップ開発：科学と実践を橋渡しする（21st Century Leadership Development: Bridging Science and Practice）

（出所）筆者作成

ここで，1990年前後のリーダーシップ研究の分水嶺を決定づけた第一の理由で，前節最後に若干触れたリーダーとフォロワーの相互作用にフォーカスした研究についてもう少し深く掘り下げていくことにしよう。言うまでもなく，フォロワーやフォロワーシップに着目する萌芽的研究の痕跡は，リーダーシップ研究の中に見出すことができる。先述したリーダーシップの状況論と呼ばれる一連の研究群は，リーダーシップを説明する重要な変数としてフォロワーが位置づけられている。

ウールビーンら（Uhl-Bien et al., 2014）は，これまでのフォロワーシップに関する研究を極めて精緻かつ体系的にレビューしながら，リーダーシップ研究におけるフォロワーの扱いを，**図表1-2**にあるように，１）リーダー中心（leader-centric），２）フォロワー中心（follower-centric）および３）関係性視点（relational view）の３つのアプローチに分類している（Uhl-Bien et al., 2014, pp.2-6）。

リーダー中心のアプローチでは，リーダーは，フォロワーに行為を促したり指揮したりするために動機づけする存在として位置づけられる一方で，フォロワーは，抵抗やイニシアティブを自ら取ることなく，従順にリーダーの影響力を受容するもしくは仲介する者としてステレオタイプ化される。このアプローチを採用している研究グループとして，リーダーシップの資質論や形態論，あるいはコンティンジェンシー理論，さらにはカリスマ型や変革型リーダーシップに関する研究などが具体例としてあげられている。

これに対して，フォロワー中心のアプローチは，リーダーやリーダーシップがフォロワーによって社会的に構成されるものだという立場を取り，リーダーとはフォロワーの認知，帰属や社会的アイデンティティの過程から創発されるという見方を採用する。代表的な研究として，マインドルら（例えば，Meindl, 1995; Meindl et al., 1985）のリーダーシップのロマンス（romance of leadership）や，ロードら（例えば，Lord, 1985; Rush et al., 1977）を中心に展開された暗黙のリーダーシップ（implicit leadership），あるいはホッグら（例えば，Hogg, 2001; Hogg & Terry, 2000）の取り組んだリーダーシップの社会的アイデンティティに関する一連の研究を指摘している。

図表1-2　リーダーシップ研究におけるフォロワーの扱い

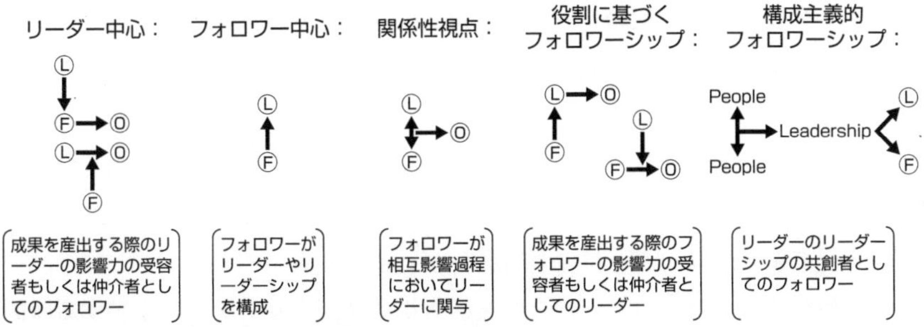

（注）Ⓛ＝Leader，Ⓕ＝Follower，Ⓞ＝Organization
（出所）Uhl-Bien et al.（2014），p.3を筆者修正

最後の関係性視点のリーダーシップ研究においては，リーダーとフォロワーの相互影響過程という観点からリーダーシップを捉え，社会的交換をリーダーシップ研究に援用したホランダーら（例えば，Hollander, 1971; Hollander & Offermann, 1990）の一連の研究や，グレンら（例えば，Graen & Uhl-Bien, 1995）が体系的に論じたリーダー・メンバー交換（Leader-Member Exchange: LMX）理論他が代表的な研究に分類されている。

ベイカー（Baker, 2007）は，特に最後の関係性視点のリーダーシップ研究で，フォロワーのより能動的で積極的な役割が注目されるようになり，交換理論をベースとしたリーダーシップ研究が，フォロワーシップ研究へシフトする重要な契機になったとしている。彼女によれば，代表的なホランダー（Hollander, 1974）とバーンズ（Burns, 1978）の研究において，交換を促進するリーダーは共に交換型リーダー（transactional leader）と呼ばれるが，ホランダーの交換型は，フォロワーに積極的にアプローチして関係性を自ら構築するための規範的な交換であるのに対して，バーンズの交換型リーダーとは，フォロワー達との所与の関係性の中で，彼・彼女らのニーズを満たすような功利的な交換が前提となっているという。その意味において，ホランダーの「transactional」には「交流型」，バーンズの「transactional」には「取引型」という訳語をあてがう方が，両研究の「交換（transactional）」が含意している差異を適切に表現できるように思われる。

また，交換理論に基づいた研究の第二世代として，リーダーとフォロワーの二者間の交換関係をよりダイナミックに理解しようとしたLMXモデルを取り上げ，その特徴は，上記の第一世代とは異なり，リーダーとフォロワーの対等な関係を前提とし，両者の間で交換される質的側面に着目している点にあるとしている。

ホランダーの研究では，リーダーはフォロワーから集団の規範を理解すること（同調性）と集団の目的に貢献すること（有能性）をもって信頼を獲得し，信頼を得て初めてリーダーは変革行動へ移行できるものとされる。一方，バーンズの研究では，フォロワーの貢献を引き出す誘因をリーダーが提供する時両者の関係性が均衡状態になる。したがって，こうした既存の均衡状態を変えるためにリーダーは，フォロワーの潜在的な欲求を導出し，彼・彼女らの価値観や行動を変貌させていくような変革型リーダーシップを発揮することになる。

3 近年の研究アプローチの類型

ここまでリーダーシップ研究の成長・発展の軌跡を概観し，1990年辺りにリーダーシップ研究はフォロワーシップ論的転回という新しい局面を迎えることとなったことは既述した通りだが，では現在リーダーシップ研究には，どのような研究パースペクティブが存在するだろうか。淵上（2002）はこの点に関して，ロウ&ガードナー（Lowe & Gardner, 2000）の研究を参照しながら，**図表1-3**に示されているように，種々のリーダーシップの先行研究を優れて詳細かつ丁寧に整理・分類している。

淵上によれば，これまでのリーダーシップ研究は，①「リーダーシップ観」，②「有効性の決定要因」，および③「研究の焦点」の3つの点において，研究者達がどのようなスタンスに拠って立つかにより，A「リーダー主体」，B「リーダーとフォロワーとの相互作用主体」，C「フォロワー主体」，そしてD「環境（リーダーとフォロワーを取り巻く状況）主体」の4タイプに分類することができるとしている（淵上, 2002, 12-25頁）。

「リーダーシップ観」とは，研究者がリーダーシップを客観的で可視的な現象として捉えるか，主観的に意味づけられる比較的不可視な存在を仮定するか

図表1-3　リーダーシップ研究のアプローチの分類

アプローチのタイプ ＼ 研究スタンス		リーダーシップ観 客観 ◀………▶ 主観	有効性の決定要因 行為主体 ◀…▶ 環境	研究の焦点 リーダー ◀…▶ フォロワー
A	リーダー	●	●◀━▶●	●
B	リーダー/フォロワー相互作用	●◀━▶●	●◀━▶●	●◀………………▶●
C	フォロワー	●◀━▶●	●◀━▶●	●
D	環境（状況）	●	●◀━▶●	●

（出所）淵上（2002），15頁を筆者修正

を指す。「有効性の決定要因」は，リーダーシップの有効性が影響力を行使する行為主体にあるか，それとも行為主体を取り巻く人間関係や雰囲気，与えられているタスクなどの環境（状況）によって規定されてしまうものと考えるか，という研究スタンスの違いである。「研究の焦点」にあっては，研究や分析の対象を主にリーダーの行動や資質に向けるのか，もしくはフォロワーのリーダーに対する認知や影響力に注目するかによって，４つの研究パースペクティブは分類されている。

アプローチAの「リーダー主体」は，さらに特性的アプローチ（先述の資性論）と行動的アプローチ（先述の形態論）とに大別され，前者はカリスマ的リーダーシップ，後者は変革型リーダーシップにそれぞれ精力的な研究蓄積があり再び脚光を浴びているアプローチとなる。アプローチBの「リーダー／フォロワー相互作用主体」には，VDL（Vertical Dyad Linkage）理論から名称をLMX理論と変えて，リーダーとフォロワーの交換関係を明らかにしようとした一連の研究（例えば，Dienesch & Liden, 1986; Graen et al., 1982），フレンチ＆レイブン（French Jr. & Raven, 1959; Raven, 1965）のパワー・ベース（bases of social power）を用いて，リーダーとフォロワーの相互影響関係を究明しようとした研究群が該当する。また，リーダーとフォロワーの二者間の相互作用（dyadic interaction）を基としつつ，例えばリーダーによる報酬や懲罰とフォロワーの動機づけや成果等（例えば，Hinkin & Schriesheim, 2008; Podsakoff et al., 2006），様々なリーダー行動とフォロワーとの関係を究明することで，リーダーシップのパフォーマンスを測定しようとする研究もこのアプローチに分類されている。

次の「フォロワー主体」のアプローチCは，淵上によれば，①情報処理機能を中心としたリーダーに対するフォロワーの認知，②リーダーの発生過程，すなわち集団内でリーダーとおぼしき人物をフォロワーがどのように認知しているか，③フォロワーへの影響力の拡がりに関する研究，および④フォロワーの成熟に伴う自己統制的なフォロワーシップの4種類に大別される。最後のアプローチDの「環境（リーダーとフォロワーを取り巻く状況）主体」は，言うまでもなくフィードラー（Fiedler, 1967）やハーシー＆ブランチャード（Hersey & Blanchard, 1977）らを代表とする，いわゆるリーダーシップのコンティンジェンシー理論（先述の状況論）であり，同カテゴリーは停滞しているという。この指摘は，仮にリーダーシップ・スタイルと様々な環境変数との因果関係を解明できたとしても，一人のリーダーが柔軟にリーダーシップ・スタイルを使い分けることにそもそも制約がある，という実践的示唆に対する限界と符合する（福原, 2005）。

4つの分類は，リーダーやフォロワー，あるいはメンバーなど，リーダーシップ研究に関する分析や解釈の単位が，最終的には個に還元されて理解される研究アプローチが大半である。「リーダー／フォロワー相互作用主体」や「フォロワー主体」の二者間関係を基軸に据えたアプローチはもちろんのこと，「リーダー主体」のアプローチにおいてさえも，変革型リーダーシップやカリスマ的リーダーシップに関する研究は，対人関係を越えた間接的な影響力を解明しようと企図していながら，その主体は個人を想定している。これに対して，もう少しマクロな視点，もしくはミクロとマクロを橋渡しする視点から，リーダーシップという現象を捉えようとする研究も近年取り組まれつつある。

例えば，アボリオら（Avolio et al., 2000）は，組織内のICTインフラの整備によって構築される仮想空間と，その空間におけるリーダーシップとの共進化を説明するフレームワークとして，ギデンズ（Giddens, 1979）の構造化理論（structuration theory）を適用したモデルを試論的に提示している。また，ヤマリーノら（Yammarino et al., 2008）は，個人（リーダー），二者間（リーダーとフォロワー），集団やチーム（共有），組織（哲学）など，真正リーダーシップを発揮する多様な行為主体と，主体的組織行動（positive organizational behavior）をもたらすリーダーやフォロワーあるいはメンバーの人間関係や組織文化などの多層レベルとの関係性が，パフォーマンスにどのような影響をもたらすかを分析するモデルを検討している。さらに，先ほどの**図表1-1**に示されているように，*The Leadership Quarterly* のVol.20（2009年）No.4では，ミクロとマクロの統合的パースペクティブであるメソ・モデル化（meso-modeling）を特集している。特集号の編集者であるガードナー&コグライザー（Gardner & Cogliser, 2009, p.497）によれば，メソ・モデルの概念を先駆的にリーダーシップ研究に持ち込んだジェームス・ハント（James G. Hunt）の研究貢献に触れながら，リーダーシップに関するメソ・モデルとは，組織的文脈と個々の組織メンバーとの相互作用を探求することに主たる研究目的があるとしている。すなわち，LMXのようなリーダーシップに関するミクロ研究の理論化に際して，組織の構造や文化などのマクロ現象がいかに介在し，その一方で戦略立案やビジョン提示のような組織全体の設計に関わるリーダーシップのマクロ的側面を理論化する場合，リーダーとメンバーの特性やスキル，その個人や集団に対する認知などのミクロ現象が及ぼす影響を統合的に分析できるフレームワークの構築が，メソ・モデルの狙いとなる。

4　研究パースペクティブの再分類と企業家的ミドル研究の位置づけ

このようにリーダーシップ研究に関する多種多様なアプローチを概観してきたが，リーダーに軸足を置くかそれともフォロワーに軸足を置くかは，相対的な問題でしかなく，実際にはそれほど厳密に各研究スタンスを分別することは不可能だろう。確かに80年代まではリーダー主体のアプローチが主流であったのに対し，90年代以降はフォロワー主体の研究へとシフトしているが，実際には両者の相互作用の探求を最終目的とする一過性のものであるように思われる。リーダー主体のアプローチである変革型リーダーシップやカリスマ的リーダーシップの研究であっても，近年はそれらのリーダーシップをフォロワーがどのように認知しているかの研究へと発展しているという事実からも（淵上, 2002; 淵上・迫田, 2008），リーダーシップ研究の趨勢としては，影響を及ぼす主体間の相互作用に研究関心が向けられつつあると言えそうである。それは，ミクロとマクロの統合的視座を提供するメソ・モデルといったリーダーシップ研究の新展開からも明らかではないだろうか。むしろ，リーダーシップという現象において客観的な因果関係を導出しようとするために定量的研究を採用するか，もしくは主観的な解釈のレパートリーを増加させようとして定性的研究を中心に行う立場にあるのか（福原, 2005），といった方法論上のスタンスによる分類の方が，実は大きなインパクトを有していると思われる。

そこで，本書ではリーダーシップという現象に影響を及ぼす主体間の相互作用を前提にして，**図表1-4**のようなリーダーシップ研究のパースペクティブの分類が存在することを提起したい。ユニットは，直接的な影響を及ぼせる集団を意味しており，部や課のような単位でも良いし，リッカート（Likert, 1961）の示した重複集団型組織の組織観に倣って，トップやミドルのような管理階層を単位としても良いだろう。双方向的な矢印は，リーダーシップ現象を分析する際，相互影響関係にある主体間のどこに焦点を当てるかで，αからεまで分類される。これらの分類が，リーダーシップを分析する際の研究パースペクティブの種類となる。

図表1-4　多主体・多層レベルのリーダーシップ研究のパースペクティブ

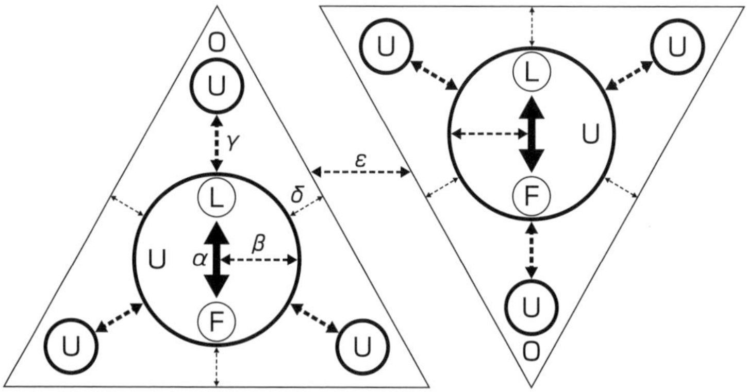

（注）L=Leader，F=Follower，Ⓤ=Unit，△=Organization　←→=相互影響関係
（出所）筆者作成

まず，直接的な対人関係において，リーダーとフォロワーが相互作用する過程を分析するパースペクティブが「α」となる。先述のリーダー主体もしくはフォロワー主体のアプローチの中でも，直接的な相互影響関係を分析するアプローチが，このカテゴリー「α」に位置づけられる。次に，リーダーとフォロワーとの関係に影響を及ぼすユニット内のメンバーの人間関係や雰囲気，課されている仕事の難易度など，ユニットを構成する変数を加味してリーダーシップ現象を分析しようとするパースペクティブが「β」に属する。このカテゴリーには，先ほどの状況的（コンティンジェンシー）アプローチが該当する。

これらに対して，直接的な対人関係を越えたリーダーとフォロワーの影響関係を分析するアプローチが，カテゴリー「γ」になる。**図表1-4**ではユニット間の影響関係を示しているように見えるが，ユニットを実際に統率しているのはリーダーであるから，そのリーダーが管理階層というユニットや部・課といったユニットを越えて，他のそれらに間接的に影響を及ぼし，ユニットの境界を越えてフォロワーはリーダーの言動をどのように認知しているかを分析の対象とする。したがって，先述したリーダー主体のアプローチの中でも，変革型やカリスマ的リーダーの研究は，「γ」に分類される。さらに，リーダーシップ研究のメソ・モデルに代表されるように，組織内の制度や文化，あるいは戦略のようなマクロレベルの変数と，直接的な影響力を行使するユニット内でのミクロレベルの変数とを相即的に把握しようとする研究パースペクティブが「δ」となる。

例えば，先述した *The Leadership Quarterly* のメソ・モデルの特集号では9つのメソ・モデルに準拠した論文が掲載されているが，上記の「γ」に分類されている従来の変革型やカリスマ的リーダーの研究との違いを明確に示すために，それらの論文の中から3つの分析レベル（個人・二者・集団）によって米国と韓国の国家間比較を行いながら，変革型リーダーシップの効果とフォロワーの属性，あるいは個別的（individualized）リーダーシップとの関係性を調査しているチョンら（Jung et al., 2009）の研究を簡潔に紹介しておこう。彼らはフォロワーの属性として，フォロワーのリーダーに対する3つの態度（リーダーへの信頼・忠誠心・価値観の一致）と集団志向の度合いを取り上げ，それら属性の変革型リーダーシップに対する調整効果（moderator）を検証している。分析結果からは，米国では部下の態度は調整効果を持っていたのに対して，韓国では調整効果はなく米韓で有意な差が見られた。また，集団志向に関しては両国間で有意な差が見られず，集団志向が強くなればなるほど変革型リーダーシップの効果が高まるという普遍性が示唆された。さらに，フォロワー各々に応対する個別的リーダーシップは，米国では二者間（dyadic）レベルで効果があったのに対し，韓国では個人レベルで効果のあることが判った。この研究事例からも明らかなように，「δ」に位置づけられる研究には，リーダーシップに間接的に影響する変数を加味し，したがって分析単位を多面的・多層的に設定するパースペクティブが内包されている。

最後の「ε」は，組織と組織との関係性を構築するリーダーシップの過程を究明する研究パースペクティブとなる。例えば，コネリー（Connelly, 2007）は，組織文化や公式・非公式な権限関係に関して，実際には組織間で大きな相違があるにもかかわらず，これまでのリーダーシップ研究は組織間の協働関係を促すリーダーシップにほとんど注意を払ってこなかったと訴えている。そして彼は，参画的システム（participative system）に関する先行研究をレビューしながら，共通の文化，ビジョンや戦略，あるいは当事者間の信頼などの要素を取り上げ，組織間リーダーシップを研究する分析フレームワークを提示している。

また，**図表1-4**では分かりやすいよう△を組織と表記し単純化してあるが，組織の外部に存在する様々なステークホルダーや組織を越えて存在する制度や社会に置き換えて考えても良い。このように△を相互作用する様々なリーダーシップを発揮する対象としてより広義に捉える研究パースペクティブと位置づけると，例えば，古くは制度的リーダーシップ（Selznick, 1957）に始まり，制度的企業家による制度変革のスキル（例えば，Fligstein, 1997; Phillips et al., 2004）や，リーダーシップの観点から制度的企業家にアプローチしようとする近年の研究（例えば，Bisel et al., 2016）は，このカテゴリーに入ってくるだろう。あるいは，サステナビリティやSDGsが叫ばれる社会的文脈の中で企業はこれまで以上に責任ある経営が求められており（谷本, 2020），自社のCSR活動を情報発信するスポークスマンの役割をトップが積極的に担い，外部のステークホルダーとの関係性構築をはかるためのリーダーシップを発揮することが，組織パフォーマンスを高める上でも昨今極めて重要性を帯びている（岡本, 2018）。こうしたリーダーシップは，責任あるリーダーシップ（responsible leadership）と呼ばれ，同リーダーシップ概念を提起したマック＆プレス（Maak & Pless, 2006）によれば，「リーダーシップによって影響を及ぼし及ぼされる人々やリーダーシップと結びついた目的や展望と利害関係のある人々との相互作用という社会的過程で生じる関係的で倫理的な現象（p.103）」とされている。*Journal of Business Ethics* のVol.98（2009年）別冊では責任あるリーダーシップの特集号が組まれ，フォロワーを組織の内外の様々なステークホルダーに拡張していることに大きな特徴がある。

また，類似概念として倫理的（ethical）リーダーシップが存在するが（例えば，Treviño et al., 2000, 2003），上司と部下のような二者間の関係性を前提としている倫理的リーダーシップと，上述したようにフォロワーをミクロからマクロまで多面的に捉える責任あるリーダーシップとでは，フォロワーの範囲を狭義に捉えるか広義に捉えるかによって相違がある。またフォロワーの範囲の違いに伴い，倫理的リーダーシップの成果は，リーダーシップの効果性，フォロワーの職務に対する満足度や貢献度が成果指標となるのに対して，責任あるリーダーシップは多様なステークホルダーとの関係性における社会性や倫理性などが成果指標になるため，自ずと成果の捉え方にも狭義と広義とで差異がある（Nicola et al., 2011, p.6）。このように両概念の違いを把握すると，責任あるリーダーシップ論は「ε」の範疇に含まれる一方で，倫理的リーダーシップ論は「α」や「β」に位置づけられると言える。VUCAと呼ばれる時代にあって，リーダーシップという現象を精緻に理解しようとすると，こうしたリーダーシップ過程に内在する行為主体をミクロからマクロに至るまで多層的な視点で眺める必要があり（Carroll & Simpson, 2012; Uhl-Bien, 2006），それゆえリーダーとフォロワーの相互作用や関係性も自ずと多面的にならざるを得なくなり，「ε」の研究パースペクティブは今後益々その重要性を帯びていくものと思われる。

さて，本章ではリーダーシップ研究の成長・発展の軌跡を概観すると共に，分析の対象やアプローチの相違によって，研究パースペクティブをいくつかのタイプに分類してきたが，企業家的ミドルに関する本研究がそれらのパースペクティブのどこに位置づけられるかを示して本章を締めくくることにしよう。詳細は後続する各章に譲るとして，序章で既に触れたように本研究では企業家的ミドルの行動枠組みの１つとしてネットワーク行動が導出され，その研究対象として組織外部に焦点を当てる。そして，組織外部でのネットワーク行動をネットワーク・リーダーシップとラベリングし，組織の境界を越えた協働行為を誘発し組織間関係や組織と外部環境との関係性を構築する過程の主体として企業家的ミドルを位置づける。また，ネットワーク・リーダーシップを説明する変数としてパワーと信頼に着目し，ネットワーク・リーダーシップを発揮する際，すなわち組織の外部に向けて行使されるパワーの有効性を検討する。また，企業家的ミドルという行為主体に内面化されている個人・役割・組織という３つの属性を加味して，反対に組織の内部に向けて行使されるパワーの有効性も検討する。さらに，組織の外部での活動，つまり越境活動が越境元の主たる組織に対して与える影響も考察する。これらの多面的かつ多層的な研究視座を本研究は内包しているため，**図表1-4**の「δ」と「ε」の複眼的パースペクティブを持ち合わせた研究に位置づけられると言えよう。

さて，次章では本書の主題である「企業家的ミドル」を要素分解し，企業家精神論や企業内企業家精神論をレビューしつつ，「企業家的」と「ミドル」が理論的にどのようにして接合されるかを検討した上で，企業家的ミドルの行動枠組みについて考察していくことにする。

第2章

企業家精神とミドル・マネジメントの接合

企業家精神（entrepreneurship）という用語ほど種々の文献で散見される割に，その統一的見解がなされていないものはないだろう。それは，企業家精神が企業家に特有の資質なのか，またその資質が先天的なものか後天的なものか，さらには彼・彼女らの心持ち（spirit）に着目するのか行動特性に着目するのかなど，研究者の有する分析のアプローチや視座によって企業家精神の捉え方が非常に異なるからである。言うまでもなく，経済学の領域でシュンペーター（Schumpeter, 1926）が市場におけるイノベーション（innovation：革新）を創造する担い手として企業家の重要性を指摘して以来，企業家精神なる概念の意味は敷衍され，多義的に解釈され使用されてきた。

本章では，企業家的（entrepreneurial）という形容詞をミドルという行為主体に接合する準備的考察として，まず企業家精神に関する古典理論の足跡をたどりながら，意味の敷衍過程を概観する。次に，その行為主体のレベルについて言及し，本書の主題でもある「企業家的ミドル」のフレームワークを提示していくことにしよう。

1 「企業家精神」意味の敷衍過程

企業家精神を議論する上でその先駆者的役割を担ったのは，前述したシュンペーターである。彼によれば企業家は「新結合の遂行をみずからの機能とし，その遂行に当たって能動的要素となるような経済主体（Schumpeter, 1926, p.131; 邦訳198頁）」と定義されている。ここで新結合の要素とは，（1）新しい財貨の生産，（2）新しい生産方法，（3）新しい販路の開拓，（4）新しい供給源の獲得，（5）新しい組織の実現，の5つを分類している（Schumpeter, 1926, pp.101-102; 邦訳182-183頁）。これら5つの要素の新しい組み合わせを通じてイノベーションを生み出すことこそが企業家機能[1]であり，この企業家機能は企業家精神旺盛な企業家によってなされるものとしている。このように新結合というイノベーションが企業家によって能動的に行われることが，経済発展において重要な意義を持つことを説いたシュンペーターの功績は，古典派・新古典派経済学の受動的な企業家像を打破するものとして多大なる学問的貢献を果たしたと言える。しかし，彼の企業家精神は主に個人企業家さらには創業期の活動と限定されるものであったため，それが後に出した著書『資本主義・社会主義・民主主義』の中で「企業家機能を主動因とした経済過程そのものは萎縮することなく進行したとしても，この社会的機能は既にその重要性を失いつつあり，しかも将来必ずや加速度的に失わざるを得ないものである（Schumpeter, 1942, p.131; 邦訳232頁）」と彼自身によって企業家機能の無用化を言わしめる結果をもたらすことになる。その理由としてシュンペーターは第一に，イノベーションそのものが日常業務になってきている事実をあげており，第二に経済的変化に慣れイノベーションに対して抵抗せずして寛容する社会環境の下においては，人物や意志の力が重きをなさなくなることをあげている（Schumpeter, 1942, p.132; 邦訳233頁）。つまりイノベーションによる経済発展そのものが企業家精神の神髄であるがゆえに，企業家精神が日常茶飯事になり容認される社会の中においては企業家精神が希少性を失ってしまうというのである。そのため企業家精神の無用化に帰結せざるを得なかった。

十川（1991）はこのことを立案と決定の２つの業務を合わせて企業家機能として理解しているため，イノベーションが分業化された形で行われる大企業において，企業家機能は無用化すると言わざるを得なかったと解釈している（十川, 1991, 89頁）。また，池本（2004）は，企業組織の大規模化に伴いイノベーションの主体が個人から組織に移行するというシュンペーターの考えには一定の理解を示す一方で，大規模化すればするほどイノベーションの指導者はより専門化されるので，むしろ企業家機能は益々求められると主張している（池本, 2004, 24頁）。このように，シュンペーターの企業家精神の捉え方は現在のそれと比べて非常に限定的なものであったと言える。

こうした経済学の分野で生起した企業家精神なる概念を経営学の領域，とり

1）企業家職能と表記される場合もあるが，本書では企業家機能で統一表記した。

わけ経営史学に先駆的に持ち込んだ研究者の一人にコール（Cole, 1959）をあげることができる。企業家の役割を特に経営組織の初期段階においてのみに限定したシュンペーターに対して，彼は企業家（entrepreneur）[2)]という用語は次の2つの理由から複数に解釈されるべきであるという主張をシュンペーターのアンチテーゼとして提起している。その内容は，「意思決定は企業家活動における最も重要かつ決定的な機能であるが，個人企業においてさえ企業のトップが自分一人だけで意思決定すること，すなわち，原案作成やその実行過程における忠告が，直属の部下やスタッフから全くやってこないというような状態で意思決定することは希であるという事実」と，「今日の会社企業における意思決定は，意識的に複数化されていることが多いという事実」の2つである（Cole, 1959, p.10; 邦訳10頁）。さらにコールは，企業家活動（entrepreneurship）を，一定の機能ないし活動（経済的財貨および用役の生産と分配とを目的とする利益指向的企業を創始し，維持し，あるいは拡大しようとして，個人または協働する個人の集団が営むところの合目的活動）および，企業家に共通な性格という2つの側面を含意するものとしている（Cole, 1959, pp.7-9; 邦訳7-9頁）。

このようにシュンペーターの企業家機能の無用化を修正する形で，コールの企業家活動の再定義は示唆に富むものである。それは，企業の創業期における個人的機能として企業家精神と位置づけたシュンペーターの限界を，コールは意思決定という観点から複数の人々によって企業家精神が発揮されることを指摘していることである。しかしコールの企業家精神ないし企業家活動の定義においてはいくつかの問題点が内包されている。その第一として，企業家に共通な性格ないし資質として企業家活動を捉えていることを指摘できる。リーダーシップ研究の資質論的アプローチが批判されたのと同様に，共通な資質として捉えることは，企業家精神が企業家に所与なものであることが含意されてしまい，環境によって後天的に育まれる側面を軽視することになるからである。実際，コールは経営学者や経済学者がビジネスパーソンの資質を所与のものと見る傾向にあり，これら両学者の研究アプローチとの差異として経営史学における企業家活動の研究は，国ごとにその歴史的文化的背景をも加味して企業家の

2）シュンペーターやコールの訳本や彼らに関する著書や論文では「起業者」と表記されている場合が少なくないが，用語法を統一化するために本書ではすべて「企業家」と表記することにした。

行動を把握すべきだとしている（Cole, 1959, p.13; 邦訳12-13頁）。

第二は，シュンペーターの主張するように，企業家活動におけるイノベーションの必然性をコールが軽視している点にある。彼によれば，イノベーションが模倣（imitation）なのか，あるいは適応（adaptation）なのかは事後的，歴史的に後から意味づけされるものであって，それらの吟味は実際の経営活動の世界において価値のないことである（Cole, 1959, p.14; 邦訳14頁）。しかしながら，日本企業はしばしば自社の経営資源と戦略展開の適合を試みるため，競争相手の企業に対して意図的な模倣戦略が採用されてきた先例（例えば，浅羽, 2002; 井上, 2012）を鑑みると，この主張は必ずしも妥当ではないだろう。また，かつて「真似下電器」と揶揄されたパナソニックを市場参入への競争的積極性（competitive aggressiveness）を示す企業家精神志向の旺盛な企業だと評価している研究（Lumpkin & Dess, 1996）や，企業内企業家精神（corporate entrepreneurship）に関する研究でも，イノベーションを革新的（innovative）と模倣的（imitative）とに分類して分析を試みる研究（例えば，Cliff et al., 2006; Dyer et al., 2008）が存在し，実際の経営活動においてイノベーションを模倣や適応というタイプに分類する意味はそれなりにあるだろう。

これに対して，ドラッカー（Drucker, 1985）は企業家精神とは個人的な性格（personality trait）とは無関係であるとし，意思決定の本質は不確実性（uncertainty）であり，そうした不確実性を伴う意思決定に正面から果敢に立ち向かうことができる人すべてが，学ぶことによって企業家になることも企業家的に行動することも可能だと主張している（Drucker, 1985, pp.25-26; 邦訳40-41頁）。つまり彼は企業家精神とは，その人間に所与として備わっている性格ではなく，不確実性に挑戦するという実践的な行動にフォーカスしている。したがって，行動が企業家精神の中核をなす構成要素であるのであれば，その行動が観察できる人はあまねく企業家たり得ることになる。清成（1984）も，「明確に区別すべき企業家活動（entrepreneurship）と企業家精神（entrepreneurial Spirit）を，誤訳する向きが多い（清成, 1984, 31頁）」と主張しており，資質ではなく行動として把握すべきことを示唆している。

一方，ライチ（Reich, 1987）は，イノベーションと生産との区分やトップとロワーの区分が不明瞭になり，情報やイノベーションが組織全体に分散されるようなこれからの企業にあって，集団的企業家精神（collective entrepreneurship）の必要性に言及している（Reich, 1987, p.81）。組織が小規模な場合はトップの強烈な企業家精神の発揮で組織を扇動することは可能であろう。しかし組織が肥大化するにつれ権限は分散化され，また権限に基づく社内の情報量も組織内に散在化される。この時，一部の人材によって生み出されるアイデアを通じたイノベーションを待つより，組織メンバー全体からのイノベーションを期待する方が確率の高いものになることは自明であろう。企業規模が拡大していく過程において，トップは自らが企業家精神を発揮する役割から，先述したように，組織的にイノベーションが生起するような指導者の役割へと様変わりする（池本, 2004）。なお，ライチの研究をさらに発展させたモリスら（Morris et al., 1993）の研究によれば，個人主義（individualism）と集団主義（collectivism）とのバランスが相対的に取れている人ほど企業内企業家精神が高いことが実証的に明らかになっている[3]。その原因として，企業内でのイノベーション実現において，個人主義がある程度強くないと革新的なアイデアを創造できない一方で，そのアイデアを実現するためには徒党を組んで支援者を獲得し偉業を共有する集団主義が不可欠であることを指摘している（Morris et al., 1993, p.607）。

このように考えていくと，企業家精神は資質やトップに限定されたものではなく，行動が観察できる組織のあらゆる階層で発揮されるべき概念へと意味が敷衍されてきたことが理解できよう。

2　企業家精神の行為主体の多様性とそれを担保する論理

1）企業家精神の行為主体の変遷

シュンペーターの概念提起を踏襲して，経営学の領域でも企業家精神は，創業経営者や雇われ経営者などのトップの資質や行動様式に言及しながら多くの

3）この実証研究の結果によると，企業内企業家精神の程度は，相対的に個人主義性向の強い人は中程度，相対的に集団主義性向の強い人は一番低い結果となっている。

研究蓄積がなされ，老舗から近年創刊された学術雑誌[4]の中で，現在でも精力的な研究が継続されている（例えば，Ardichvili et al., 2003; Fayolle & Gailly, 2015; Gnyawali & Park, 2009; Schmutzler et al., 2019; Welter, 2011）。

創業タイプもしくは生え抜きタイプの企業家に限定されがちだった企業家精神の研究は，80年代に入るころからミドルやロワーなど，組織内のより広範な行為主体との文脈で論じられるようになっていく。組織における企業家精神発揮の主体は，企業内企業家（例えば，Floyd & Wooldridge, 1999; Pinchot III, 1985; Ren & Guo, 2011），変革エージェント（例えば，Kanter, 1983），あるいはプロダクトチャンピオン（例えば，Burgelman, 1983; Guth & Ginsberg, 1990）などと呼ばれ，組織の中でイノベーションや変革の行為主体として企業家的に振る舞う役割が期待された。

図表2-1　学術用語としての企業家精神のマッピング

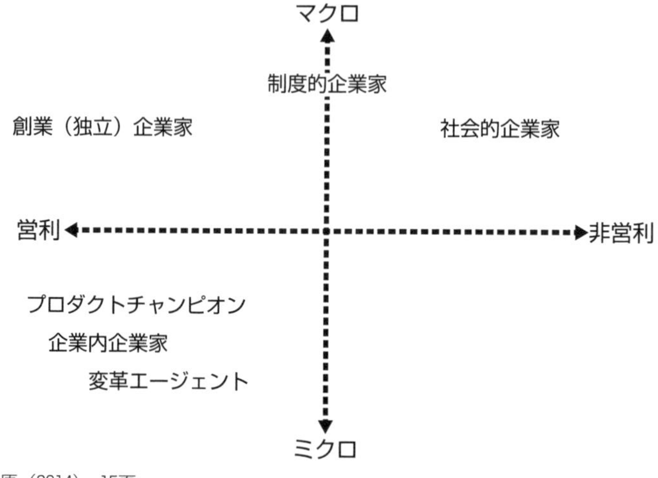

（出所）福原（2014），15頁

4）老舗の学術雑誌には，1962年創刊の*Journal of Small Business Management*，1976年創刊の*Entrepreneurship Theory and Practice*や1985年創刊の*Journal of Business Venturing*が代表的なものとしてあげられる。その後のインパクトファクターの大きい代表的な雑誌には，1991年創刊の*Entrepreneurship Research Journal*，2005年創刊の*International Entrepreneurship and Management Journal*，2007年創刊の*Strategic Entrepreneurship Journal*などがあり，理論的かつ実証的な研究が潤沢に蓄積されている。

さらにその後は，社会的企業家（social entrepreneur）や制度的企業家（institutional entrepreneur）などの新たな企業家概念が提起されるようになり，イノベーションや変革の対象が社会や制度のようなマクロな構造に移行し，かつ目的概念も営利性から非営利性もしくは公共性に転じながら論じられるようになっている（例えば，Boschee, 1995; Dees, 1998; DiMaggio, 1988; Waddock & Post, 1991）。ある意味で，シュンペーターがイノベーションの対象として想定していたマクロ構造（＝市場）に原点回帰しているかのような気さえする。

このように，企業家精神の発揮もしくはその行為主体としての企業家は，**図表2-1**に示されているように，ミクロ－マクロあるいは営利－非営利など，多面的・多次元的な研究視座が展開されてきた。

2）企業家精神に関する多義的使用の論理

前節で考察されてきたように，企業家精神は様々な文脈において多義的な言語使用がなされてきたわけだが，ガートナー（Gartner, 1988, 1990）によれば，その研究アプローチは資性的（trait approach）と行動的（behavioral approach）とに大別できる。

資性的アプローチは，企業家精神に関する初期の研究に多く見受けられ，新規事業を生み出した創業経営者や雇われ経営者に共通して観察される性格や志向などの特性を解明しようとする立場である。企業家の内面を分析するという意味において，まさに企業家精神に関する原初的研究であり，「企業家とは誰で，何なのか」を探求することを基としている。

しかしながら，先述したようにそもそも企業家精神を資質的要素に還元してしまうと，環境要因を与件として考えることになり，企業家精神や企業家の育成余地が失われるなどの限界を露呈することになる。企業家精神を行動として理解すれば，そこに管理可能な余地が入り込み，魅力的な研究素材になり得る（Covin & Slevin, 1991）。そこで，研究者達が代替的なアプローチとして注目したのが，企業家に固有な行動である。「企業家とは何をするのか？」を問う行動的アプローチは，資質のような行為者の内面構造とは異なり比較的観察可能である。それゆえ，ある行為主体の企業家精神の発揮もしくは企業家的行動が，観察学習を通じて他の組織メンバーに伝播する過程をも分析の対象として取り込むことが可能となる。とりわけ，非公式的な場でのエンパワーメントが組織内の逸脱行動を促してきた日本企業にあって（Fukuhara, 2016），行動的アプローチは，社会や組織における企業家精神の社会的構築過程を分析の俎上に載せるという点において，その研究意義は大きいと思われる。

加えて，いくつかの先行研究（例えば，Carland et al, 1984; Mescon & Montanari, 1981）では，創業経営者や雇われ経営者など，同じ企業家に位置づけられても彼・彼女らのバックグラウンドの相違によって，その資質に根本的な差のあることが指摘されている。これらの研究結果を措定すると，資性的よりも行動的アプローチの方が，普遍化や一般化への可能性が高まることが容易に想像できよう。逆説的には，企業家精神の発揮する行為主体を組織内外に拡張するために，企業家精神の分析は資性的から行動的なアプローチへと着眼点がシフトしたと解釈することも可能である。すなわち，企業家精神を企業家的行動と置換することで，様々な行為主体がそうした企業家的行動を発揮する存在へとなり得たわけである。組織のあらゆる階層で企業家的行動の発現可能な理論的根拠が確認されたので，次節ではとりわけミドルという管理階層に焦点を当て，その企業家的行動の枠組みを導出して行うことにしよう。

3　ミドルの企業家的行動のフレームワークと本研究の関心

フロップ（Fulop, 1991）によれば，1980年代の多くの文献で大企業におけるミドルレベルでの企業家的行動の要請が叫ばれたが，彼・彼女らの役割についてのコンセンサスが研究者間でほとんど得られておらず，体系的な分析がミドルの文献に関してほぼなされていないと主張している。こうした問題意識の下，彼は企業内企業家精神（cooperate entrepreneurship）とミドルを関連づける先行研究を次の３つのアプローチに整理・分類している。

第一のアプローチは，エクセレンスアプローチ（Excellence Approach）である。ピーターズ&ウォーターマン（Peters & Waterman, 1982）の主著『エクセレント・カンパニー』を契機に，大規模組織の企業家的組織化が主張されるが，そこでの企業内企業家としてのミドルは，経営者によって定義されている現行の企業戦略の概念を破壊するような急進的（radical）イノベーションではなく，既存の製品，技術や組織的な業務運営に対する漸進的（incremental）イノベーションをもたらす役割を果たす存在だとされている（Fulop, 1991, pp.28-31）。

第二のアプローチとして，フロップは戦略計画アプローチ（Strategic Planning Approach）を主軸に展開するイノベーション・プロセスモデルの存在を主張する。彼によれば，イノベーション・プロセスモデルの論者達は，社内ベンチャーへの非同調者を統合し制度化する際に起こる軋轢や，自律的戦略行動（autonomous strategic behavior）への許容を維持する軋轢に接近しようと試みているという。このアプローチでは，自律的戦略行動を促進する企業家精神は，組織全体ないし集団で発揮されるべきだという前提に立つので，そこでのミドルの役割はイノベーションの媒体者，すなわち戦略構築力（strategic building）や戦略推進力（strategic forcing）を絶えずトップやロワーに説得することにある。また，フロップはこうしたアプローチを取る代表者として，例えばバーゲルマンやセイルズ（Burgelman, 1983, 1984; Burgelman & Sayles, 1986），ピンチョー（Pinchot III, 1985）らをあげている（Fulop, 1991, pp.31-35）。

第三の資源動員アプローチ（Resource Mobilization Approach）では，自発的なミドルのパワーを利用するのに必要な組織構造や文化を開発すると同時に，彼・彼女らの政治的スキルやパワー関係に焦点を当てるものである。フロップはこうしたアプローチの代表者としてカンター（Kanter, 1982, 1983）をあげるが，彼女は企業内企業家精神の分析は次の２つの側面によって展開されていると言う。１つは，企業内企業家としてのミドル・マネジャーに必要とされるパワーの源泉やスキルであり，今１つは，組織に広範なイノベーションを促進させるのに必要な統合的な組織構造（structure）と業務（practice）である。したがって，そこでのミドルの役割として，新たな戦略，製品，市場，作業方法，技術過程や組織構造を創造するために広範なネットワークを形成することが求められる（Fulop, 1991, pp.35-39）。

このように，フロップは企業家精神とミドルを関連づける３つの分析視座を提供しているが，実際それらは相互補完的であるかもしれないとだけ述べ，それらを束ねるミドルの企業家的行動について詳細に言及してはいない。そこで，本研究ではこうした3つのアプローチに依拠しながら，トップの企業家精神論における企業家的行動の先行研究を足掛かりに，ミドルによる企業家的行動のフレームワークを導出することにしたい。

まずエクセレンスアプローチにおいて，イノベーションのトリガーは第一義的にはトップであった。トップ主導の急進的イノベーションを実行段階に移す際，ミドルはあくまでトップによって制約された戦略の進捗管理に徹することになる。そして，ミドルは急進的イノベーションに常時付随するリスクを管理することが求められる。トップの企業家精神に関する研究の文脈の中で古くから危険負担性向（propensity to take risks）が認められるが（例えば，Gartner, 1985; Kets de Vries, 1977; McClelland, 1961; Schumpeter, 1926），いくつかの先行研究（例えば，Block & MacMillan, 1993; Robinson, 1990）では，周囲が認識するほど企業家は危険負担意識が希薄であり，むしろ行動面で最善を尽くしてリスクを管理することが指摘されている。また，リスクの認知と受容という観点からは確かに危険負担性向が認められるが，リスクを伴う意思決定後の行動面においてはリスクを限りなく最小限にすること（例えば，Murmann & Sardana, 2013; Sylla, 2003），あるいはアライアンスのようなネットワーク行動を通じてリスクを軽減するための情報収集をすること（例えば，Das & Teng, 1997）などが先行研究では指摘されている。これらの研究から改めて主張したいことは，企業家はリスクを最小限にするため事業を綿密に企てなければならない存在であるがゆえに，起業家ではなく企業家という表現が使われるべきだと筆者は考えている[5)]。

それはともかくとして，管理論のオーソドクシーな考え（Fayol, 1917; Katz, 1955）を引き合いに出すまでもなく，管理階層において最終的な経営責任を負うのはトップであることは自明の理であり，その意味において危険負担はトップが負うべきであって，ミドルはむしろロワーが直面する実行課題とトップの視点を摺り合わせることで，現場とトップの認識ギャップのリスクを積極的に管理すべきポジションである（King et al., 2001）。したがって，ミドルによる企業家的行動の第一のフレームワークとして，リスクテイキング行動ではなくあ

5）米倉（2015）は，アントレプレナー（entrepreneur）は，新しく企業を創業するスタートアップ期だけでなく，既存企業において新規事業を立ち上げる存在としても含意されており，イノベーションの主体を狭義に捉えてしまう起業家ではなく，広義に把握しようとする企業家をアントレプレナーの訳語にあてがうべきだと，別の視点から「企業家」という表現が用いられるべきことを主張している。

えて「リスクマネジメント行動（risk management behavior）」をあげたい。

次のイノベーション・プロセスモデルにおいては，戦略計画の過程においてミドルがどのような役割を果たすかに焦点を当てている。そこでは，トップレベル主導の戦略計画と外部環境との整合性を高めることや，ロワーレベルから創発される戦略についてトップから承認を取りつけること，さらにはミドル自身が戦略創造者としてトップやロワーに影響を及ぼすことが考えられる。トップの企業家精神に関する先行研究にたぐり寄せて考えて見ると，これまで組織属性（Covin & Slevin, 1989, 1991; Ireland et al., 2009; Miller, 1983）や経営スタイル（Hakala, 2011; Lumpkin & Dess, 1996）という文脈の中で，企業家的（entrepreneurial）もしくは戦略的（strategic）な態度（posture）あるいは志向（orientation）というキーワードを伴って，相互補完的に議論されてきた内容である。とりわけ，企業家的な志向・態度を中心に据えて戦略を説明変数として捉える際，戦略形成過程におけるトップによるビジョンやミッションの浸透の重要性が指摘されており（例えば，Covin & Slevin, 1991; Ireland & Hitt, 1999; Ireland et al., 2009; 十川，

図表2-2　ミドルによる戦略形成上の影響力発揮の活動形態

上方影響力（upward influence）

情報を合成すること
- 新たな計画の実行可能性に関する情報を集める
- 外部環境における変化を評価する
- 競合企業や供給会社等の活動を伝達する

挑戦すること
- 新たな計画を正当化し定義する
- 新たな提案の利点を評価する
- 新たな機会を探索する
- より高い地位のマネジャーに計画またはプロジェクトを提案する

下方影響力（downward influence）

適応性を促進すること
- 新たなプロジェクトをスタートさせるよう規則を緩やかにする
- 実験的な計画のための時間を稼ぐ
- 試験的なプロジェクトのために経営資源を探し出し供給する
- 実験的な計画のために避難場所を提供する
- 非公式な議論や情報共有を奨励する

入念な戦略を実行すること
- トップ・マネジメントの目的を支援するよう活動を監視する
- 目標を活動計画に変換する
- 目標を個人的な目標に変換する
- トップ・マネジメントの構想を部下に納得させる

（出所）Floyd & Wooldridge（1997），p.467を筆者修正

1991)，その結果ミドルやロワーが企業家的行動に駆られる。

一方，企業内企業家精神に関する先行研究において，フロイド&ウォルドリッジ（Floyd & Wooldridge, 1997）は，戦略形成過程におけるミドルの影響活動を，上方影響力（upward influence）と下方影響力（downward influence）の２つに大別している。そして，**図表2-2**に示されているように，上方影響力にあっては（1）情報を合成することと（2）挑戦することを，下方影響力では（1）適応性を促進することと（2）入念な戦略を実行することをそれぞれあげ詳細な議論をしている。そこで，上述した戦略形成過程におけるミドルの行動を包括的に「戦略行動（strategic behavior）」とし，企業家的行動の第二のフレームワークとしてあげることにしたい。

レン&グオ（Ren & Guo, 2011）は，企業内企業家精神とミドルを結びつけようとするこれまでの研究を，（1）トップの提示するビジョンをロワーに売り込みながらイノベーションを起こすミドル，すなわちトップダウンに埋め込まれたミドルによる企業家的役割に焦点を当てる研究と，反対に（2）ロワーによって挑戦された戦略形成上の自発性をトップに売り込みながらイノベーションを誘発するミドル，つまりボトムアップに埋め込まれたミドルによる企業家的役割に着目する研究の２つに分けて，イノベーションの評価者と販売員の両役者を演じるミドルに言及している。彼らの主張する役割モデルに準拠すれば，戦略行動の研究は，主に戦略が形成される過程での管理階層の上下，すなわち垂直的な影響力に主眼が置かれることになる。

最後の資源動員アプローチにあっては，戦略形成だけでなく統合的な構造や文化の形成に際して，ミドルには自己の所有するパワーを駆使しながら種々のネットワークを形成する役割が求められる。さらに，アウトソーシングやオープン・イノベーションなどの企業間での協働行為が顕著になると，ミドルは資源調達を組織内部だけでなく組織外部にも求める必要がある。トップの企業家精神の先行研究にあっても，これまで企業家の重要な行動特性の１つにしばしばネットワーキングが指摘されてきた（例えば，Aldrich & Zimmer, 1986; Greve & Salaff, 2003; 金井, 1994; Larson, 1992; O'Donnell et al., 2001）。企業家のネットワーキングは，事業創造のための機会や資源の探索のために主に行われ，とりわけスタートアップ期に重要性が帯びてくる。企業内企業家精神の先行研究では，信頼がネットワーク構築を促進すると同時に優れたネットワークが信頼を生み出すような，ネットワークと信頼の相互補完的な関係に言及しており（Stam & Elfring, 2008; Toledano et al., 2010），とりわけミドルとの関連からは，そうしたネットワークが公式的で計画的な組織の目的と非公式的で創発的な個人の目的とを摺り合わせながら形成される必要性を説いている（Floyd & Wooldridge, 1997; Kuratko et al., 2005）。これらのことから，ミドルによる企業家的行動の第三のフレームワークとして「ネットワーク行動（network behavior）」をあげることにする。

チェンら（Chen et al., 2015）は，企業内企業家としてのミドルのネットワークを，（1）部下や同僚等との内的結束型（internal bonding）ネットワーク，（2）組織外部の人々との外的橋渡し型（external bridging）ネットワーク，そして（3）上位経営層とのネットワークの3種類に分類し，これらと創造的な能力との関係性を実証的に明らかにしている。この分類に従えば，ミドルによる企業家的行動としてのネットワーク行動は，垂直的な影響力と水平的な影響力の複眼的視点で捉えることができる。しかしながら，本研究では主に水平的な影響力としてミドルによるネットワーク行動に焦点を当てることにする。その理由として，垂直的な影響力は，先述した第二のフレームワークとしてあげた「戦略行動」の中に既に含意されていることに加え，先行研究では組織内の他部門や組織外に向けられたネットワーキングを中心に据えた研究が散見されるためである（Floyd & Wooldridge, 1999; 金井, 1991; Kanter, 1982, 1983; Kuratko et al., 2005; Pappas & Wooldridge, 2007）。

以上から，フロップの主張する企業内企業家精神とミドルとを接合する3つのアプローチと，トップによる企業家精神の研究領域で参照されることの多い企業家的行動の枠組みとの接点，そしてそこから導出される本研究における企業家的ミドルの行動枠組みをまとめると**図表2-3**のように示すことができる。

ここまでミドルによる企業家的行動，すなわち企業家的ミドルの行動に関するフレームワークについて，Fulop（1991）を拠り所に，トップによる企業家精神論および企業内企業家精神論に関する先行研究で適宜補完しながら骨格を検討してきた。その結果，「リスクマネジメント行動」，「戦略行動」，そして「ネットワーク行動」の3つの行動が導出された。そして本書では，以降これら3

図表2-3　企業内企業家精神と企業家精神の研究接点から導出される
企業家的ミドルの行動枠組み

Fulop(1991)の企業内企業家精神とミドルとを接合する3つのアプローチと代表的研究	トップの企業家精神の研究領域で参照される企業家的行動との接点	導出された企業家的ミドルの行動枠組み
1）エクセレンスアプローチ 代表的研究：Peters & Waterman (1982), Peters & Austin (1985) 等	▶リスクマネジメント志向 代表的研究：Block & MacMillan (1993), Das & Teng (1997), Murmann & Sardana (2013), Robinson (1990), Sylla (2003) 等	リスクマネジメント行動
2）戦略計画アプローチ (イノベーション・プロセスモデル) 代表的研究：Burgelman (1983), Burgelman & Sayles (1986), Pinchot III (1985) 等	▶戦略志向 代表的研究：Covin & Slevin (1991), 十川 (1991), Ireland & Hitt (1999), Ireland et al. (2009) 等	戦略行動
3）資源動員アプローチ 代表的研究：Kanter (1982, 1983) 等	▶ネットワーク志向 代表的研究：Aldrich & Zimmer (1986), Greve & Salaff (2003), 金井 (1994), Larson (1992), O'Donnell et al. (2001), 等	ネットワーク行動

（出所）筆者作成

つの行動すべてを考察の対象とはせず，3つめの「ネットワーク行動」に着目することにする。その理由として，次の2点が指摘できる。1つは，先述したように「リスクマネジメント行動」は，経営管理論の文脈の中でこれまで多く語られてきたミドルの役割であり，また「戦略行動」は，80年代から90年代にかけてかなり精力的に研究が施され（Wooldridge et al., 2008），両行動は研究領域として掘り尽くされた感があり，新規性に欠けるからである。もう1つは，近年急速に市民権を得て様々な研究分野で援用されている社会的ネットワーク理論やその分析方法が，企業家精神（例えば，Ebbers, 2014; O'Donnell et al., 2001; Slotte-Kock & Coviello, 2010; Stam & Elfring, 2008）や企業内企業家（例えば，Toledano et al., 2010），さらには企業内企業家としてのミドル（例えば，Chen et al., 2015）に関する研究領域にも進出してきて，理論的にも実証的にも注目を集めているからである。

そこで，企業家的ミドルの行動枠組みとして着目するネットワーク行動にあって，本研究ではとりわけ組織外部に向けられたネットワーク行動に焦点を当てることにしたい。その理由は，本研究の対象が日本企業であり，これまでの先行研究では主にミドルによる組織内のネットワーク行動に着目してきており（例えば，金井, 1991; 河合, 1999; Nonaka & Takeuchi, 1995; 十川, 2002），組織外部へのネットワーク行動に注目した理論的かつ実証的な研究蓄積が少ないからである。そして，本書では企業家的ミドルを「所属する部門や組織の境界を越えて活動し，様々なステークホルダーを結びつける役割を担いながら，企業家精神を自ら発揮したり周囲に発揮させたりする革新者（innovator）」と定義した上で，次章で企業家的ミドルが組織外部でのネットワーク・リーダーシップを発揮する際のパワーについて検討していくことにしよう。

第3章

ネットワーク形成過程の行為主体とパワー

ある組織と他組織との関係を組織論的に解明しようとする試みは，日本では組織間関係論（interorganization theory）あるいはネットワーク組織論として古くから精力的な研究がなされてきた（今井・金子, 1988; 佐々木, 1990; 山倉, 1993）。とりわけ，組織間関係論にあっては，フェッファー&サランシック（Pfeffer & Salancik, 1978）によって提起された資源依存論（resource dependence theory）という支配的な分析パースペクティブによって，資源の非対称性から生じる依存関係という視座に拠ってかなりの現象が論理一貫的に説明可能になっている[1)]。しかし，組織間関係を全体としてマクロに把握するには有効だが，関係性や組織全体の整合性に焦点を当てるあまり，関係性や組織全体に整合性を持たせる過程や行為主体を蔑ろにしてしまう傾向にある（佐々木, 1990）。

一方，第1章でも考察されたように，1990年前後のリーダーシップ研究の分水嶺の前までは，リーダーシップを発揮する領域においては主に集団や組織の内部に焦点が当てられ，職務を遂行する際，部下や上司さらには同僚に対してどのような影響力を与えていくべきかの究明に終始してきた。しかしながら，組織と組織との関係性に推進力を与えるリーダーシップを発揮する際に有効なパワーは，組織内部で行使されるそれとは自ずと異なることが想定される。とりわけ，前章の最後に述べられたように，本書では企業家的ミドルによる組織外部でのネットワーク行動に焦点を当てるため，その準備的考察として組織間関係に推進力を与えるリーダーシップにおいて受容されるパワーに言及しておくことにしたい。

そこで本章では，まず組織間での協働行為が誘発される過程，すなわちネッ

1） 山倉（1993）は，この他にも組織間関係論の分析視座として，組織セットパースペクティブ（organization set perspective），協働戦略パースペクティブ（collective strategy perspective），制度化パースペクティブ（institutional perspective），取引コストパースペクティブ（transaction perspective）をあげており，資源依存パースペクティブはそうした様々な分析視座の中でも組織間関係論の中核をなしていると主張している。

トワーク組織を構築するリーダーシップの過程における行為主体の確認を行う。次に，そうしたリーダーシップを発揮する際に行使されるパワーの源泉について検討する。そして，種々のパワーの源泉にあって，明確な階層構造のない組織外部でパワーの主体がパワーの客体に自ら行使するパワーを受容可能にする源泉，つまりパワーの正当性について検討していくことにする。

1　ネットワーク組織と行為主体の複眼的視点

前述した組織間関係論にあって，環境とは組織を指して言うが（山倉, 1993），ネットワークを把握する場合，ある組織にとって環境とは，企業全体としての他組織だけでなく，内外的な組織構成員間の関係，下位組織間の関係，さらには組織を取り巻く社会との関係など，広義に関係性を把握する必要がある。組織間の関係を構築する際，影響力ないしパワーを及ぼす存在は様々であり，それらを射程にネットワークが形成されていくというスタンスに立つからである。それは，個人レベルの相互行為が相乗効果をもって，組織的なネットワーク行動へと昇華される様を描くのに重要な視点であると考える。ヴァンデヴェンら（Van de Ven et al., 1974）は，組織間関係を分析する枠組みとして，（1）外部の抑制現象（constraining phenomenon）としての環境，（2）相互作用する組織，集団ないし個人の集合としての環境，（3）社会システムとしての環境という3種類の環境をあげ，組織間関係の構成要素に関する複合的な視点を強調する。

これら3種類の環境概念の中で，とりわけ重要なのは，（2）の相互作用する組織，集団，個人としての環境である。先述した資源依存論では組織を分析の一単位としており，組織間の経営資源への依存度によって関係性を解釈しようとするが，下位組織である部や課などの集団や，そうした集団を構成する個人が，組織の境界を越えて繋がりを持つことで組織間関係が構築されている過程を捉えきれていないからである。これに関連して佐々木（1990）は，組織間関係という集合概念は関係性構築の過程をダイナミックに理解しようとする際にむしろ足枷になり，より広範で多様かつ複雑な関係性をダイナミックに捉えられる概念装置として組織間ネットワーク（interorganizational network）あるいはネットワークを位置づけている（佐々木, 1990, 13頁）。また，朴（2003）も，組織間関係が系列的取引のような階層構造をしていることから，アライアンスやアウトソーシング，近年ではオープン・イノベーションのような現象からも明らかなように，階層構造に移行する趨勢を捉える際，ネットワーク組織あるいは戦略的ネットワークという概念の有効性や妥当性を主張している。組織間関係論とネットワーク組織論の相違を明示的に扱う先行研究が希有な状況にあって，個人，集団や組織が組織の境界を越えて繋がりを持つ過程に本書の研究関心が向けられているため，要素間の繋がりをダイナミックに捉えているネットワーク組織という用語を使用することにする。そして，ネットワーク組織を解明しようとする諸理論を総称して，ネットワーク組織論と呼称することにしたい。よって，組織間関係論は，本書ではネットワーク組織論に内包されるものと考える。

そこでまず，ネットワーク組織の特徴について簡潔に考察しておくことにしよう。ネットワーク組織における連結単位には，個人，集団，組織や社会などがあり，それらはランダムな組み合わせを有する。また，連結程度としては，影響力ないしパワーが及ぼされる程度によって，ルース（loose coupling）なものからタイト（tight coupling）なもの（Weick, 1979），つまり組織の境界を越えて繋がる個人，集団，組織の間において階層構造が存在する比較的タイトなものや，非階層的な対等関係としてのルースなものが想定される（寺本, 1990）。例えば，バーナード（Barnard, 1948）は，公式組織には，命令指示による根本的に権力主義的な階層組織（scalar organization）と，相互理解や契約による自由な合意に基礎づけられた側生組織（lateral organization）の存在を主張するが，ネットワーク組織にも，こうした両側面が存在するということである。

このようにネットワーク組織の構成要素を多面的に捉える際，ネットワーク組織に直接的および間接的にパワーを行使する行為主体を明示的にしておく必要がある。まずネットワークを形成する初期的段階では，第一義的には組織とその周囲を取り巻く環境とを連結する活動を担う人物が，その行為主体として考えられる。このような組織と外部環境を連結する活動は，トンプソン（Thompson, 1967）にその研究の萌芽を見出すことができる。彼によれば，組織を取り巻くインプットを処理してアウトプットに変換するための様々な技術的プロセスはテクニカル・コア（Technical core）と呼ばれ（Thompson, 1967, p.20; 邦訳27頁），組織体の合理的活動のためにこのテクニカル・コアに対する不確実性を調整する重要な機能として境界連結担当部門（boundary-spanning components）が位置づけられている（Thompson, 1967, p.70; 邦訳100頁）。そして，組織体が不確実性をルーティンとして処理できるような状況では，境界連結活動を担う人々に自由裁量権を付与する必要はないが，ノンルーティンな状況下にあっては大幅な裁量権を付与することで不確実性を積極的に減少させる重要性が指摘されている（Thompson, 1967, pp.111-112; 邦訳158頁）。

こうした境界連結活動を担う行為主体には，その後の研究では様々な呼称が存在し，ライファー＆デルベック（Leifer & Delbecq, 1978）は，種々の文献の中で使用されている境界連結活動を担う行為者の名称を，**図表3-1**のように整理している。組織と環境を結びつける行為主体の呼び方は**図表3-1**にあるように各人各様だが，２つの境界を結びつける活動（boundary spanning activity）を最も連想しやすいライファー＆デルベックの呼称に従い，本書では境界連結者（Boundary Spanner）を統一して用いることにする。境界連結者の具体例として，マーケティング，販売，購買，人事，物流や資材のような職能部門に従事する人など，組織外部と何らかの形で接点を持つメンバーが広くあげられる。アダムス（Adams, 1976）は，このように境界連結者2)が環境との効果的な取引を目的としてその活動場所が組織の境界に位置するすべての者達を包含するものとしている。

また，境界位置に固有な特性として，（1）境界連結者は，相対的に他の組織メンバーから心理的，組織的，物理的に遠く離れており，外部環境や組織外の行為者とより密接な関係にあり，（2）境界連結者は，外部環境に対して自己の組織を代表（ここでの代表するrepresentという意味は，情報を表現する行為を意味するのであって，誰かに代替して取引をすることを意味するものではない）し，（3）境界連結者は，外部環境を越えた影響力を有する組織の行為者であると特徴づける（Adams, 1976, p.1176）。

2）アダムス（Adams, 1976）は，実際には境界連結者のことを「境界役割者（boundary role persons）」と呼んでいるが，本書では後続する内容と一貫性を持たせるために，「境界連結者」と読み替えて用語の統一化をはかることにする。

図表3-1　組織と環境とを連結する行為者の名称例

名称	研究者名
インプット変換者（Input transducer）	Miller, J.G.
組織と環境間の連結ピン（Linking pins between organizations environment）	Organ, D.W.
ゲートキーパー（Gatekeeper）	Allen, T.J. & Cohen, S.F. / Utterback, J.M.
統合者（Unifiers）	Crossman, E.R.F.W.
変革行為者（Change agents）	Bennis, W.G.
調整者（Regulator）	Child, J.
組織外取引構造のメンバー（Member of extraorganizational transaction structure）	Levine, S. & White, P.E. / Miller, E.J. & Rice, A.K. / Thompson, J.D.
連結役割（Liaison role）	Evan, W.M.
計画者（Planner）	Bolan, R.S.
革新者（Innovator）	Knight, K.E.
辺境役割（Marginal role）	Liddell, W.W. / Pruden, H.O.
境界連結者（Boundary Spanner）	Aiken, M. & Hage, J.

（出所）Leifer & Delbecq（1978），p.42を筆者修正

アダムスの境界連結者についての初期の研究（Adams, 1976）は，境界取引システム（boundary transaction system）を担う漠然とした役割モデルを提示するに留まり，境界連結者の属性や定義の詳細についてほぼ言及されてはいない。その後アダムス（Adams, 1980）は，境界連結者を「組織をその環境と機能的に関連付けるために携わる組織の成員ないし行為者（agent）の活動（Adams, 1980, p.328）」と明確に定義し，より体系的な境界連結者の役割と属性に関する議論を展開している。

まず，彼によれば，境界連結者の主要な活動は5つの種類に類型化される。それらは，（1）組織のインプットの獲得やアウトプットの処理を交換すること，（2）インプットやアウトプットをろ過すること，（3）情報を探索したり収集したりすること，（4）外的環境に対して組織を代表すること，そして（5）

外部の脅威や圧力から組織を防衛し緩和させることである3)。さらにアダムスは，境界連結者の行動特性として，ネットワーク上の境界連結者どうしが自らの規範による相互作用を通じて境界社会システム（boundary social system）を構築することを説明し，こうした際の行動は，ネットワーク・システムの各構成要素の3つの属性，すなわち（1）組織属性（organization attributes），（2）役割属性（role attributes），（3）個人属性（person attributes）と，その構成要素間の3つの関係属性，すなわち（1）組織間の属性（interorganizational attributes），（2）役割間の属性（inter-role attributes），（3）対人間の属性（interpersonal attributes）との関数として述べられている（Adams, 1980, pp.328-329）。これらの関係性を示すと，**図表3-2**のようになる。

図表3-2　境界連結者の組織外・組織内関係の構造

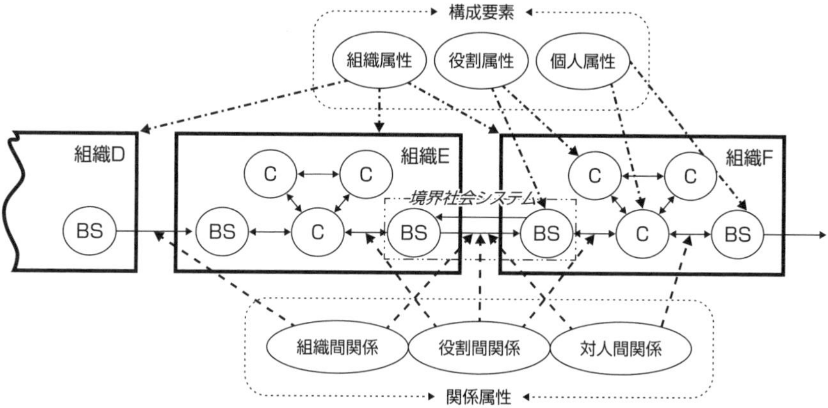

（注）C＝組織構成員（Constituents），BS＝境界連結者（Boundary Spanner）
　　ただし原典ではBSはBRP（Boundary Role Persons）
（出所）Adams（1980），p.330を筆者修正

3）境界連結者のこれら5つの役割を端的に述べれば，インプットの獲得とアウトプットの処理を交換する過程において，交渉問題を中心的に扱い，境界連結者は交渉にあって自組織の構成員や他組織の境界連結者との間で二重のコンフリクトに支配されることを強調する。インプットやアウトプットをろ過することとは，経営資源を獲得し生産財を製造する過程での選択段階において，人的資源の監視と，受容エラー（acceptance errors）や棄却エラー（rejection errors）の監視をすることがあげられる。情報の探索と収集では，外的環境に関する情報とりわけ知識の獲得を強調し，組織の代表者としては自組織の価値や目的を他組織や社会に象徴的に伝達することを指す。最後の組織を防衛し緩和することとは，社会政治的環境や観念的環境が課すコンフリクトや圧力から自組織を防衛し，外部環境への組織的適応の度合いを調節することを意味している（Adams, 1980, pp.332-350）。

境界連結者は内面的に組織属性，役割属性や個人属性を内包し，外面的にそれぞれの関係属性を有する。また，焦点組織Eの境界連結者は，自組織内の他の構成員（C）や他組織（組織Ｆ）の境界連結者との相互作用を通じて，境界社会システムを形成することになる。このように，ネットワーク形成の初期的段階で直接的にパワーを及ぼす存在は境界連結者のような個人がその行為主体として確認されるが，本研究ではこうした主体を個人的行為主体と呼ぶことにする。

次にネットワーク形成後に間接的にパワーを行使する行為主体について考察することにしよう。寺本（1990）によれば，ネットワークに関連するパワー現象には，２つの異なる次元が含意されているという。第一次元は，ネットワークが市場ないし産業社会全体の中で獲得し発揮されるパワー，すなわちあるネットワークが他のネットワークに対して保持するパワーであり，第二次元としては，ネットワーク内部における様々な主体のパワー，つまりネットワークを構成する各組織が及ぼすパワーである。換言すれば，ネットワークにおいて関係性を有する一部としての単一組織と，関係性全体としてのネットワーク組織の両行為主体が存在することになる。そこで，本研究ではネットワーク形成後の維持・存続過程において，パワーを間接的に発揮するこれらの両行為主体を，包括的にネットワークにおける組織的行為主体と呼ぶことにしたい。

ネットワークの維持・存続の過程における組織的行為主体が，市場や社会に対して多大なパワーを有することは自明である。リーダーシップ研究に関する行為主体は，可視的でミクロな存在にフォーカスされる傾向にあるが，第１章で言及したセルズニック（Selznick, 1957）の制度的リーダーシップのように，ネットワーク組織にあっては比較的不可視でマクロな行為主体も想定される。それゆえ，行為主体の存在を個人や集団，組織と多層的に把握する必要がある。

さて，これまでネットワーク組織の特徴やネットワーク組織を形成する行為主体の複眼的視点について考察してきたが，それらを視覚的に示せば**図表3-3**のように表すことができる。境界連結者を丸く囲み，単一組織は三角形で，単一組織の中に存在する部門やチームなどの集団は正方形でそれぞれ示されている。また，２つの単一組織から構成されているネットワーク組織は点線のひし形で示され，単一組織やネットワーク組織を囲む破線の長方形は社会や市場あるいは制度を指している。そして，ネットワーク組織を構成する様々な主体間

図表3-3　ネットワーク組織における行為主体の概念図

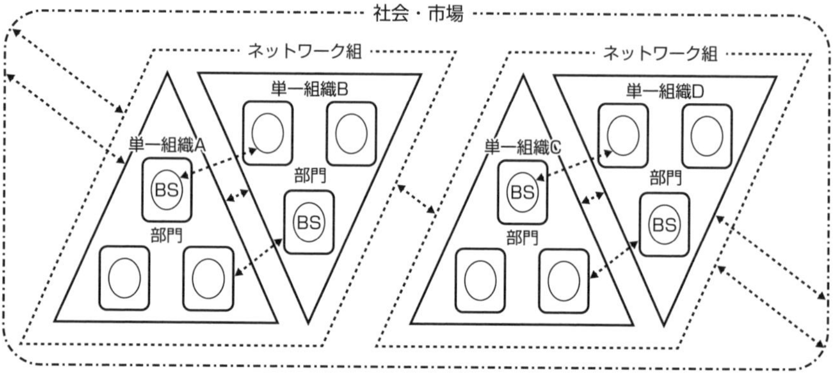

（出所）筆者作成

の影響関係は矢印で表記されている。

2　リーダーシップとパワー

前節まではネットワーク組織の把握とそこでの行為主体について検討したが，本節ではそうしたネットワーク組織を構築したり，構築されたネットワーク組織に推進力を与えたりする過程に触れる準備的考察として，リーダーシップとパワーとの連関，並びにパワーの源泉について言及していくことにする。

パワー（power）という用語は，政治学や社会学など非常に学際的に取り上げられており，各研究分野でその語意が異なる。powerが「権力」,「勢力」,「権威」や「影響力」などと様々に訳されることは，そうした語意の多様性の表れである。また，パワーには強制力や抑圧といったネガティブな意味を含意する場合が少なくない。例えば，パワーに関する代表的な社会学者であるダール（Dahl, 1957）やエマーソン（Emerson, 1962）らの定義に従えば，パワーとは「ある行為者が自己の意図に他の行為者を従わせるための力（forces）（Dahl, 1957, pp.202-204; Emerson, 1962, pp.32-33)」となる。なお，社会学ではこの定義にあるように通常抑圧を含意したネガティブワードで用いられるため,「power」は「権力」と定訳される。

また，ルークス（Lukes, 1974）は，これら初期の代表的な研究を「一次元的権力観（one-dimensional view of power）」，後続するバカラック＆バラッツ（Bachrach & Baratz, 1970）を「二次元的権力観（two-dimensional view of power）」と称して，これらの比較的観察可能なパワー現象とは異なる不可視なパワー現象を扱う研究を「三次元的権力観（three-dimensional view of power）」として第三のアプローチを主張している。彼によれば，三次元的権力観は，これら一次元的と二次元的の両アプローチの限界を克服するものとして提起され，権力の行使は，①観察可能な活動ではなくむしろ無活動（inaction）に関わり，②無意識なもので，③集団や制度のような集合体によって行われる事実を捉えようとする分析視座にその特徴があると指摘している（Lukes, 1974, p.50）。このようにルークスの三次元的権力観では，集団や組織，制度を含めて権力主体をマクロに把握し，意図性の及ばない無意識な権力過程を視野に入れている点に大きな特徴がある。

一方，経営学ではこのパワー概念は組織における非決定論的現象であり，したがって実証研究の実現可能性という観点からも，かつては忌避される傾向が強く，リーダーシップほどに理論的かつ実証的な研究蓄積が豊富ではない研究領域であった（大月, 1984; Mintzberg, 1983; 野中ら, 1978）。それゆえ経営学では，パワーを影響力や力というポジティブな言葉に置換し，あるいはそう把握することによって，リーダーシップ（例えば，Kotter, 1985）やエンパワーメント（例えば，Murrell, 1985）のような組織プロセスを説明する1つの変数として把握しようとしてきたように思われる。しかしながら，現実には権力や政治力は組織プロセスにおいて不可避であり，実証することが困難であっても，目を背けるわけにはいかない組織現象である。大月（1990）は，こうした観察困難性による実証不可能なものとしてのパワーを解明する視座を解釈主義的分析，反対にパワーを実証や操作が可能なものとして把握する立場を機能主義的分析とし，前者の必要性を説いている。

このように，経営学におけるパワーにはネガティブとポジティブの両義性が含意されている。寺本（1999）は，「パワーという概念には，抑圧的・制限的であると同時に，開放的・拡大的であるという二義性が含まれていたと考えるべきだ（寺本, 1999, p.65）」と主張しているが，筆者もパワーがこうした両側面を含意している概念だとする立場にある。そしてそれゆえに，そうした対極的な2つの意味の中立性を担保するために，powerをあえて和訳せずにパワーとカタカナ表記で使用することにしたい（小松, 1976; 森, 1998）。

ところで，ユーケイル（Yukl, 1989）は，80年代くらいまでのリーダーシップ研究を，（1）資質（trait）アプローチ，（2）行動（behavior）アプローチ，（3）状況（situational）アプローチ，および（4）パワー・影響力（power-influence）アプローチの4タイプに大別している。（1）から（3）は第1章で考察したリーダーシップ研究の資質論，形態論そして状況論に該当するが，これらリーダーシップ研究の発展史の系譜とは別に，第四のパワー・影響力アプローチが分類されている。そして，これまでの多様なリーダーシップの定義を包括するように，「集団や組織の目的の決定に関与し，それらの目的を追求する職務行動を動機づけ，集団の維持や文化に影響する影響力の過程を含意するもの（Yukl, 1989, p.5）」としてリーダーシップを広義に定義している。さらに，影響力がある行為者の他者に対する効力（effect）であるのに対して，パワーはそうした効力を発揮する行為者の能力に着目する概念だと指摘している[4)]。モーリス（Morriss, 2002）も，影響力は感情を動かすこと（affecting）である一方で，パワーは変化をもたらすこと（effecting）であり，前者は間接的で経時的に変化する可能性（したがって人にも影響力が宿る）があるのに対して，後者は直接的で今ここに備わった属性的性質を帯びている概念であることを強調する（Morriss, 2002, pp.27-30）。

これらの主張に対して，パワーと影響力の両キーワードがタイトルに入り込んでいるにもかかわらず，両概念の相違について触れないもの（例えば，Kotter, 1985; Kramer & Neale, 1998），あるいは相違に言及してはいるが概念定義については必ずしも明示的に扱っていないもの（例えば，Pfeffer, 1992; Vecchio, 1997）など，パワーと影響力がタイトルに鏤められている論文や著書が散見される割に，両者の概念的相違を明示的に扱う研究は必ずしも多くないように思われる。また，いくつかの研究では，この両概念は類似する部分が多く，明確

4）こうしたパワーと影響力の概念的相違は，French Jr. & Raven（1959）が下敷きになっている。彼らは両者の違いについて必ずしも明示的に言及してはいないが，ブルインズ（Bruins, 1999）によると，他者の心理的変化を喚起する力が影響力で，パワーとはその影響力を発揮する潜在的能力であることをFrench Jr. & Raven（1959）は暗示しているという（Bruins, 1999, pp.8-9）。

に分けて考えるというよりは不可分なものとして統合的に把握し，両者を媒介したり両者に影響を及ぼす要因を探究するような研究の方向性も提案されている（例えば，Stahelski & Paynton, 1995; Willer et al., 1997）。したがって，本書でも，パワーと影響力とを厳密に区別することはせずに，相互補完的な概念として扱うことにする。そこで，これらの内容を踏まえ，本書でのリーダーシップとは，「ある行為主体が他の行為主体から何らかの行為を引き出す過程」であり，パワーとは，「ある行為主体がリーダーシップを発揮する際に，他の行為主体に対して影響を及ぼす諸力」と定義することにしたい。

さて，パワーの概念的理解およびリーダーシップとの連関を概観してきたが，次にある行為主体が他の行為主体にパワーを受容させる源泉，すなわちパワー・ベースについて，その代表的な研究者であるフレンチ＆レイブン（French Jr. & Raven, 1959）およびレイブン（Raven, 1965, 1992）の所論を中心に考察していくことにしよう。

フレンチ＆レイブン（French Jr. & Raven, 1959）はパワーに関する初期の研究において，仮にパワーの主体をＯ，その客体をＰとした場合，パワー・ベースを次の５つに分類している。

（1）報酬（reward）パワー：Ｐに対して報酬をもたらす能力をＯが有するというＰの認知に基づくパワー
（2）強制（coercive）パワー：Ｐに対して制裁を加える能力をＯが有するというＰの認知に基づくパワー
（3）正当（legitimate）パワー：Ｐの行動を規制する正当な権利をＯが有するというＰの認知に基づくパワー
（4）準拠（referent）パワー：Ｏに対してＰが同一視することに基づくパワー
（5）専門（expert）パワー：Ｏの専門性をＰが認知することに基づくパワー

またその後，レイブン（Raven, 1965）は上記の５つのパワー・ベースに加え，情報の影響力（informational influence）をパワーの源泉として扱い，改めてレイブン（Raven, 1992）では次のように定義している。

（6）情報（informational）パワー：Oの有する情報の優位性をPが認知することに基づくパワー

これら6つのパワー・ベースについて，レイブン（Raven, 1992）はより精緻な議論を展開しており，彼によれば，初期の研究では強制パワーや報酬パワーを，明示的な報酬や心理的驚異など人間味のない種類（impersonal forms）のみに照射していた。しかし，これらのパワーは，好意を寄せている者からの賛同や拒否など，人間味のある種類（personal forms）が強烈な強制パワーの源泉になり得ることを考慮すべきだと主張する。また，正当パワーに関する影響力の源泉は，影響を及ぼしている行為者とその目標間の構造的関係，例えば，上司と部下のような地位に基礎づけられることを当初第一義的なものとして考察していたが，その他，互恵性の正当パワー（legitimate power of reciprocity），公正に関する正当パワー（legitimate power of equity），責任ないし依存に関する正当パワー（legitimate power of responsibility or dependence）の存在を確認している[5)]。

さらに，専門パワーと準拠パワーにあっては，専門家による言動の正当性を前提にし，彼・彼女に対する同一視（identity）ないし同一性の感覚（sense of oneness）を感じる正の種類（positive forms）のみ焦点を当て，従来調査がなされていたという。しかしながら，専門家が説明を受ける側の関心事ではなく，専門家自身の関心事の中で専門性を行使するような場合を仮定すると，パワーの被行使者（＝説明を受ける側の人）は自分達の知識の範囲内でパワーの行使者（＝専門家）の専門パワーや準拠パワーに対してマイナス（negative）に反応してしまう可能性があることを述べている[6)]。

最後の情報パワーは，影響を及ぼしている行為者の行動変容を満たすために，その目標を表現し得るような情報ないし論理的主張に基礎づけられている。そ

5）なお，レイブンは，相互依存に関する正当パワーを「古典的ギブ&テイク（the old give and take）」，公正に関する正当パワーを「代償的規範（compensatory norm）」，責任ないし依存に関する正当パワーを「権力の無いパワー（power of the powerless）」とそれぞれ代替的に呼称し，これらの明確な識別はある意味非常に困難であると述べている（Raven, 1992, pp.220-221）。

6）専門パワーおよび準拠パワーの負の種類について，レイブンは自動車の販売員の例を出している。すなわち，我々は積極的な自動車の販売員が自分達以上に自動車に関する知識を持っていることを仮定するが，その販売員が我々に特殊な自動車を購入するよう強く勧めると，実際にはその反対のこと（つまり自動車を購入しようとはしなくなること）をしてしまうことが例示されている（Raven, 1992, p.221）。

して，情報は仮にそれが間接的に表現される場合，時として直接的に表現されるよりも効果的になり得る場合がある。つまり，情報パワーには直接的情報と間接的情報の両側面が存在するとレイブンは主張するのである7)。

レイブン（Raven, 1992）の主張する６つのパワー・ベースに関する詳細な類型を図示すると，**図表3-4**のようになる。公式的な役割属性に起因するパワー・ベースを強制パワーや報酬パワーに，非公式的な役割属性に起因するパワー・ベースを専門パワーや準拠パワーに，それら両方の役割属性に起因するパワー・ベースを正当パワーにそれぞれ求める傾向があるというのが，かつての彼の理解だった。しかしながら，その後レイブンは，公式的と非公式的の二項対立的に６つのパワー・ベースを分類するというよりも，むしろ相対的な差こそあれ，個々のパワー・ベースにこの２つの側面は共存していると主張する立場に変わっている。

図表3-4　パワー・ベースの詳細な区分

6種類パワー・ベース	各パワー・ベースの詳細な区分
強制	人間味のない強制（Impersonal Coercion） 人間味のある強制（Personal Coercion）
報酬	人間味のない報酬（Impersonal Reward） 人間味のある報酬（Personal Reward）
正当	公式的正当性（Formal Legitimacy）＝地位パワー（Position power） 互恵性の正当性（Legitimacy of Reciprocity） 公正の正当性（Legitimacy of Equity） 依存の正当性（Legitimacy of Dependence）＝権力のなさ（Powerlessness）
専門	正の専門（Positive Expert） 負の専門（Negative Expert）
準拠	正の準拠（Positive Referent） 負の準拠（Negative Referent）
情報	直接的情報（Direct Information） 間接的情報（Indirect Information）

（出所）Raven（1992），p.220

7)　情報パワーの間接的な側面として，集中治療室の看護師が，仮に特別な治療が過去に同じような患者を助けていたことに留意し，ある患者に直接的な影響力を試みるというよりも，むしろ普段の観察であったかのように間接的にこのことを表明した場合，患者の行動により効果的な影響を及ぼし得ることを例示している（Raven, 1992, pp.221-222）。いわゆる伝聞効果である。

3 ネットワーク・リーダーシップとパワーの正当性

さて，ここまでネットワーク組織の概念，ネットワーク組織が構築される過程における行為主体，その行為主体が発揮するリーダーシップ，そしてリーダーシップ発揮の際の説明変数としてパワーの源泉について考察してきた。そこで，本書において改めてネットワーク・リーダーシップ（network-leadership）とは，「組織の境界を越えた協働行為を推進する過程」と広義な概念として位置づけておくことにする。

ところで，ネットワーク・リーダーシップの存在を認めると，前述したネットワークが本来有する特性に関して1つのパラドクスが生じる。すなわち，ネットワーク・リーダーシップの主体（リーダー）の存在を仮定した段階で，コインの表と裏の関係にあるフォロワーシップの主体（フォロワー）の存在が前提とされ，ネットワークに特徴的な水平的関係が垂直的関係へと転化されること，つまり階層が存在してしまうことである（今井・金子, 1988, p.162）。しかしながら，ここで言う階層とは，明確な権限や責任が必ずしも明示的ではなく，いわゆる単一組織内部に見受けられる公式的な階層とは特徴を異にするものである。したがって，単一組織内部でリーダーシップ発揮の際に行使されるパワー・ベースと，ネットワーク・リーダーシップ発揮の際に行使されるパワー・ベースとでは，その有効性に自ずと違いがあるはずである。例えば，アダムス（Adams, 1980）は，境界連結者と一般の組織メンバーとの間にはパワーそのものに相違があり，境界連結者は単一組織に特有な階層に基づくパワーを所有していないため，準拠パワーや専門パワーに頼らざるを得ないことを主張している（Adams, 1980, p.329）。また，寺本（1990）は，階層的秩序では単一中心性を，ネットワーク的秩序では多中心性をそれぞれの構造的特質としてあげ，ネットワークにおけるパワーは，階層におけるパワーとは本質的に異なると述べている（寺本, 1990, p.65）。

このように，比較的明確な階層関係が内在している単一組織内部でのリーダーシップの発揮と，階層関係がほとんどないか，あっても緩やかな単一組織外部でのそれとでは，他の行為者に協働行為を誘発するパワー・ベースには根本的に相違があるはずだ。前者では抑圧や強制力を有するネガティブなパワーが行使可能な余地はあるが，後者にあっては抑圧や強制力を感じさせずに発揮されるポジティブなパワーの行使が自ずと求められるだろう。本研究ではこのように，ネットワーク・リーダーシップを発揮する際，「ある行為主体が行使するパワーを他の行為主体が積極的に受容すること」をパワーの正当性と把握することにしよう。そして，正当性の概念には機能的側面と価値規範的側面の存在を前提とする。サランシック＆フェッファー（Salancik & Pfeffer, 1978）は，「legitimate」は，ある行為に対して理由づけ可能な多くの選択肢の中から採択される1つの基準であるのに対し，「justifications」は，ある社会状況において受領可能な説明である場合に主として採択されることを含意していると主張している（Salancik & Pfeffer, 1978, p.231）。さらに，小林（1990）は，功利主義と機能主義との矛盾を説明するに当たって，「権力」を功利主義的な正当化によって「権威」へと変質させることで自らの立場を正当化することを正統性（legitimacy）とし，機能主義を貫くために諸機能間の利害対立を調停し，調停案を正当化すること，つまり正当化の在り方そのものを正当化することを正当性（justice）とし，訳語の使い分けをしている（小林, 1990, pp.5-7）。こうした正当性に関する2つの概念は，上述した機能的側面がlegitimacyに，価値規範的側面がjusticeにそれぞれ該当すると言えるだろう。なお，大辞林等の辞書を紐解くと日本語の正統性と正当性には，英語でのlegitimacyとjusticeとの関係ほど明確な差異が見出されなかったため，ここでは両英単語に正当性という訳語を当て，必要に応じて英文表記を付記することにしたい[8)]。

さて，前節ではネットワーク組織の形成過程における行為主体の複眼的視点について考察したが，ここでは個人と組織という2つの行為主体に着目して，両者がネットワーク・リーダーシップを発揮する際の正当性（legitimacy／justice）について言及しておこう。

まず，個人によって発揮されるネットワーク・リーダーシップの具体的な行

8）大辞林を紐解くと，正当性とは「法律や社会的通念からいって理にかなっていると認められる状態であること」とあり，正統性とは「いくつかの分かれた内の正しい系統や血筋ないし，始祖の学説や教義を忠実に伝えていること」であるとされている。つまり，正当性の語彙にlegitimacyとjusticeの両方が含意されていると言える。参考までに，英和辞書（旺文社&研究社）を引くと，legitimateには合法的や合理的というニュアンスが含まれるのに対し，justiceは正義ないし公正といったニュアンスを含んでいる。

為主体は境界連結者であった。ある境界連結者が他組織の境界連結者に対して直接的にパワーを行使する場合，パワーの受容性はある意味でパワーの機能的な正当性（legitimacy）と強い関係があると考える。というのも，他者にパワーを受容させる過程は，巧みな技術をもって相手からコミットメントを得る過程であり，結果として機能的にパワーを正当化（legitimate）していることになるからである。したがって，先述したアダムス（Adams, 1980）の主張する境界連結者の組織，役割および個人という3つの属性と関連させて，パワーの正当性（legitimacy）に必要な過程を述べると次のようになる。すなわち，組織属性に起因する正当性とは，自己の所属する組織のミッションないしビジョンを他組織の境界連結者に浸透させることで，コミットメントを得てパワーが受容される過程である。レイブン（Raven, 1992）のパワー・ベースに依拠すれば，このパワーの正当性は準拠パワーと関連する。また，役割属性に起因する正当性は，自己の所属する組織の情報を開示して，他組織の境界連結者に情報の非対称性を軽減させることで，コミットメントを得てパワーが受容される過程である。こうしたパワーの正当性はレイブン（Raven, 1992）のパワー・ベースで言う情報パワーに該当すると言える。さらに，個人属性に起因する正当性は，自己の所有する専門性や名声などをシンボリックに他の境界連結者に知らしめることで，コミットメントを得てパワーが受容される過程である。このようなパワーの正当性は，レイブンの主張する専門パワーと密接に関連していると解釈できよう。

一方，組織によって発揮されるネットワーク・リーダーシップのパワーの正当性について次に考察していくことにする。先述したように，組織間関係論における資源依存パースペクティブでは，種々の資源的な非対称性によるネガティブな依存関係にパワーの構造的特徴が見受けられる。こうした資源の非対称性に起因するパワーは，功利主義の下にパワーの正当性を追求するが，そのことは系列的取引におけるパワー関係からも明らかなように，ネットワーク参加者に対する抑圧や企業不祥事などを誘発する危険性を有するものである。また，ネットワーク組織ではとりわけネットワークを形成した効用としてのパワー，つまりネットワーク集団が生み出す組織的パワーが，ネットワークに加入できなかった弱者を排除し，各企業が効率的な競争原理から逸脱してしまう可能性もある。例えば，パーソンズ（Parsons, 1969）は，複雑に分化した社会的相互作用のシステムにおける限定的媒体の中にパワーの強制的側面と合意的側面を見出している。そして，合意的側面にあっては集合的行為（collective action）を有効ならしめる変数の１つとして，集団ないし社会的構成員の支持や合意（集合体への準拠：collective reference）をもって初めて正当化（justification）されることを強調する（Parsons, 1969, pp.381-382; 邦訳102-103頁）。

したがって，組織によって発揮されるネットワーク・リーダーシップのパワーの正当性とは，相対的に正当性（justice）と密接に関連し，その過程において，企業倫理を念頭に社会的責任を果たし，社会やステークホルダーの支持を獲得することが想定される。第１章で論じた責任あるリーダーシップを発揮することで，正当性を確保することである。それゆえ，前述した個人によって発揮されるネットワーク・リーダーシップのパワーを正当化する（legitimate）３つの属性に加え，こうした組織によるネットワーク・リーダーシップのパワーを正当化する（justify）過程として，とりわけ社会的属性（social attributes），すなわち社会やステークホルダーからの支持という視点を加味して考察すべきことを強調しておきたい。企業が自助努力を通じて社会的支持を獲得することは，組織的ネットワーク・リーダーシップを正当化（justify）するパワーの大きな源泉となる。

相対的に，個人によって発揮されるネットワーク・リーダーシップのパワーの正当性（legitimacy）は機能的な特徴を有する一方で，組織によって発揮されるネットワーク・リーダーシップのパワーの正当性（justice）には価値規範的な特徴が表れるとしたが，正当性に関するこのような両側面は，実際には個人と組織に複合的に存在していると考える方が妥当であろう。また，個人によるネットワーク・リーダーシップのパワーに社会的属性を含める意義は，個人のリーダーシップに道徳や倫理という正当性（justice）概念が入り込む余地を与え，近年のリーダーシップ研究における倫理や道徳あるいは社会性に目が向けられた研究動向と符合するものである（例えば，Brown & Treviño, 2006; Lemoine et al., 2019; Maak & Pless, 2006; Nicola et al., 2011）。

本章では，企業家的ミドルによるネットワーク行動とリーダーシップ研究とを接合するため，ネットワーク組織やその行為主体，そしてパワーの正当性について考察してきた。そして，企業家的ミドルがネットワーク・リーダーシップを発揮する，すなわち組織外部での協働行為を推進する過程において有効なパワーの源泉について検討した。そこで，次章では企業家的ミドルが組織外部でネットワーク・リーダーシップを発揮することが，組織内部に向けられたパワーにどのように影響し，そのことが組織にどのような影響を与えるかについて検討していくことにする。

第4章

境界連結者としての企業家的ミドルの機能

前章では，境界連結者が外部環境における他の行為主体に対してコミットメントを確立する場合，組織属性においては，自己の所属する組織のミッションないしビジョンを浸透させること，役割属性においては，自己の所属する組織の情報を開示して，他組織の境界連結者に情報の非対称性を軽減させること，さらに個人属性にあっては，自己の所有する専門性や名声などをシンボリックに知らしめることが必要不可欠であり，こうした3つの属性に起因するパワー・ベースは，それぞれ準拠パワー，情報パワー，そして専門パワーの行使によってパワーの正当性が担保される可能性を示唆した。

これに対して，本章において考察の対象となるのは，上述した境界連結者が外部環境に働きかける際のパワー・ベースについてというよりも，むしろ組織の内部に行使するパワー・ベースについてである。バーゲルマン（Burgelman, 1991）によれば，市場での新たな技術開発や変化と直接的に接し，そうした組織外部の動向に対してある程度の自由裁量権を持つマネジャー・レベルが，組織内部においても自律的な戦略的イニシアティブを有するという。仮にこの主張に依拠するならば，組織内部におけるトップやロワーとの対面的なコミュニケーション・ネットワークが豊富であり，また境界連結者として組織外部との関係性構築において重要な役割を担うミドルが，組織に与える影響は大きいだろう。

しかしながら，第3章でも既述したように，境界連結者としての役割を期待されるミドルは，他の組織メンバーと比較すると相対的に組織外部との接触や活動が多いことから，関係している組織メンバー，ひいては組織全体から，彼・彼女ら自身の組織コミットメントに対して疑念を抱かれる傾向がある。こうしたことは，境界連結活動そのものをマニュアル等によってルーティン化したり，ジョブ・ローテーションによって組織メンバーを境界連結活動に従事させたりするなどの組織的な制度を導き，結果として，組織は境界連結者の直接的な外部接触によって得られる有益な情報源を喪失してしまう可能性や，境界連結者自身の情報処理や伝達能力の低下を招くことが指摘されている（Adams, 1976, 1980）。

そこで本章では，境界連結者が組織に外在する情報を自己の所属する組織へと取り入れる際に生じる情報パワーの問題を，情報の質的相違に着目しつつ，メディア選択との関わり合いから検討する。また，組織の階層レベルにおいて，そうした境界連結活動をとりわけミドルが担うことの組織論的なインプリケーションについても考察する。

1 情報の多義性と情報パワー

ダフト＆ワイク（Daft & Weick, 1984）によれば，組織的な情報処理の過程には，①情報の探索（scanning），②情報の解釈（interpretation），および③情報からの学習（learning）という3つの段階が想定されている。ここで，探索とは組織に必要な情報の収集段階を，解釈とは情報に関する認識を共有する段階を，学習とは組織と環境との関連性に関する照合を通じて知識が構築され，それが組織行動へと転化される段階を，それぞれ意味する。また，ダフト＆レンゲル（Daft

図表4-1 ワイクの組織化のプロセス

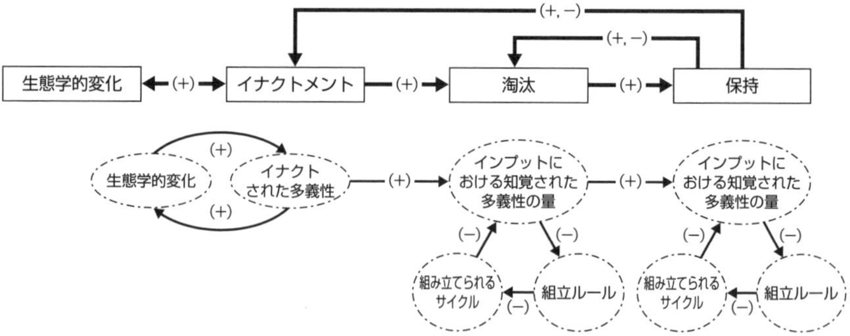

（注）（+）＝ 過去の経験に対する信頼，（−）＝ 過去の経験に対する疑い
（出所）Weick（1979），pp.132-133（邦訳172-173頁）を筆者修正

& Lengel, 1986）は，組織の情報処理に極めて特徴的なことは，ある情報を組織の各メンバーが別様に解釈することなく，同様の解釈へと収束させてから共有するメカニズムを構築し対処することにあると主張している。さらに，彼らは組織的な情報処理と個人的な情報処理の明示的な差異を提示するために，情報には不確実性（uncertainty）と多義性（equivocality）という2つの側面が存在することを強調する。

ここで，不確実性とは，個人的なスキーマ（schema）と関連し，行為者がある情報を解釈する際の主観的な概念枠組みで，情報量が増大すれば不確実性は縮減される。それに対して，多義性とは，曖昧性（ambiguity）と関連し，ある行為者と他の行為者とが1つの情報を解釈する際に準拠するフレーム（frame of reference）が同質な時に，縮減される[1)]。そして，情報のこうした質的差異は，組織にインプットとして投げ込まれた情報をそのメンバーで解釈し共有する組織レベルでの情報処理にとりわけ大きな影響を及ぼすという。

上述した組織の情報処理過程に関する理論的支柱には，言うまでもなくワイク（Weick, 1979）の解釈主義的な組織観がその根底に潜在している。ワイクによれば，そもそも客観的な環境など存在せず，組織化の原理は，組織メンバー各々の環境に対する主観的な意味付与（sense making）の過程を通じて，その解釈が一定方向に収束し，意味の連鎖（認知体系）がイナクトメント（enactment）されるプロセスだと主張する。**図表4-1**は，ワイクが提示する組織化（organizing）のプロセスである。

このプロセスでは，例えば，インプットとしての情報の多義性が高く知覚される場合，その多義性を処理する既存の組立ルールの数はわずかしか存在しない。そこで，その多義性に適合的な組立ルールを構築するために，多くの業務

1）　多義性は曖昧性を，不確実性は不明瞭性（vagueness）を引き起こし，フレームとは多義性を縮減する際の集団的な認知枠組みであり，スキーマとは不確実性を低減する際の個人的な認知枠組みである。スキーマとフレームという概念は，そもそも認知心理学や認知言語学の研究領域から生起している。スキーマとは個人に内面化されている，ある事象に対する経験的知識であり，フレームとは任意の言語形式と連合する複数の領域のネットワークを指す。ボウグランド&ドレスラー（de Beaugrande & Dressler, 1981; 邦訳90頁）によれば，フレームとは「ある中心となる概念に関する共通の常識的知識のグローバルパターン」である。また，ある人物の理想的な信念や価値にフレームは反映されている。フレームの理想化は，究極的には文化的な信念と慣例の中に確固たるものとして存在することである。最も重要なことは，フレームに組み込まれた知識は共有されるか，あるいは少なくとも言語共同体の相当数の人々によって共有されると信じられている知識の体系だということである。

単位や人々が動員され，多義的情報が彼・彼女ら個々人の認知枠組みを経由しルールが再解釈される。つまり，情報フローの循環サイクル数を増加させることによって，新たに組立ルールが創発するのである。結果として，再解釈された組立ルールが多くの多義性を縮減することになる。反対に，インプットとしての多義性が小さい場合は，逆のプロセスをたどる。インプットとしての情報の多義性の程度とアウトプットとしての多義性の縮減量との関係を簡略化すると，**図表4-2**のように示すことができる。

このようなワイクの組織化のプロセスを，前述したダフト&レンゲルの主張するスキーマとフレームという概念に照らし合わせてみると，情報フローの循環サイクルにおける個々人の認知枠組みはスキーマ，それらのスキーマによって形成される組立ルールがフレームに該当するだろう。

ところで，境界連結者に関する先行研究では彼・彼女らの様々な役割が論じられているが[2)]，その役割の中の１つに情報処理機能（information processing function）がある。この情報処理という視座に依って境界連結者の役割を分析する際には，先ほどのダフト&レンゲルが主張していた情報の不確実性との関連から，境界連結者の情報処理に関する議論が主に展開されている。このような研究によれば，境界連結者の役割は，組織にとって適度な量の情報をフィードバックすることで，個々の組織メンバーが環境を認識する際の不確実な情報を低減させることであると理解されてきた。つまり，境界連結者は，他の組織メンバーが何らかの意思決定を行う際にその判断材料として必要な情報，例えば，顧客

図表4-2　多義性と組立ルールとルール解釈の動員数との関係

インプットの多義性 →	適応的な組立ルールの数 →	ルール解釈への動員数 →	多義性の減少量
大	少	多	大
小	多	少	小

（出所）Weick（1979），pp.112-117（邦訳146-152頁）を基に筆者作成

2） 例えば，アダムス（Adams, 1976, 1980）は，境界連結者の主要な役割として，①組織のインプットの獲得やアウトプットの処理，②インプットやアウトプットのろ過，③情報の探索・収集，④外的環境に対し組織を代表すること，⑤外的環境からの脅威や圧力への防衛や緩和，をあげている。また，ライファー&デルベック（Leifer & Delbecq, 1978）は，組織の境界機能として，①組織と環境との接点における境界，②環境の脅威を排除する防衛メカニズム，③組織と環境間における情報と原料の流れの調整装置をあげている。

情報，市場動向や技術情報等を彼・彼女らに供給する役割を担っている。したがって，境界連結者は自己と他の組織メンバーの保有する外部情報の非対称性を解消することに組織的な存在意義がある。そして，このような自己の所属する組織に外部情報を伝達するという役割ゆえに，逆説的には境界連結者による情報のコントロールは，組織内部の意思決定に影響を及ぼすパワー・メカニズムとして把握されてきた（Adams, 1976, 1980; Allen, 1977; Russ et al., 1998; Spekman, 1979）。

一般的に境界連結活動に従事しない他の組織メンバーは，組織に外在する情報にアクセスすることには限界があるため，外部情報の入手を組織と環境の間の情報を連結する情報のゲートキーパーとしての境界連結者に依存せざるを得ない。そのため，境界連結者は外部情報を収集し所属組織に提供する対価として，他の組織メンバーに対してパワーを保持できることになる。こうしたパワーは，前述したフレンチ＆レイブン（French Jr. & Raven, 1959）およびレイブン（Raven, 1965, 1992）の分類している6つのパワー・ベースで言えば，ある行為者がパワーを行使する相手に情報の非対称性を認識させ自己の意図に従わせる情報パワーに該当するだろう。したがって，境界連結者は，ダフト＆レンゲル（Daft & Lengel, 1986）の主張する情報の不確実性と多義性の両側面にたぐり寄せて言えば，不確実性を操作することによって組織内部の種々の意思決定において他の組織メンバーを自己の意図に従わせる情報パワーを従来享受してきた，と換言することができる。

さて，こうした境界連結者の情報パワーの強さは，ICTが普及した現代の企業組織においては組織の内外に散在する情報が，あらゆる組織メンバーに比較的容易にアクセスされ共有可能な点で抑制されつつあるように思われるかもしれない。確かにそういう側面はあるだろう。しかしながら，取引や商談の中で交わされる顧客や担当者からのリアルな声は，境界連結者にしか知り得ない情報であり，その他事業活動を通じて組織外部の利害関係者から得られる種々の情報には，どれほどICTを駆使してもアクセスすることができないものが存在する。したがって，境界連結者による情報パワーは依然として保持されている。

一方，境界連結者には静的環境下では意図的に情報に関する多義性を増幅させ，他の組織メンバーの外部情報に対する多様な解釈や思考を喚起し，既存の規範や規則にゆらぎを起こす役割が求められている（加護野, 1988; 野中, 1990）。

また，動的環境下では多義的な情報をある一定の方向に収束させて，組織の環境解釈における混沌を低減させる役割も必要となる（Weick, 1979)。それゆえ，境界連結者が行使する情報パワーについての議論では，情報の質的側面，すなわち情報の多義性に焦点を当てた研究にも関心が払われるべきである。ダフトら（Daft et al., 1987）の調査によれば，重要な意思決定を行う場合に必要とされる多義性の高い情報を伝達する際には，マネジャーは対面的コミュニケーションのような社会的手掛かり（social cues）の潤沢なメディアを選択する傾向が強く，またこうした巧みなコミュニケーション・メディアの選択ができるマネジャーの業績が高いことも支持されている。そこで次節では，メディア選択行動と情報の多義性との関連から，境界連結者による情報パワーの問題について検討していくことにしよう。

2　情報パワーとメディア選択

トレビーノら（Treviño et al., 1990）は，**図表4-3**に示されているように，マネジャーによるコミュニケーション・メディア選択の規定要因を，①メッセージの多義性（equivocality of the message），②文脈的決定要因（contextual determinants），そして③メディア・シンボリズム（media symbolism）の3つに分けて説明している。

メッセージの多義性という規定要因は，情報伝達者が伝達したいメッセージの多義性の程度を考慮し，その程度に最も適したリッチ度（richness）のコミュニケーション・メディアが選択されることが指摘されている。**図表4-4**に示されているように，メディアのリッチ度とは，そのメディアを通じて相手に伝えることの可能な情報の豊潤度のことで，多様な解釈が成り立つ情報を誤解なく伝達可能なメディアをリッチ，反対に誤解を招いてしまうようなメディアはリーン（lean）とされる。したがって，多義的な情報を伝達する場合には，対面や電話のような比較的にリッチなメディアをマネジャー達は選択し，反対に多義性の低い情報を伝達する場合，手紙や電子メールのようなリーンなメディアを選択する。

図表4-3　マネジャーのメディア選択過程における影響要因

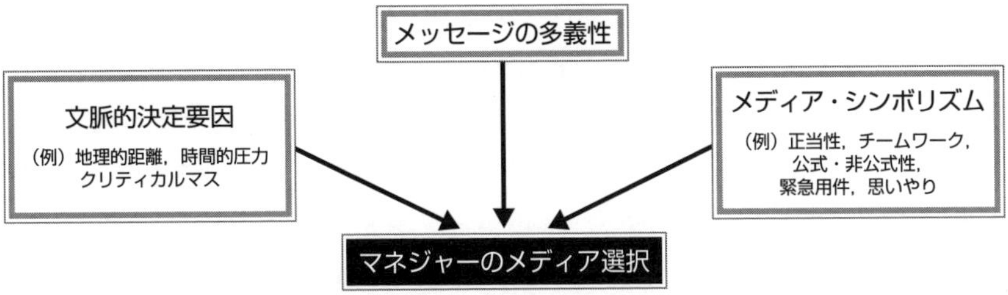

（出所）Treviño et al.（1990），p.87

図表4-4　コミュニケーションの効果性に対するメッセージ多義性と
メディアリッチ度との適合枠組み

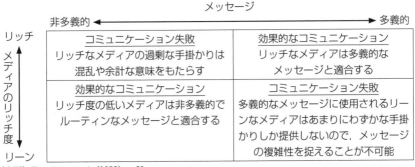

メッセージ：非多義的 ←→ 多義的
メディアのリッチ度：リッチ ←→ リーン

メディアのリッチ度＼メッセージ	非多義的	多義的
リッチ	コミュニケーション失敗 リッチなメディアの過剰な手掛かりは混乱や余計な意味をもたらす	効果的なコミュニケーション リッチなメディアは多義的なメッセージと適合する
リーン	効果的なコミュニケーション リッチ度の低いメディアは非多義的でルーティンなメッセージと適合する	コミュニケーション失敗 多義的なメッセージに使用されるリーンなメディアはあまりにわずかな手掛かりしか提供しないので，メッセージの複雑性を捉えることが不可能

（出所）Treviño et al.（1990），p.81

文脈的決定要因とは，物理的ないし時間的制約，所有する経営資源や権限の有無，管理上のタスク特性の相違，組織の階層的位置や伝達相手によるメディアの接近可能性（accessibility of media）など，様々な外的要因によって情報伝達者のメディア選択が規定されることを意味している。例えば，緊急の用件を伝える際，普段電話を多用して電子メールを数日に1回の頻度でしか確認しないような相手に電子メールを使うのは不適切であるのはもちろん，そもそも非同期コミュニケーションを基とする電子メールを使うこと自体が妥当ではないだろう。

最後のメディア・シンボリズムにあっては，メディアが相手に与える印象によって情報伝達者が適宜メディアを使い分けることである。具体的には，伝達相手に対して，正当性ないし公式性を印象づけたい場合はワープロ打ちして文書化されたメディアを，相手への誠意や気遣いなどの情緒的要素を伝達したい場合は手書きの文章を，緊急な用件や敬意を表したい場合は電話や対面のようなメディアを選択するなど，メディアによる印象操作を加味してメディア選択が規定されることである。

ここで，これらのメディア選択の規定要因から，対面的メディアを通じて境界連結者が行使する情報パワーがなぜ有効性を保持できるかについて考察すると，次のようないくつかの示唆が導かれる。

まずメディアの多義性という視点において，例えば，加藤（1999, 2000）は，従来の技術革新論は技術の革新が技術自体に内在している特殊性を前提にした決定論的視座に支配されてきたことを批判しながら，技術革新の本質が技術の解釈によってもたらされる非決定論的視座を提示している。すなわち，従来の研究は技術そのものに関する主観的解釈の多様性が技術革新を導出する視点を軽視し，技術に内在する革新性を所与とした要因分析（例えば，研究開発への経営資源投入）のみに傾倒してきたことへの批判が展開されている。それゆえ，学会や研究会などの研究開発者による対外的な技術交流における情報は，多義性が保持されたまま他の組織メンバーに伝達される場合，多様な解釈が促されプロダクト・イノベーションをもたらす可能性が高くなるかもしれない。この場合，境界連結者によって対面的メディアを通じて組織へもたらされる情報は，それ自体本来多義的である必要性のあることから，彼・彼女らの情報パワーは効果的となる。

次に文脈的決定要因の視点では，例えば，ショートら（Short et al., 1976）は，情報発信者が情報受信者と相互作用する際に，その相手が物理的に参加していると心理的に知覚させる程度によってメディアを選択すると考える社会的存在論（social presence theory）を展開している。また，アレン（Allen, 1977）によれば，情報受信者は情報の質よりも情報への接近可能性（accessibility）を優先してしまう傾向にあるという。これらの議論に拠って立つとすれば，環境との心理的距離の遠い他の組織メンバーは，その距離を短縮しようとする衝動や，環境との物理的距離が長いため情報の質を疑うことなしに接近の容易な情報を摂取してしまう傾向を回避するためにも，境界連結者の対面的なメディアによる情報媒介に依存する傾向が強くなることが予想される。境界連結者は，組織外部と直接的な接触頻度が高いといった役割属性を有しているため，他の組織メンバーと比べ相対的に環境との物理的かつ精神的距離が近い存在である。したがって，環境からの情報を静的環境下ではあえて多義的に伝達し，動的環境下では意図的に情報の過多やネガティブな情報をコントロールすることが可能であり，ひいてはそのことが彼・彼女らの情報パワーの有効性を担保する可能性が示唆される。

最後のメディア・シンボリズムという視点においては，境界連結者は組織にもたらした情報を正当化の根拠資料として自己の戦略案件を成就させたり，組織学習や組織変革の促進のためには絶えず他の組織メンバーを説得したりすることが可能なポジションである。そうした際に，非同期なメディアよりも対面的なメディアを選択した場合の方が，他の組織メンバーに情熱や思い入れといった情緒的要素が伝達される可能性が高い。そのため，境界連結者は他の組織メンバーと比べ相対的に戦略形成や組織学習，あるいは組織変革においてイニシアティブを取ることが可能であり，結果として彼・彼女らの情報パワーの有効性は担保されると考えられる。

ところで，カールソン＆デイビス（Carlson & Davis, 1998）によれば，組織内部においてメディアを選択する際には，トップが自己志向的（self-oriented）であるのに対し，ミドルはより他者志向的（other-oriented）であるという調査結果が導出されている。ここで自己志向的とは，メディアの効果を内面的価値観で判断し自分に都合の良いメディアを選択する傾向を，他者志向的とは，自分と他者の両者に関する効果を考慮しながらメディアを選択するという傾向を，それぞれ指している。こうしたミドルによる他者志向的側面とは，トップやロワーとの関係性の構築や解釈の開発基準を創造する上で重要な意味合いを持つだろう。そこで，次節において，企業家的ミドルが境界連結者としてネットワーク・リーダーシップを発揮する組織論的な意味や意義について検討する。

3 境界連結者としての企業家的ミドルの組織論的含意

かつては，例えば，M&Aやアライアンスなど当該組織における重要な意思決定に影響を及ぼし得るような情報を収集するために，組織外部との直接的な接触を通じて人的ネットワークを構築する際，その主要な役割を担ってきたのはトップである（Dollinger, 1984; 金井, 1994; Mintzberg, 1973）。それに対して，組織内部での横断的なネットワークを構築し，組織内の経営資源の調整や共有において積極的な役割を担ってきたのはミドルである（金井, 1991; Kanter, 1983; 高木, 1995; 寺本, 1992）。もちろん，現在でもこうした管理階層ごとの役割分化は相対的に存在するだろう。しかし，20世紀末から21世紀初頭にかけて，日本企業は環境適合のために組織の構造や制度を劇的に変容させざるを得なくなり，その結果として組織メンバーの役割や意識も変貌を遂げてきたのは周知の事実である。

まず，ポストが労働のインセンティブとして機能してきた（岩田, 1977; 吉田, 1993）がゆえに必要以上の階層ができ，迅速な意思決定や円滑なコミュニケーションが阻害されてきた。そうした肥大化し複雑怪奇化した組織構造をフラット化して，命令系統や意思決定の簡素化と迅速化を推進していった（奥林・平野, 2004; 横田, 1998）。また，経営環境の悪化や人件費の高騰から，従業員を囲い込むために採用されてきた終身雇用や年功序列賃金といったいわゆる日本的な雇用慣行が維持できなくなり，成果主義人事が積極的に採用されるようになった。さらに，企業内の事業部やカンパニーなどの各サブユニットには自律性や独立性を付与して利益責任がより強く問われるようになると同時に，セクショナリズムに陥らないような組織横断的なチーム制を積極的に導入するなど，分化と統合のバランスを絶妙に取った経営が模索されている。

こうした組織構造や人的資源管理の変貌に伴い，組織ではなく仕事にコミットメントする組織メンバーが増大し（太田, 1993），近年ではメンバーシップ型雇用からジョブ型雇用へのシフトという表現にラベルを変えた雇用関係はかなり浸透しつつある。日本企業でも個の自律性や主体性の発揮が要請されるようになり（馬場, 2005, 2019），それに付随して，主たる所属企業を持ちながらも他企業の業務を請け負うダブルワーク（副業）あるいはパラレルワーク（複業）が浸透するようになり，そもそも主たる所属を持たずに複数の企業の業務を請け負うフリーランスのような労働形態も普及しつつある。このように，日本企業における組織と個人との関係性が大きく変貌する中で，依然として組織内に活動の中心を留める従来型のミドルはその存在価値が著しく減退し，組織の境界を越えて積極的に活動する企業家的ミドルへのシフトを余儀なくされている（十川, 2002）。

話を元に戻そう。組織にとって企業家的ミドルが境界連結者として重要な位置づけとなる論拠としては，次の3点を指摘することができる。

第一に，組織外部への直接的な接触頻度が高いという事実は，組織内部の既存の規範や規則に疑念を抱く可能性をもたらし，結果として他の組織メンバーの準拠フレームにゆらぎを与えるトリガーになり得る。知識創造理論では，組織メンバー各々の持つ不可視で暗黙的な知識（暗黙知）と組織レベルの可視的で言説可能な知識（形式知）とが循環するプロセスで，ゆらぎが自生的に創出されることが主張されているが（野中, 1990; Nonaka & Takeuchi, 1995），組織内部でのネットワーキングにのみゆらぎの原動力を求めることは，自ずと限定的なものにならざるを得ない。組織内部での活動に終始する組織メンバーはその組織の規範や価値に埋没する傾向が強いので，組織に浸透している既存の規範や価値を無批判で受容し，それらに疑念を抱き内省する機会が制約されているからである。そうした呪縛から解放されるためには，組織外部への接触頻度を高めるしかない。もちろん，境界連結者としての企業家的ミドルも他の組織メンバーと同様に準拠フレームが内面化されているので，無意識のうちに外部情報を準拠フレームというフィルターを介して解釈し，逆に既存のフレームを強化してしまうといったパラドクスを抱えている。こうしたパラドクスに関しては，境界連結活動を担う企業家的ミドルの自省能力（self-reflection ability）[3)]に期待する他ないが（Giddens, 1979; 今田, 1986; 沼上, 2000），それでもなお境界連結者としての企業家的ミドルには，他の組織メンバーに比べ相対的に自省能力を高め

3）自省能力とは，経営実践家が内観を通じて現行の規則や規範に疑念を持ち，それらを再評価しながら新たな意味づけを行う能力のことである。なお，こうした行為者が自ら内省する能力を，今田（1986）は「自己言及」，沼上（2000）は「反省能力」と呼んでいる。

る機会が多いことは自明である。

第二に，組織内部への直接的な接触頻度が高いという事実は，他の組織メンバーに情緒的要素が伝達可能であるため，戦略案件を自己成就させたり，組織メンバーのフレームを変革する際に，それらのコミットメントを確保しやすいということが指摘できる。アージリス&ショーン（Argyris & Schön, 1978）によれば，組織学習には，シングル・ループ学習（single-loop learning）とダブル・ループ学習（double-loop learning）という2つのフィードバック過程が存在する。シングル・ループ学習とは，職務上の既存の規則や手続きに不適合が生じた場合，それらに修正を加え次の行為にフィードバックするものである。また，ダブル・ループ学習とは，シングル・ループ学習で見られた方策の調整的な変更というよりも，それらの前提となっている言わば暗黙的な価値や規範，ビジョンの変更を促すような抜本的な変革を施す学習過程である。さらに，彼らはこれら2つの学習過程そのものを疑い変更する「学習方法の学習（learning how to learn）」の重要性を指摘し，これを第二次学習（deutero-learning）[4]と呼んでいる。こうした組織学習論から，組織が情報を解釈し学習する局面において，境界連結活動に従事するミドルレベルのマネジャーは，組織に外在する情報を暗号化（encode）したり復号化（decode）[5]したりしながら，組織内部の他の組織メンバーに適宜多義的な情報と非多義的な情報とを選択的に伝達することによって，一方でシングル・ループ学習やダブル・ループ学習といった組織の学習過程を促進し，他方で既存の組織学習の過程をブレークスルーして第二次学習の推進力となり得る。このような組織における既存の手続きや学習過程をゼロベースで再構築することは学習棄却（unlearning）と呼ばれるが（Hedberg, 1981），第6章で後述するように，筆者の調査からも対外的な越境活動を行うと学習棄却が促されることが示唆されている。

第三に，境界連結者としての企業家的ミドルにとって，組織の内外を通じた

4） 第二次学習とは，組織学習自体を発展させていくために，既存の組織的分脈を組織メンバー全体が再学習することである。シングル・ループ学習やダブル・ループ学習は，必然的にそれらを促進する制度や規則に準拠して行われる。しかし，組織学習は漸次彫琢されていく必要性があり，したがって学習方法を学習するプロセスの組み込みが不可欠であると，アージリス&ショーンは説いている。

5） ここで暗号化とは，メッセージの発信者が具体的な伝達事項を抽象化し表記することを，復号化とは，メッセージの受信者が発信者の符号化された表現を読み取ろうとすることをそれぞれ意味する。

情報ネットワークの中心性が高くなるということは，組織内コンフリクトの緩衝機能（buffering function）として重要な存在意義を持つことになる。アダムス（Adams, 1980）も主張しているように，オープンシステムとしての組織は社会政治的な環境やイデオロギー的な環境の一部から緩和される必要性がしばしば存在する。例えば，敵対する相手にあえて偽りの情報を流し混乱させ，戦わずして勝つといった情報の操作化は軍事戦略では常套手段だが，このようなネガティブな情報から組織を防衛することは，組織内の混沌を低減し客観的な意思決定を行う基盤となる。また，組織は情報をインプットするだけでなくアウトプットする際も緩衝機能を意図的に持たせている。外部環境との関係性を促進する専門のマネジャーやスポークスマンのように，対外的な主張や対決を処理するために特殊な緩衝担当者を設置するのは好例だろう。このような情報の組織内部へのインプットや組織外部へのアウトプットにおける緩衝機能が境界連結活動を担う企業家的ミドルには期待される。

また，上記のような緩衝機能は，組織内部のコミュニケーションにおけるコンフリクト低減についても同様に不可欠である。かつて組織にICTが入り込み始めた際,「中抜き現象」や「ミドル不要論」がまことしやかに叫ばれていたが，経験やそれに裏づけられた知識のギャップ，場合によっては年齢によるギャップがトップとロワーの間に存在する場合，そうしたギャップを埋めてすり合わせてコンフリクトを軽減することは，依然としてミドルの重要な役割であることに変わりはない。とりわけ，年功序列の色彩が未だ色濃い日本の組織にあって，年齢ギャップによるコンフリクトを緩衝するミドルの存在意義は今も昔も変わらないだろう。

こうしたミドルによる緩衝機能という役割は，組織スラック（organizational slack）の概念に通じる部分がある。ボウジョワ（Bourgeois Ⅲ, 1981）は，組織スラックの先行研究をレビューし，（1）組織の内部システムを維持するものとして機能する側面と，（2）戦略的行動の促進要因として機能する側面とに大別して，組織スラックの定義を試みようとしている。このうちの前者では，ワークフローにおけるコンフリクトの解決や緩衝の機能に言及されており，後者にあっては，逸脱や革新的行動を促す余剰資源としての機能に言及されている。前者は上述したようなミドルによるコンフリクトの緩衝機能と，後者は第2章で考察した戦略的行動のエージェントでもあり周囲の戦略的行動を促す促進者でもあるミドルの機能と通底する。したがって，境界連結者としての企業家的ミドルは，組織スラックを創造したり機能させたりする行為主体という観点から，その存在意義が検討される必要性があるだろう。本研究の主題ではないが，今後の研究課題として示唆に富むキーワードである。

本節は境界連結者としてネットワーク・リーダーシップを発揮する企業家的ミドルによる所属組織内部へ向けたパワー・ベースの検討であったが，それは情報パワーに限定されるべきものではなく，例えば，先述した専門パワーや準拠パワーにもその多くを依存している可能性はある。原田（1999）によれば，組織が外在する技術情報を収集し自己に内面化する過程において，情報を探索し未加工な状態で組織にもたらす情報のゲートキーパー（gatekeeper）となる行為主体と，いったん組織に獲得された情報をその組織特有な技術情報に変換する情報のトランスフォーマー（transformer）となる行為主体とには役割分化が見られることを発見している。このような発見事実を考慮すると，情報の収集段階におけるゲートキーパーにあっては情報の保有量がパワーの源泉となり，情報パワーの行使が有効的である。それに対し，情報という素材を組織的な知識へと変換する段階におけるトランスフォーマーにあっては，情報自体を加工するための特殊能力，すなわち専門パワーが行使されることは容易に想像できる。また，対外的な活動を積極的に行うことで組織外部へ向けたパワーを有するがゆえに，自己の所属する組織へ向けたパワーの行使が可能になるという側面も存在しよう。したがって，境界連結者による組織の内外へ向けたパワー・ベースの関連性についての検討が必要となる。

また，**図表4-5**に示してあるように，企業家的ミドルが境界連結活動を担う際，彼・彼女らのミクロレベルでの対人的なパワーが，マクロレベルの組織と組織の間のパワー関係にどのように影響し，またマクロな組織的パワーが企業家的ミドルの行使するミクロなパワーにどのように影響を及ぼし得るのか，すなわちパワーのミクロ・マクロ・リンク問題に対する研究アプローチも検討すべき課題だろう。

このミクロ・マクロ・リンク問題に関して，例えば，**図表4-6**に示されているように，ギデンズ（Giddens, 1979）の構造化理論（structuration theory）では，

図表4-5　境界連結活動を担うミドルの及ぼすパワーと組織間のパワー関係

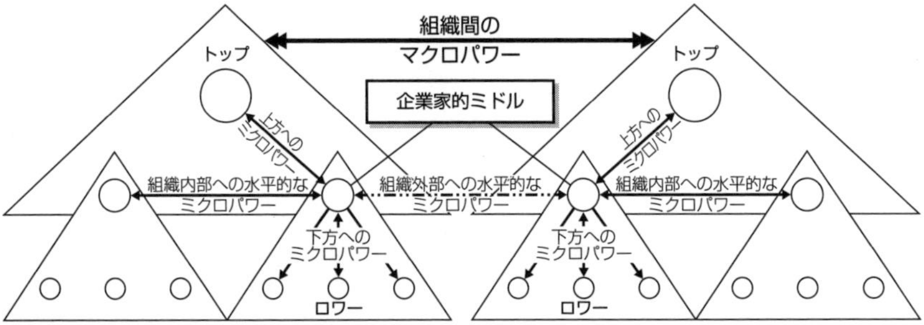

（出所）福原（2000a），19頁を筆者修正

図表4-6　ギデンズの構造化理論の骨子

構造（structure） ※マクロ	有意味化 (signification)	支配化 (domination)	正当化 (legitimation)
様相（modality） ※媒介	解釈図式 (interpretative scheme)	便宜 (facility)	規範 (norm)
相互行為 (interaction) ※ミクロ	コミュニケーション (communication)	パワー (power)	サンクション (sanction)

（出所）Giddens（1979），p.82（邦訳88頁）を基に筆者作成

解釈図式を媒介として相互行為にコミュニケーション，構造に有意味化が，便宜を媒介として相互行為にパワー，構造に支配化が，規範を媒介として相互行為にサンクション，構造に正当化がそれぞれ設定されている。仮にギデンズの構造化理論に依拠するならば，行為が構造を規定すると同時に構造が行為を規定する様相を説明するには，パワーはその一変数でしかないことになる。したがって，境界連結者としての企業家的ミドルのネットワーク・リーダーシップに関するミクロ・マクロ・リンク問題の解明には，別の説明変数も加味してモデルを検討する必要がある。次章ではこうした研究課題に取り組むため，信頼概念を検討しモデル構築の試論を展開することにしよう。

第5章

企業家的ミドルのネットワーク・リーダーシップにおける信頼とパワー

組織を越えた協働行為に推進力を与えていく過程を，本書ではネットワーク・リーダーシップと呼称し，したがって，ネットワークの関係性そのものではなく，関係性が構築されたり逆に瓦解する過程に研究関心があることは，第3章でも触れた通りである。このような動的把握をすることによって，本書はミクロ組織論とマクロ組織論との架橋を行為ベースによって解明する研究視座を内包していることも既述した。とりわけ，これまでネットワーク・リーダーシップの個人的側面として境界連結者を取り上げ，彼・彼女らが対外的にパワーを行使する際の有効なパワー・ベースについて論究した。境界連結者には，組織と環境を連結する機能を担うがゆえに，組織属性，役割属性，および個人属性が内面化されており，これら3つの属性に対してそれぞれ，ビジョンへの同一視に基づく準拠パワー，情報の非対称性への知覚に基づく情報パワー，専門的スキルに対する認知に基づく専門パワーの有効性が検討された。

そこで本章では，企業家的ミドルによるネットワーク・リーダーシップに関する研究を発展させる試みとして，第3章や第4章で既に考察したパワーという変数に加え，信頼という概念に着目する。そのため，準備的考察として信頼概念を整理することから始め，次に信頼とパワーとの関係性について検討する。そして，組織論研究における信頼研究のアプローチを概観すると同時に，本研究の問題意識との関わりから先行研究の限界を指摘する。最後に，その限界を克服するために，ギデンズ（Giddens, 1990）の所論に言及しつつ，コールマン（Coleman, 1990）の主張する信頼形成における第三者の影響を加味したモデルを提示してみたい。

1 信頼概念の整理とパワーとの異同

本節では信頼の規定要因や要素など，信頼自体の類型化を通じて，本研究で対象とされる信頼概念について言及しておくことにしよう。

信頼は多種多様な定義がなされているが，信頼される側の人間（trustee）の属性，すなわちどのような要素に対して信頼を置くのかという観点からは，その行為主体に内面化されている①意図，②能力，そして③制度（慣習や規範等の非公式な規則を含む）の3つに対する信頼に分類することができる（Newell & Swan, 2000; Sako, 1992; Zucker, 1986）。また，マカリスター（McAllister, 1995）は，信頼する側の人間（trustor）が，信頼される側の人間の信頼を評価する際の情報源によって，認知に基づく（cognitive-based）信頼と情動に基づく（affect-based）信頼とに分類している。認知に基づく信頼とは，相手に対する未知の関係の中でその人物に関する周辺情報，例えば，その人物の名声や専門性などの客観的情報を合理的に評価した結果到達した信頼である。一方，情動に基づく信頼とは，相手との経時的な協働経験において，自己に対する配慮や心配の程度を評価することによって得られる信頼のことである。

こうした従来の分類に対して，山岸（1998）は，信頼の発信者と受信者の問題を大別し，信頼の発信者の信頼評価について焦点を当てた研究を展開している。山岸の研究では，**図表5-1**に示されている信頼概念に関わる多様な用語法を詳細に整理し，右下にプロットされた破線で囲まれる情報依存的信頼を中心的な研究テーマとしている。その意図は，信頼する側の人間の情報評価という主体的な側面をクローズアップしたいと考えているからである。そして，**図表5-1**に示されている能力に対する期待としての信頼を，より精緻な分析結果を導きたいとする研究便宜上分析の対象から外している[1)]。しかしながら，山岸自身も認めているように，多くの対人的な交渉場面で，制約された情報からパートナーの能力を推し量ることには極めて実践的な含意があり，本研究では能

1） 能力に対する信頼と意図に対する信頼の両者に共通項があるとすれば，それは期待に対する安心であり，両者を統合的に信頼概念に組み込むことも可能だが，安心を生み出す根拠は多様なので，山岸はこの2つを峻別した上であえて前者を研究対象から捨象している（山岸，1998，36-37頁）。

図表5-1　信頼についての概念的整理図

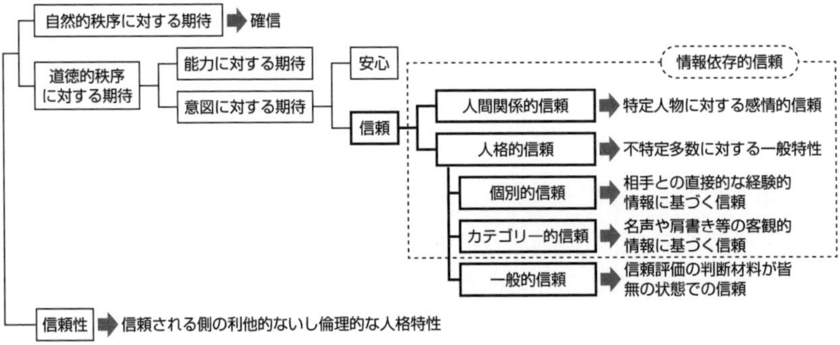

（出所）山岸（1998），47頁を筆者修正

力に対する信頼を信頼概念に取り込んで考察する。

また，山岸によれば，安心（assurance）とは，行為主体Aが行為主体Bに対して機会主義的行動を取った際，再帰的にその制裁がAに降りかかることをA自らが認知している状態をBが確信している状況を指す。そして，相手自身の行動が自らの便益を左右するという状況は，その相手の人間性や行動傾向に準拠した期待からは大きく意味がかけ離れているため，山岸は信頼概念に安心を包摂しない。この安心とは，実は信頼概念にパワー概念が介入する部分でもある。山岸は，制裁を確信した状態が安心だとするが，実質的な制裁が用意されていない場合でも，作為的に制裁のシグナルを相手に知覚させることによって信頼を獲得できてしまう事態も存在するからである。そもそも，信頼構築の過程において，山岸が想定しているほど安定的な制裁が常に保証されている状況は希であり，実際の交渉場面では，信頼とパワーとのオルタナティブなせめぎ合いに基づいて依存関係が作り出されていると解釈する方が現実的である。この辺については，後ほど詳述するとして，本研究では安心が醸成されるまでの過程にパワーが介在する余地があるので，信頼概念の範疇に落とし込んで論じることにしたい。

さて，上述してきたように，本研究の信頼とは，その要素として意図や能力および制度を，信頼が得られる情報源として認知に基づく信頼と情動に基づく信頼を，それぞれ含意する。また，山岸の分類では人間関係的信頼と個別的信頼を分けているが，相手との個別経験が特定感情をもたらすので，個別的信頼と人間関係的信頼はマカリスターの提示した情動に基づく信頼として一括りに考える。さらに，山岸の言うカテゴリー的信頼は，マカリスターの認知に基づく信頼と同義として解釈する。そこで，信頼とは，「結果へのコントロールが不可能な状況において，相手に対する限られた情報を評価し，期待している信頼の要素を相手に依存すること（McAllister, 1995; Zand, 1972; Zucker, 1986）」と定義する。

ここまで，本研究での信頼の位置づけについて考察してきた。そして，信頼概念に，相手の搾取的行動が再帰的にその相手の不利益に繋がると自己が確信している状況として定義される「安心」を組み入れることによって，信頼とパワーとの関係性を明示的に扱える可能性を示唆した。行為主体間で依存状況が形成される際に，双方が制裁可能性についてどのように認識しているか，その知覚過程の相違こそが信頼とパワーの分岐点であると考えているからである。そこで，次に信頼とパワーの異同について検討しよう。

パワーとは，第３章で既述したように，諸々の資源を駆使して他者との間に依存関係を醸成し，自己の意図に従わせる過程である。これに対して，前節で考察した信頼とは，パワーと同様に依存関係は行為者間に存在するが，自己の意図に従わせるのではなく，他者の意図に従う過程である。バックマン（Bachmann, 2001）によれば，パワーと信頼は，行為者が相互の期待を連結し調整することを可能にするという意味では同じ機能を担うが，期待の選択様式に関して，信頼とパワーの間には相違が存在するという。行為主体Ａが行為主体Ｂに対して信頼する，あるいはパワーを発揮する状況において，信頼は，Ａが望んでいる行為をＢが実行する可能性の選択であるのに対して，パワーは，Ａにとって回避されるべき望ましくない行為をＢに抑止させる制裁の可能性の選択である[2)]。また，ザンド（Zand, 1972）によれば，結果のコントロールを放棄することが信頼に特徴的な事柄であり，ＡとＢの当事者を仮定した場合，ＡがＢに対して信頼するという意思決定はＡによってなされるが，その意思決定が

2） バックマンは，信頼とパワーを弁証法的に把握し，それらはリスク削減への相対的な選択様式だとする。そして，信頼が，タスクを委任しようとしている人が裏切らないであろうとする根拠への信頼であるのに対して，パワーとは，タスクを委任しようとしている人が制裁として知覚し得る資源への信頼であるとしている（Bachmann, 2001, pp.349-350）。

想定している結果はBに依存している。つまり，パワーとは結果を自己の意図と合致させようとするために，他者の行為へと働きかける過程であるのに対して，信頼は自己の意図と合致した結果を他者の行為に依存する意思決定の過程である。そこで，上述してきた行為者Aと行為者Bを想定して，信頼とパワーの異同を視覚的に示せば，**図表5-2**のように表すことができる。

Aが信頼やパワーの主体，Bはその客体だとすると，両者を依存関係が媒介しているという事実は同じなのだが，Aによる結果に対するコントロールが相対的に可能か不可能かの評価によってそのベクトルが異なり，したがって，Bに対してAによる期待を認知させるのが信頼，Bに対してAによる制裁を認知させるのがパワーとなる。

人間は限定された合理性（Simon, 1955）の中でパートナーを信頼するので，他者を信頼することによって受動的に不確実性を縮減することは可能であるが，そこには必然的にリスクが付随する。これに対して，パワーは能動的に不確実性を縮減することを可能にするが，必然的に相手に制裁可能性をもたらす資源が手中にあることを前提とする。さらに，ルーマン（Luhmann, 1975）も指摘しているように，制裁のシグナルを象徴的に示すことによって，実際には制裁が行われる前にパワーは効果を発揮する。このように制裁を実行する以前にパワ

図表5-2　信頼とパワーの異同

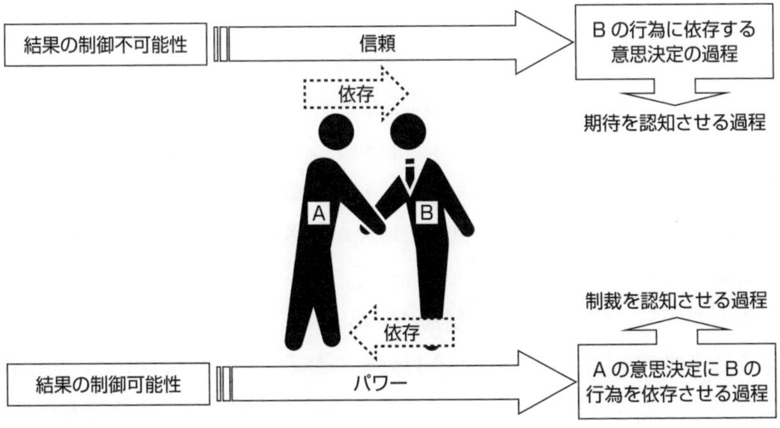

（出所）筆者作成

ーが効力を持つことをパワーのシンボル性と呼び，詳細は後述するが，境界連結者の信頼とパワーとの連関を解明する１つの手がかりとなり得る。

信頼概念を整理し，前章まで検討してきたパワーという概念と，本章で新たに取り上げた信頼という概念との関係性について考察してきた。そこで次節では，組織論研究における信頼研究のアプローチを概観し，本研究の問題意識にたぐり寄せながら先行研究の限界を指摘する。

2　信頼研究のアプローチと本研究の視座

信頼に関する研究では，信頼を従属変数として信頼自体を規定する要因を分析したり，組織現象を説明する独立変数として信頼を研究したりするなど，学際的かつ多様な研究アプローチが展開されてきている。ホスマー（Hosmer, 1995）は，組織論において取り組まれてきた信頼に関する研究アプローチを，（１）個人的期待，（２）対人関係，（３）経済的取引，そして（４）社会構造という４つのカテゴリーに分類し，今後の倫理的原理（ethical principles）に基づいたアプローチの必要性を提唱している。ホスマーが信頼研究に倫理的アプローチを導入すべきだと主張する論拠は，現在の信頼に対する統合的概念の欠如を憂慮し，信頼の定義に関する統一的見解を導出するための基準を確立することにある。つまり，従来脈絡依存的に使用されてきた信頼定義の前提に道徳的義務（moral duty）があることを見出し，この前提を哲学的倫理の見地から洞察することによって，信頼概念の理論的支柱を築き上げようと企図しているのである。信頼研究の理論的発展の趨勢として，信頼する側の人間の行為に傾注した研究が支配的になりつつあるが，信頼研究の初期に顕著であった信頼される側の人間の高潔さや誠実さについての遡及的研究がなされるべきだと問題提起している（Hosmer, 1995, p.381, 393-394）。

しかしながら，信頼とは本来個別的であって，しかも信頼する側の人間が，信頼される側の人間の人格的特性や行動を，限定された情報の中でいかに評価しているかに依存している部分が大きい。この事実は，同じ人物であっても，ある人はAに信頼を寄せていても別の人はAを信頼していないことがあるように，同一人物への信頼に程度差が存在することからも明らかである。山岸（1998）は，信頼される側の人間の利他的な人格的特性を信頼性（trustworthiness）の問題とし，信頼概念を信頼される側の人間性に帰属させて考察する信頼性の究明は，信頼される側の人間の倫理観や道徳観についての規範論的研究に終始し，信頼する側の人間による主体的な信頼評価が研究の俎上に載せられなくなると主張する。山岸曰く，「パートナーの人間性（信頼性）が正確に反映されているとすると，信頼は結局はパートナーの人間性ないし信頼性の単純な反映にすぎないことになる。この場合には，信頼についての研究は，人々が信頼に値するような人間性を身につけることについての研究となり，信頼する側の特性については考える必要がなくなってしまう（山岸, 1998, 49頁）」のである。筆者も山岸同様に，信頼する側の人間にフォーカスして信頼概念を把握しようとする立場を取る。

問題提起した内容に疑問の余地が残るものの，ホスマーが提示している4つの分類は，信頼研究の軌跡やアプローチを概観し，本章の問題意識の1つであるミクロ信頼とマクロ信頼の連動過程を説明するモデルとして，それらがどのような研究限界を内包しているのか理解するのに有用である。そこで，ホスマーの所論に基づきながら，適宜補足を加えながら先行研究の限界について示していくことにしよう。

1）個人的期待としての信頼研究

信頼に関する萌芽的研究は，信頼の定義をめぐって信頼を構成する要素や特性など，信頼そのものがどのような要因によって規定されているのかを究明する内容論が中心的であった（Deutsch, 1958）。先述した信頼性に関する研究では，信頼する側の人間が信頼される側の人間に対して期待する効用の類型化を試みながら，信頼される側の人間の人格的属性と信頼を関連づけた内容研究に主たる関心があった。その後の研究では，期待への誘因構造に人間の脆弱性（vulnerability）や依存性（reliability）が取り沙汰されるようになり（Gambetta, 1988; Rotter, 1967; Zand, 1972），この時期の研究で信頼概念の研究素地ができ上がった。しかし，信頼概念の探究に終始する同アプローチは，言うまでもなく静的であり，行為主体間での状況依存的な信頼形成について説明力に乏しいとの批判に晒される。

2）対人関係としての信頼研究

個人的期待としての信頼研究は，よりダイナミックな研究発展を遂げるためには必ずしも生産的研究ではないと批判されるようになる（Butler Jr., 1991）。また，期待として信頼を概念化することは，個人の主観性が期待と密接に関与するので，相互作用を通じた信頼形成の側面が蔑ろにされる傾向にある。そこで，信頼を規定する厳密な要因についてはむしろ与件とし，信頼を組織現象の説明変数として位置づける信頼のコンティンジェンシー理論が生起するようになる。対人関係としての信頼研究では，特に，上司と部下や同僚などの個人間，あるいは組織内サブユニットのような集団間における対（dyad）の関係性の中で，信頼する側の行為主体によって信頼される側の行為主体の信頼がどのように規定されるか，あるいは信頼と非信頼の母集団にパフォーマンス上の有意な差が発見されるかなど，状況と信頼とのダイナミズムの究明を射程にしている（Butler Jr. & Cantrell, 1984; Gabarro, 1978; Zand, 1972）。例えば，ザンド（Zand, 1972）は，高い信頼の結びつきを持った集団と低いそれとの間で，問題解決の効率性や不確実性縮減などのパフォーマンスに有意な差のあることを検証している。

このような信頼に関するコンティンジェンシー理論が生起することで，信頼をよりダイナミックに説明する研究が展開されるようになるが，信頼には直接的なパートナーのみからの影響だけでなく，信頼の伝聞効果が存在することを看過してはならないだろう。信頼関係を媒介する第三者（third party）の存在によって，当事者間の信頼は増減する可能性がある。信頼が構築される過程での第三者もしくは媒介者（intermediaries）の果たす役割については，コールマン（Coleman, 1990）の研究を待たねばならないが，後ほどギデンズの所論を検討する際に改めて詳述することにする。

3）経済的取引としての信頼研究

周知の通り，ウィリアムソン（Williamson, 1975）の提起した取引費用理論では，取引相手を探索したり監視したりする種々の調整費用を取引費用とし，財やサービスの効率的交換関係を研究対象とする。この取引費用という概念を援用して，特にエージェント（agent：受託者）がプリンシパル（principal：委託者）の効用に影響を及ぼす側面のモデル化に焦点を当てたプリンシパル・エージェント理論には，あらゆるプリンシパルとエージェントの関係においてエージェントは信頼されることはなく，それゆえ機会主義のリスクは高いという前提がある。しかし，近年の理論的発展により，プリンシパルがエージェントの機会主義的行動を監視する費用を削減する手段として，信頼が取り上げられつつある（Sako, 1992）。逆説的に言えば，信頼の代替である契約やコントロールは，信頼できないエージェントが明示的に識別不可能な場合にのみ必要とされるものとして位置づけられる。そして，プリンシパルとエージェントには，対個人，対集団，あるいは対組織と，様々なレベルの行為主体が想定され，しかも，先述した信頼の伝聞効果としての名声は，機会損失の軽減に繋がるものとして考察の対象とされている（Hill, 1990）。

リング&ヴァンデヴェン（Ring & Van de Ven, 1992, 1994）は，義務や習慣のような社会的関係性の埋め込み（embeddedness）を取引費用理論に組み込み，信頼による統治構造を提示している。また，協調による信頼の結びつきによって機会主義的行動が抑制されることを，ゲーム理論に基づいたシミュレーション実験によって明らかにしたアクセルロッド（Axelrod, 1984）によれば，無限回数のゲーム状況では互恵性を意識するようになるので，結果として各プレイヤー達はパートナーを信頼して協調的行動に出ることが明らかにされている[3)]。これらの信頼を経済的取引との関連から究明する研究アプローチでは，誠実さや慈善心は極めて主観的な要素であり，交渉場面での誠実さについては測定不可能であるとされる。したがって，信頼に関する情緒的ないし感情的要素を捨

3）アクセルロッドのシミュレーション実験によれば，無限回数のゲーム状況において，自らは決して裏切らない「お返し（tit for tat）」とネーミングされたプログラムが最も高得点を重ねるという結果が導かれた。紳士的プログラムの性質とは，協調を基本として容赦すること（forgiveness）すなわち，相手が裏切った後でも協調し決して報復しないことである。

象し，信頼の認知プロセスを与件として扱い，関係性が信頼の情緒的要素によって埋め込まれていく過程については研究関心の埒外にある場合が多い。

4）社会構造としての信頼研究

最後の社会的構造としての信頼研究では，個人に対する信頼の決定要因であるリスクを評価する際，その個人を取り巻く慣習や制度のようなマクロレベルの信頼機能について言及する。信頼される側の人間が社会における非公式的なルールを遵守して行為していることを，信頼する側の人間が観察することによって信頼が醸成されることは容易に想像できる。なぜなら，非公式性ゆえに不履行という機会主義的行動の余地が大きいにもかかわらず，それをしなかった行為に対して信頼が増幅されるからである。ザッカー（Zucker, 1986）は，ガーフィンケル（Garfinkel）のエスノメソドロジーを信頼概念に導入し，信頼は多くの行為者によって当然視されている行動規範や社会的慣習と密接に関係するので，測定するのが極めて困難だと主張する。よって，各行為者は信頼の有無を確認するために徴候や前兆のような間接的な尺度を用いるのだが，彼女はその信頼創造の様式を，過程ベース（process-based），特性ベース（characteristic-based）および制度ベース（institutional-based）の３つの要因に分けている[4)]。

また，ルーマン（Luhmann, 1973）も，行為者各々からある物象に対して間主観的に信頼が創造され，それらの信頼が対象化されることによってシステムレベルの信頼が生起するものだとしている。特に，高度に複雑化した社会では，専門的知識が分化の一途をたどるので，あらゆる複雑性の縮減は諸々のメディアを信頼することによって実現されるという[5)]。バックマン（Bachmann, 2001）も同様に，信頼に対するシステム論的アプローチの流れを汲むこれらのアプロ

4）ここで過程ベースとは，過去あるいはかつて期待された評判や物的交換などの交換履歴に基づく信頼，特性ベースは，家庭環境や民族性などの背景的特性を共有した人々の期待に基づく信頼，そして制度ベースとは，認定された専門家（会計士や弁護士など）や保証人のような制度による媒介者に対する信頼をそれぞれ意味する。

5）ここでメディアとは，例えば，貨幣，真理や権力など，縮減された複雑性を伝達する媒介のことを指す。ルーマンによれば，社会的複雑性が進展する場合，誰が飛行機の飛ぶ原理を知っているか，誰がこの病気を治療することが可能かを知っていること，つまり専門的知識が代理人によって集約的で簡便な形で伝達されることを前提とする。したがって，システムレベルの信頼を制御しようとする場合には，より専門的な知識が一層求められることを彼は主張する。

ーチは，個々人に還元され得ないマクロ信頼の重要性を強調する傾向にあると述べている。そして，信頼の対象に対する情報を合理的に積算した結果というよりも，むしろ信頼の対象に対して共有された信念のような曖昧な論理（fuzzy logic）に基づいた信頼をシステム論的アプローチは仮定する。したがって，ミクロ信頼はマクロ信頼の補完機能を担う程度の位置づけに追いやられ，ミクロ信頼とマクロ信頼の循環的過程を必ずしも明示的に扱ってはいない。

ホスマー（Hosmer, 1995）を拠り所にして組織論における信頼研究を概観してきたが，このように信頼の内容論から始まり，個人，集団あるいは組織，さらには制度や慣習などの社会といった具合に，分析単位がミクロからマクロへとシフトしながら成長発展を遂げてきた。とりわけ社会構造としての信頼研究のように，信頼が創発する様を描写する理論的フレームワークは，信頼研究に大きなインパクトを与えたものと思われる。しかしながら，既存の研究アプローチは，本章冒頭で触れられた筆者の問題意識にたぐり寄せると，ミクロ信頼とマクロ信頼の連動過程を明らかにするモデルとして不十分であると言わざるを得ない。ミクロ信頼やマクロ信頼が独立して構築されるメカニズムの解明については研究蓄積が潤沢であるが，両信頼の再帰性を必ずしも明示的に扱っていないからである。そこで次節では，こうした限界を克服するモデルをギデンズ（Giddens, 1990）の所論を手がかりに検討していく。

3　ミクロ信頼・マクロ信頼・第三者信頼の連動過程

ギデンズ（Giddens, 1990）は，ルーマン（Luhmann, 1973）の提示した個人信頼とシステム信頼という信頼に関する複眼的視点を再検討し，ミクロ信頼とマクロ信頼の連動過程を解明するモデルの提示を試みている。ギデンズによれば，モダニティ（modernity）[6] のダイナミズムを究明する基本前提として，時間と空間を分離させることによって，それらの境界問題を扱うことの重要性が指摘さ

6）モダニティとは，ギデンズによれば，17世紀以降西欧から世界中に普及した社会生活や組織の様式を指す。

れている。なぜなら，ある一定期間の地域限定的に埋め込まれた文化や慣習のような社会生活が，時空間的に解放され，歴史的かつ地理的に広く伝搬される事実を説明するために，時間と空間の境界問題に取り組む必然性があると説くからである（Giddens, 1990, p.1, 19-20; 邦訳 1 , 33-35頁）。このマクロレベルのシステムが創発する過程を解明する鍵概念として，ギデンズは，脱埋め込み（disembedding）なるメカニズムが作用すると主張する。

脱埋め込みとは，「相互作用の部分的文脈（local context）から社会的関係を取り出すことであり，時空間の不確かな幅を横断して再構造化されるもの（Giddens, 1990, p.21; 邦訳35-36頁）」である。そして，脱埋め込みメカニズムには，貨幣のようにコミュニティの特性に関係なく流布している交換媒体としての象徴的交換媒体（symbolic tokens）と，生活社会において高度に機能分化している専門家，例えば，医師や弁護士の知識体系としての専門家システム（expert systems）の 2 種類が存在するとし，これらを総称して抽象的システム（abstract systems）と呼称している（Giddens, 1990, p.22, 27; 邦訳36, 42頁）。そして，これら抽象的システムはすべて，そのシステムを利用する人々によって共通に信頼されていることに存立基盤があり，しかも，抽象的システムに対する信頼とは，個人の意図に対してではなく抽象的な能力に対する信頼を指している。このことは，ある通貨が信頼される根拠がその通貨の使用価値の広汎性によって規定されることや，ある医師が信頼されるのは信頼する側の専門的知識の欠如もさることながら，医師という専門家コミュニティが信頼されている事例からも自明である。つまり，ギデンズの提示する抽象的システムへの信頼，つまり本研究でのマクロ信頼は，個々人に付帯している知識や能力ではなく，そうした個別の知識や能力の連鎖に対する信頼に他ならない。なお，抽象的システムに対する信頼ないし信仰を，顔の見えないコミットメント（faceless commitments）と彼はラベリングしている。

一方，ギデンズは，この脱埋め込みを達成した社会関係が，「時間や場所の部分的文脈に対して明確にするための再充当されたり作り直されたりする過程（Giddens, 1990, pp.79-80; 邦訳102頁）」を，再埋め込み（reembedding）なる概念として新たに登場させ，脱埋め込みの概念を補完している。顔の見えるコミットメント（facework commitments）という対人的な信頼が，同期の人々の直接的な接触の場から，非同期な時間と場所の繋がりを経て，また，再び抽象的システムへの信仰としての顔の見えないコミットメント（faceless commitments）が強化されたり弱体化させられたりすることを通じて，再埋め込みが行われる。顔の見えるコミットメントとはミクロ信頼，顔の見えないコミットメントとはマクロ信頼と同義であり，この顔の見えるコミットメントが生成される個々人の出会いの場を，彼はアクセス・ポイント（access points）と呼んでいる。したがって，顔の見えるコミットメント（ミクロ信頼）を育む抽象的システムの代理人達が集うアクセス・ポイントは，顔の見えないコミットメント（マクロ信頼）の起点であると同時に，それらが経時的に増減する分岐点でもある。

以上がギデンズの提示するミクロ信頼とマクロ信頼の連動過程に関するモデルの概要だが，ここでアクセス・ポイントでの対人的な信頼構築の様相が単純化され過ぎていることを指摘したい。なぜなら，アクセス・ポイントで顔の見えるコミットメントが獲得される過程に，二者間を媒介する第三者のような行為主体の存在についての記述がなされていないからである。もしかしたら，こうした指摘に対してギデンズはミクロ信頼間を連結する対人的な媒介者の存在を，顔の見えるコミットメントに還元して説明しようとするのかもしれない。しかしながら，ある行為主体Aが，経験的に接点の皆無だった個人や組織のような行為主体Ｂに対する信頼を評価する際，Ａが直接的な信頼を寄せており，しかもこれから信頼を評価しようとしているＢと交流経験が既にあるような行為主体Ｃからの情報が，信頼に値するか否か（信頼性）を判断する際に多大な影響を及ぼし得ることは，例えば，不確実性のある中で口コミ情報に信頼を寄せる傾向にある事実からも容易に想像できる。それゆえ，ギデンズの枠組みを彫琢する試みとして，アクセス・ポイントでミクロ信頼を媒介する第三者の機能を同モデルに組み入れる必要がある。

対人的な信頼が形成される過程での媒介者の影響を解明しようとした代表的研究に，コールマン（Coleman, 1990）の研究をあげることができる。コールマンは，**図表5-3**に表されているように，行為者間の信頼の媒介者として，助言者（advisors），保証人（guarantors），および企業家（entrepreneurs）の３つのアナロジーを用いて分類している。

図表5-3　信頼における媒介者の3つのタイプ

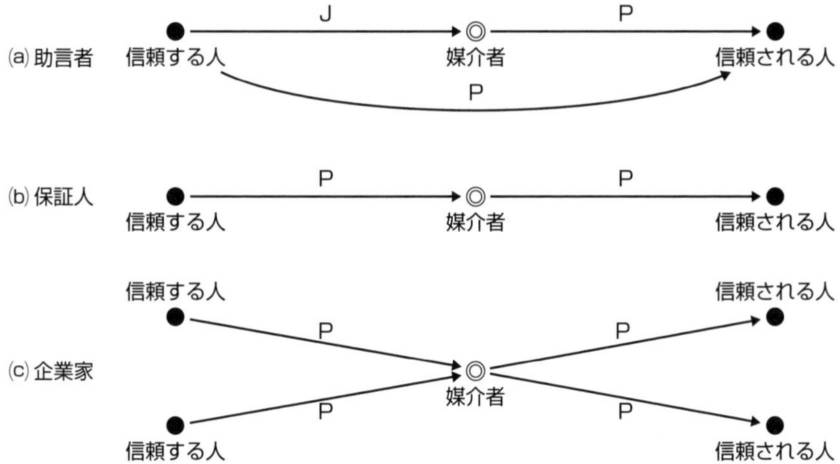

（注）J＝Judgment（判断），P＝達成能力（performance capability）
（出所）Coleman（1990），p.182

図表5-3に描かれているように，媒介者が助言者の場合，信頼する人は媒介者による相手の評価に信頼を置きながら，その相手の達成能力を信頼する。信頼する人が媒介者の能力に信頼を置くことによって相手を信頼する場合，媒介者は保証人として位置づけられる。また，消費者や投資家が，その企業が提供しているアウトプットを信頼する場合，実際にそれらのアウトプットに直接関与している個々の従業員を信頼するのではなく，その企業を代表する企業家を信頼している。こうした複数の人々によって，複数の人々による集計レベルの能力や意図を信頼する場合の代表的な媒介者を企業家としている。3つのタイプの媒介者において，信頼される側の人間が裏切ったことを仮定すると，助言者の場合，信頼する側の人間が実際に資源を喪失し媒介者は評判を失うが，保証人や企業家の場合では，信頼する側の人間は何も失わない代わりに，媒介者が資源や評判についての損失を被る[7)]。

7）企業家としての媒介者の場合，信頼する側の人間として想定されている投資家が何も喪失しないとは，信頼される側の人間として想定されている従業員が裏切って製品やサービスの提供を怠ったからといって，それらの従業員から直接的に被る制裁がないという意味である。他にコールマンは，企業家的媒介者の特徴を示す事例として，あるパーティーを開催する際，主催者が社会的評価の高い著名な人物に対してパーティーへの参加を確約し，その事実を他のパーティー参加予定者に伝達することで，パーティーそのものの信頼性が高くなることをあげている（Coleman, 1990, pp.182-184）。

さらに，コールマンは，これまで述べてきた信頼する側の人間と信頼される側の人間との間に必然的な介在を余儀なくされている媒介者とは別に，直接的な当事者ではない第三者信頼（third-party trust）を想定している。第三者信頼とは，例えば，当事者Aが取引経験のない当事者Bに業務を委託したいと考えており，しかもBとの信頼取引が既に存在する第三者Cに対してAが債権を有する場合，Cの債権をBに譲渡することでAからのタスクをBが受容することである。ただし，この第三者信頼と上述した媒介者の信頼とに概念上の明示的な違いはなく，両者は相対的な相違であると言わざるを得ない。コールマン自身も記述しているように，とりわけ保証人としての媒介者の信頼では，信頼する側の人間が信頼される側の人間の不履行に対して直接的な保証契約を取り交わしているが，第三者信頼では必ずしも直接的な保証関係はなく，したがって，保証人は第三者信頼の発展形態であるとも考えられている（Coleman, 1990, pp.182-183, 186-187）。

信頼を媒介する行為者においては，**図表5-3**のようなコールマンの分類に従えば3つの機能的な役割分化が可能になるが，保証人としての媒介者は，信頼される側の人間が機会主義的行動を取ったとしても，信頼する側の人間には媒介者による保証が確保されており損失を被ることがない。したがって，結果への制御が不可能な状態として定義された本研究の信頼から乖離するので，この類の媒介者を本研究のモデルに含意することにはしない。本研究での信頼は，あくまで相手に依存する際，自己の期待通りにその相手が行動するか否かが不明瞭な状況で，相手の周辺情報を評価し働きかける過程を前提としている。逆説的に言えば，本研究における信頼を媒介する行為主体は，コールマンの提示した協働行為に必然的に関与する媒介者というよりも，むしろ協働行為の当事者外部から当事者間の信頼創造に影響を与えるような第三者信頼の役割に近似している。それゆえ，本研究では信頼創造に間接的な影響を及ぼす行為主体を，媒介者ではなく第三者信頼と統一して使用することにする。そして，第三者の機能的な分類として，コールマンの提示した助言者と企業家というタイプが存在することを仮定する。

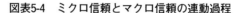

図表5-4　ミクロ信頼とマクロ信頼の連動過程

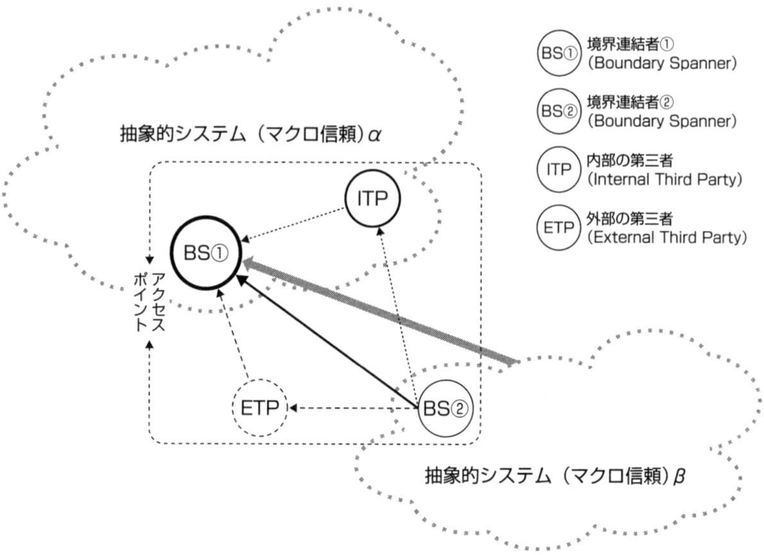

（注１）対人的信頼（ミクロ信頼）：境界連結者や媒介者の信頼
（注２）抽象的システム（マクロ信頼）：複数の人々によって共有された信頼
（ex）コミュニティ・単一組織・ネットワーク組織
（出所）筆者作成

さて，先述したギデンズのモデルにコールマンの提示した第三者の影響を加味して，ミクロ信頼とマクロ信頼の相互連動過程を示せば，**図表5-4**のように示すことが可能である。ここで，抽象的システムの代理人が，ミクロ信頼とマクロ信頼を連結する境界連結者に相当し，彼・彼女らの相互作用が，ミクロ信頼を創造したり破壊したりする。そして，抽象的システムの内外に存在する第三者の介在が助言者としての機能を担いながら，境界連結者どうしの信頼創造に間接的な影響を及ぼす。また，脱埋め込みなる抽象的システム内の他のメンバーにシステムを代表する境界連結者から信頼が伝搬されてマクロ信頼が生成される過程では，境界連結者は企業家としての第三者機能を担うことになる。さらに，いったん生成されたマクロ信頼が，次の協働行為を促進する際の対人的なミクロ信頼を強化したり弱体化させたりする再埋め込みという過程においても，境界連結者が企業家として，第三者が助言者としての機能を担う。

図表5-4を使って具体的に説明すると，BS①の境界連結者を焦点人物とすれば，彼・彼女と直接的な接触を持つ，パートナーの境界連結者（BS②）が企業家としての第三者機能を果たし信頼を伝搬する。また，参加しているシステム内の第三者（ITP）およびシステム外の第三者（ETP）が助言者として信頼創造に関与することによって，第一義的にミクロ信頼が構築される。このミクロ信頼から脱埋め込みを経て，複数の人々からなるコミュニティ，単一組織やネットワーク組織という抽象的システムのマクロ信頼が生起する。そして再埋め込みによってマクロ信頼が再帰的に境界連結者を媒介してミクロ信頼を強化したり弱めたりし，結果としてマクロ信頼の変動が生じる。なお，信頼の外部性効果[8)]が働くので，再埋め込みによってミクロ信頼が強化されるプラス効果は，抽象的システムの参加者数に比例するだろう。

4　企業家的ミドルのネットワーク・リーダーシップにおける信頼とパワーの構造

最後に本節では，ギデンズが提示した抽象的システムという様々な単位を包含する広範な概念を，組織間関係に限定し，その中で境界連結者としての企業家的ミドルがネットワーク・リーダーシップを発揮する際の信頼とパワーの構造について検討することにする。

第1節で，信頼とパワーの連関について既に考察したが，その際パワーのシンボル性に留意すべきことを主張した。パワーとは，ある行為主体が，依存関係における制裁可能性を他の行為主体に知覚させることによって初めて，パワーがパワーとして行使される。つまり，コミュニケーション・メディアによって制裁可能性の意味，すなわちパワーのシンボルが伝達されることが，パワー行使の要件になるのである（Luhmann, 1975）。

一方，ハーディら（Hardy et al., 1998）は，信頼とはそもそも信頼性のシグナルを送るために使用されるシンボルの意味が間主観的に当事者間で共有されて

---

8)　ここで外部性効果とは，ネットワーク外部性（network externalities）効果と同義で，ネットワークに加入する数が増大すれば増大するほど，ネットワーク全体から得られる便益が増大することを意味する（Katz & Shapiro, 1985）。

いることが前提にあり，意味付与（sense-making）の過程として信頼を概念化している[9)]。彼女らによれば，信頼を構築するために意味が共有されていく過程で，見せかけの信頼（façade of trust）を創造するためにパワーが介在するという。そして，**図表5-5**に示されているように，信頼の源泉として「信頼に基づく協調」と「パワーに基づく協調」とを対極にしながら，共有された意味が生成される過程での行為主体間の恣意性の連続体として，通常の信頼と見せかけの信頼の

図表5-5　信頼の形態と見せかけの信頼

	自発的信頼（Spontaneous trust）	生成された信頼（Generated trust）	巧みな操作（Manipulation）	降伏（Capitulation）
協調の源泉	信頼に基づく協調	信頼に基づく協調	パワーに基づく協調	パワーに基づく協調
協調の生成過程	賭けを通じて自然に達成	意味の管理を通じて達成	意味の管理を通じて達成	依存や社会化を通じて達成
シナジー イノベーション リスク	信頼は自発的に現れる：シナジーは高くリスクも高い	信頼はシナジーとリスクを共に増大させるような平等的参加によって創造される	支配側の人がリスクを削減し予測可能性を増大させるためにシンボリックなパワーを行使する：シナジーは削減される	支配される側の人が支配する側の人の道具のように振る舞う：相手を支配するリスクは低く，シナジーは低い
パワー	パワーが大部分無視されてはいるが，パワーのwin-win観が暗黙的に存在	非対称なパワーが減少するにつれて，パワーのwin-win観が普及	非対称なパワーが維持ないし増加するにつれて，パワーのzero-sum観が普及	非対称なパワーが維持ないし増加するにつれて，パワーのzero-sum観が普及
意味	共有された意味が当事者間に既に存在	共有された意味が全当事者により相互に構築	意味は共有されるが，一方の相手によって歪曲	意味は共有されるが，一方の相手に強要
研究・実践の示唆	共有された意味は見かけほど自発的ではない	共有された意味を創造する過程は困難でコンフリクトを含む場合もある	関係性は信頼がパワーに基づいている時信頼関係があるように見える	パワーの不均衡は相手が見かけほど独立していないことを意味する

（出所）Hardy et al.（1998），p.79を筆者修正

9）ハーディらは，従来の予見可能性（predictability）としての信頼や善意（goodwill）としての信頼を批判的に検討し，それらの信頼は根本的に行為者間で信頼に値するものとして意味が共有されていることが前提となっていることから，新たにコミュニケーションとしての信頼を提起している。彼女らは，同じような規範を共有していない組織間関係での信頼形成の場面において，特にこのコミュニケーションとしての信頼概念が重要性を増すと主張する。

類型化を試みている。

「自発的信頼」と「生成された信頼」は，行為者間で自生的あるいは相即的に意味づけがなされる信頼に基づいた協調であるのに対し，「巧みな操作」と「降伏」とは，表面的には信頼を装いながらも一方の行為者によって意味が強要されるパワーに基づいた協調である。そして，一方の行為者が言語やシンボルの意味を歪曲化して伝搬し，他方の行為者による抵抗機会の排除や同意の確保など，表層的な信頼を得ようとする試みから，ハーディらはそれらを見せかけの信頼と呼ぶのである。

ところで，フロスト＆ムサビ（Frost & Moussavi, 1992）は，リーダーシップを発揮する際のパワー・ベースと信頼との相関関係を実証的に明らかにしている。彼らの分析結果によると，リーダーとフォロワーの間における信頼関係と報酬パワー，強制パワーや正当パワーとには負の相関があることから，それらをネガティブ・パワー・ベースとし，反対に信頼関係に正の相関をもたらした準拠パワー，専門パワーや情報パワーをポジティブ・パワー・ベースとして，第3章でも触れた6つのパワー・ベースを2つに大別している。さらに，フロスト＆ファザドによれば，ネガティブ・パワー・ベースによる影響力は，個人的な能力ではなくむしろ組織的な役割に依拠して発揮される傾向が強いので組織的なパワー・ベースであり，ポジティブ・パワー・ベースは専門性やスキルなど，あらゆる個人に帰属した影響力なので個人的なパワー・ベースとし，属性的なカテゴリー名に置換し直している[10)]。

そこで，上述してきた先行研究から，境界連結者としての企業家的ミドルがネットワーク・リーダーシップを発揮する際のパワーと信頼に関して，次のような関係性を示唆することができる。すなわち，仮に信頼やパワーの発動が，いずれもそれ相応に当事者間で共有された意味を拠り所としているのだというルーマンやハーディらの主張を措定するのであれば，境界連結者としての企業

10)　ここでネガティブとは，報酬を与えること（報酬パワー）や強要すること（強制パワー），あるいは地位に基づいた権限の発揮（正当パワー）など，フォロワーに抑圧的で負のイメージをもたらすという意味も含意している。反対にポジティブとは，パワー・ベースに対するフォロワーの主体的な協調という意味を含意している。また，組織的とは，部下が上司の指示や命令に従うことが，上司自体の能力ではなく，上司による業績評価や業務責任を取るなどの組織的な権限や役割を認識することに基づいているという意味を指している。極論すれば，部下が上司に従う根拠は，上司の個人的な能力ではなく，最終的に組織から雇用や給与などの報酬が保証されていると知覚しているからである。

家的ミドルは相手（取引先担当者等の他組織の境界連結者）との間にミクロ信頼やマクロ信頼が未構築の場合，ポジティブ・パワー・ベースの行使を通じて，第一義的に見せかけの信頼を創造することが肝要になる。つまり，専門パワーや準拠パワーなどによって能力や意図に対する信頼性を相手に知覚させることが，初期の信頼を構築する礎となる。反対に，既に取引実績があり再び取引をするような企業に対しては，相手担当者自身に対する信頼やその担当者を通じて認知されている組織能力に対する信頼，すなわちミクロ信頼やマクロ信頼がネガティブ・パワー・ベースを行使する際にモデレータ機能を果たすことにより，相対的にそうした抑圧を感じさせてしまうパワーを相手に行使しても協調が得られる可能性が高い。これらの信頼とパワーとの関係を可視化すると，**図表5-6**のように示すことができる。

図表5-6　企業家的ミドルのネットワーク・リーダーシップ発揮の際の信頼とパワーのモデル

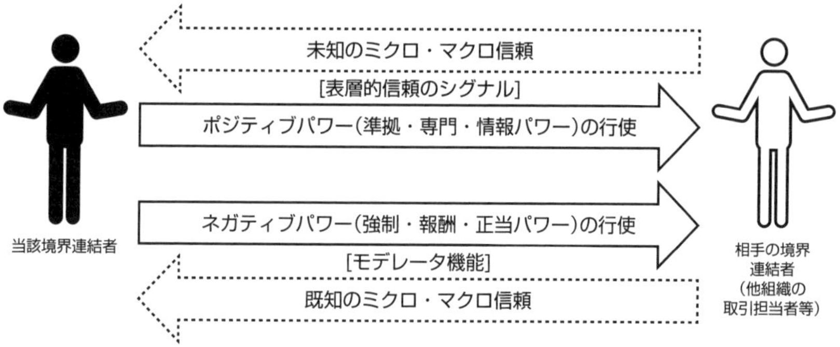

（出所）筆者作成

本章では，境界連結者としての企業家的ミドルがネットワーク・リーダーシップを発揮する際のミクロ信頼とマクロ信頼の連動過程について，ギデンズのフレームワークを検討し，両信頼を直接媒介する境界連結者を想定しつつ，境界連結者どうし，あるいは境界連結者と組織との間の信頼形成に間接的な影響を及ぼす第三者信頼を加味したモデルを提示した。また，当該組織の境界連結者が取引先の担当者のような他組織の境界連結者にパワーを行使する際，ミクロ信頼とマクロ信頼の有無によって，効果的なパワー・ベースが異なることを示唆した。前章でも述べたように，とりわけ日本では部長や課長のような組織階層の役職が労働の重要なインセンティブとして機能していたことに加え，個人主義よりは集団主義的な文化が浸透していることを勘案すれば，肩書きや組織のブランド，レピュテーションのような組織属性が個人の信頼形成に強く影響しているかもしれない。新しい取引先を開拓しようとするようなビジネスシーンを想定した場合，このような傾向が日本では顕著であることが容易に想像できる。また，個人の有するパワーや信頼に対する評価がなおざりにされてしまうがゆえに，こうした個人の能力を補完するために，第三者信頼を積極的に利用する傾向にあるかもしれない。これらの仮説については，本書最後の補章で探索的に行った定量分析の検証結果を通じて部分的に論じることにしたい。

第6章

企業家的ミドル育成基盤の社内ベンチャーの実態と課題

本書はこれまで企業家的ミドルによるネットワーク・リーダーシップのモデル構築を行ってきたが，本章では企業家的ミドルのインキュベーションシステムとしての社内ベンチャー（corporate venturing）について言及する。日本における社内ベンチャーについては，独立系のベンチャーブームと同様にこれまで幾度となく流行っては廃れることを繰り返してきた。しかし，若い世代の起業意識が低いレベルに留まっていることに加え，依然として大企業志向が強く，多くの優秀な学生が大企業に流れている事実を考えれば，イノベーションのために人的資源の宝庫になっている大企業が今こそ社内ベンチャーに真剣に取り組む価値は極めて高いと言えよう（延岡, 2020）。

ところで，第2章でも考察したように，企業家精神なる用語はシュンペーターによって提起されて以来，多くの研究者によって多種多様な意味で使用されてきた。学術的コミュニティでの多義的な言語使用は，結果としてマスメディアや経営実践の場など，様々なコンテクストにおいて便宜的に使用されている可能性が存在する。筆者は，ギー（Gee, 1990）に従い，大文字のディスコース（discourse：言説）としてマスメディアに，小文字のディスコースとして組織の中のステークホルダーに着目し[1)]，企業家精神に関する社会的な構築過程に関する探索的な調査を既に行っている（福原, 2014）。新聞や雑誌において企業家精神が主に使用されているコンテクストは，圧倒的にトップとの関わりであり，学術的コミュニティで議論されることの多いミドルやロワーとの関連で記述されることは少なかった。また，小文字のディスコースとしては，「企業家精神」が経営実践の場で日常言語として使用されることは実際には希なので，「企業家精神」発揮のレベルを表象している社内ベンチャーを取り巻くステークホル

1） 小文字のディスコースとは，例えば，上司と部下の間で交わされる日常会話のような行為者間の相互作用における談話を指す。これに対して，知識や思考の体系に言及し，イデオロギー的に機能する支配的な言説を大文字のディスコースと呼ぶ。例えば，「企業」は，「利益性」や「合理性」のような市場の論理を連想させるが，このようにメタレベルの意味を持つものが大文字のディスコースとされる。

ダーの状況認識に注目した。そして，社内ベンチャー制度を導入して歴史の長い大手エレクトロニクスメーカー２社の元社員（人事と営業の各１名計４名）に，制度認知に関するインタビュー調査を行った。その結果，いずれの元社員も社内ベンチャー制度に対して極めて脆弱な認識しか持ち合わせていないことが判明した。

上記の探索的調査の結果を踏まえ，本章では，社内ベンチャーが日本企業のどのようなコンテクストの中に埋め込まれているか，まずはその実態の把握を行う。そのために，福原（2014）で行った探索的調査と同じ大手エレクトロニクスメーカー２社を選定し，初期の制度設計に関与した担当者とその制度を使ってスピンオフした企業の経営者にインタビュー調査を実施した。次に，近年この両社が企業内企業家精神を醸成する仕組みを大幅に変更していることから，それらの新しい制度設計に関与した担当者にもインタビュー調査を行った。これらの縦断的な定性的研究（longitudinal qualitative study）によって得られた発見事実に基づき，日本企業において社内ベンチャーを機能不全にさせてしまう論理について考察する。最後に，機能不全を解体し，社内ベンチャーを機能ならしめる制度設計のあり方について，ミドルを中心に据えた理論的検討を行うことにする。

1　調査の背景･目的･方法論

1）日本の社内ベンチャーに関する先行研究と本調査の目的

福嶋（2019）は，社内ベンチャーに関する先行研究を，1960-70年代，1980年代，1990年代，2000年代，2010年代以降という５つの時代区分を設けて体系的かつ詳細にレビューしながら，各時代の研究の特徴やタイプを導出している。それによると，90年代以降は調査方法や調査目的等，多少の研究の多様性が拡張されたものの，80年代の種々の先行研究を眺めてみると，社内ベンチャーの研究で取り上げられるべき主要な論点は概ね提示されているという（福嶋，2019，6頁）。その80年代の研究の主要論点とは，（１）社内ベンチャーの意義に関する研究（不確実性に対処する多様性増幅装置としての研究視座），（2）社内ベンチャーが全社戦略に与える影響に関する研究，（3）社内ベンチャーの経済的パフォーマンスに関する研究，（4）社内ベンチャーのエージェントに関する研究，（5）社内ベンチャーの成功要因に関する研究である。この5つの研究視座において，日本ではとりわけ（2）の分野で萌芽的な研究が散見され（例えば，加護野ら, 1999; 大滝, 1986; 榊原ら, 1989; 山田, 2000），近年では（5）の分野，特に社内ベンチャーを推進する企業内部の組織体制（例えば，橋本, 2013; 宮本ら, 2014）や企業外部のコミュニティ（例えば，長山, 2012）に関する研究が多いように思われる。

さらに福嶋（2019）は，90年代以降の特徴的な研究として，社内ベンチャーの目的を新規事業の創出とそこから得られる事業収入などの直接効果だけでなく，組織の学習やケイパビリティなどの間接効果も視野に入れた成果尺度の拡張や，社内ベンチャーに伴う不確実性のコントロール，あるいは国際比較に関する研究等をあげている。この中で，最後の国際比較に関しては，社内ベンチャーの日米企業の相違を明らかにしようとしたブロック＆マクミラン（Block & MacMillan, 1993）の研究が，数少ない日米比較の実証的研究の嚆矢として位置づけられるだろう。著者の一人であるブロックとスバナラシマ（Subbanarasimha, P.N.）らが米国企業43社，日本企業149社に対して行った調査によると，**図表6-1**にあるように社内ベンチャーの導入理由が，日米では根本的に異なることが示されている。

図表6-1　社内ベンチャー導入理由の日米比較

	米国企業（%）	日本企業（%）
基幹事業の成熟化	70	57
戦略目標の達成	76	73
マネジャーに対する挑戦課題の提供	46	15*
次世代マネジャーの育成	30	17*
生き残り	35	28
雇用確保	3	24*

（注）*は統計的に有意
（出所）Block & MacMillan (1993), p.20（邦訳21頁）

統計的に有意な差が現れている項目を見ると，日本企業に比べ米国企業は「マネジャーに対する挑戦課題の提供」や「次世代マネジャーの育成」で比較的高い割合を示している一方で，米国企業に比べ日本企業は「雇用確保」の割合が高い。これらの結果から，米国企業では企業家精神旺盛なマネジャーの育成という前向きな導入目的であるのに対し，日本企業の場合雇用を確保するための受け皿というどちらかと言えば後ろ向きの色彩の強いことが露呈している。

一方，野間（2020）は2001年から2019年までの日米の上場企業の会計情報を用いて，参入，成長，成熟，再編，衰退からなる５つのライフサイクルステージを設定し，米国には参入期と成長期の企業が多く，成熟期の比率が低いのに対して，反対に日本では参入期と成長期の企業が少なく成熟期に位置づけられる企業の割合が高いことを明らかにしている。こうした日米の差は，成熟期に到達した米国企業は再び成長期に向かわせるためのR&Dや生産設備への投資に積極的になるのに対し，日本企業は投資水準が低迷する傾向にあることから顕著になるという。実際，日米の当期純損失の比率の時系列推移を比較すると，赤字企業が米国では多いのに対して日本では少ないという財務データに裏づけられている。そして，米国企業がスパイラルに再び成長段階に移行できる制度的な要因として，赤字企業を容認する投資家の存在と，日本のように倒産企業に退職給付債務を支払う義務を負わせずに，倒産企業に成り代わって年金給付保証公社が受給権を保護する保証制度があるので，企業がリスクテイキングを行い易い土壌があることを指摘している。このような現状があるからこそ，日本の大企業は社内ベンチャーを活発化させ，脱成熟を実現すべきだと野間（2020）は主張する。

さて，日本企業における社内ベンチャーはその可能性や重要性については古くから指摘され続けてきたものの，上述したように実際にはなかなか上手く機能していないのが実情である。また，日本の先行研究の多くが新聞や雑誌，あるいはIR情報などの二次データを活用し，そうした二次データの行間を埋めるために適宜インタビューのような定性的調査を行う事例分析が主流であった。しかも，社内ベンチャーを機能させる要因に着目する研究が多く，機能不全にさせてしまっているコンテクストに注目した研究となると皆無に等しい。したがって，本研究の視座は，社内ベンチャーを取り巻くコンテクストに向けられ，機能不全が何によってもたらされているのかを探索的に調査することを目的とする。

2）研究の方法論

上記の研究目的のため，本調査では社内ベンチャーを取り巻くディスコースに注目する。社会構成主義という文脈の中で，近年組織の中のディスコースに着目する研究が散見されつつある（例えば，Grant et al., 2004; 清宮, 2019; 高橋, 2002）。組織ディスコースに焦点を当てる研究者達の主たる関心事は，組織がいかにして構成員の発するディスコースによって構築され，と同時にディスコース自体もまた構成員によってどのように組織的に構築されるかを探究することにある（Mumby & Clair, 1997）。このように，組織化の過程を主たる研究対象とする組織ディスコース研究にあって，筆者は例えば，組織における不祥事やパワー・ポリティクス，あるいは変革やリーダーシップなど，非決定論的な組織現象を究明するアプローチとして，その可能性や有効性を既に検討している（福原, 2010b, 2013; 福原・蔡, 2012）。

その中でも，福原（2013）では，多様なステークホルダーが関与する複雑な過程たる組織変革にアプローチする方法として批判的ディスコース分析（critical discourse analysis）の可能性について言及しているが，本調査でも同分析の方法を採用することにしたい。批判的ディスコース分析とは，フランフルト学派を始祖とし，フーコー（Foucault）やハバーマス（Habermas）に代表されるように，イデオロギー批判やパワー構造の暴露といった単なる体制批判に留まらず，自明視されてきた現象に対して別様な意味をあてがう批判的視座をもってディスコースを解釈しようとする研究態度[2]である（Fairclough, 1995; Fairclough & Wodak, 1997; van Dijk, 1993）。そして，上記のようなイデオロギーやパワーの生成や解体を究明するため，それらの組織化の過程に着目する。上述したマンビー&クレア（Mumby & Clair, 1997）の組織観に従えば，組織化のディスコースとディスコースの組織化に注意を払いながら，イデオロギーやパワーが組織を取り巻

2）このような研究対象に対した研究者が持つ研究態度なので，Meyer（2001）も指摘しているように，批判的ディスコース分析は方法論ではなく，現象に対する接近や理解の方法だという主張もある。

く環境においてどのように経時的に編成されているかに研究関心が向けられる。それゆえ，その最も重要な特徴の１つにコンテクストへの高い感受性が指摘されている（福原, 2013, 23頁）。

ところで，こうしたコンテクストの中に埋め込まれた機微に接近するという特徴に関連して，組織ディスコース研究が，従来の組織研究との違いで強調する点の１つに，多声性（polyphony）や複声性（plurivocality）[3]がある（Grant et al., 2004）。これらの鍵概念は，ある組織現象を説明する際，そこに関与している様々なステークホルダーの声（voice）を拾い上げ，多様な意味解釈をあてがうことが含意されている。また，ランダーソン（Randerson, 2016）は，企業内の企業家的行動あるいは企業家的志向に関する研究に社会構成主義のアプローチを採用すると，企業家的活動がどのように構成されるかを把握する対話的あるいは関係的なプロセスが分析の対象になるので，組織における企業家精神が育まれる過程に介在する様々な行為主体の相互作用や逸脱を説明するのに極めて有効だと指摘している（Randerson, 2016, p.594）。そこで，本調査では，社内ベンチャーを取り巻く様々なステークホルダーの声に耳を傾け，その発せられたディスコースを批判的に解釈することによって，日本の社内ベンチャーの機能不全の論理を探索的に解明することにしよう。

2　調査の概要と発見事実

前節で考察した本調査の目的とその目的のため採用する方法論に従い，社内ベンチャーを取り巻くステークホルダーに対してインタビュー調査という定性的分析を行うことにした。調査の概要と発見事実をそれぞれ見ていくことにする。

3）「polyphony」は，バフチン（Bakhtin, 1981）にならいここでは「多声性」と訳したが，様々な行為主体から発せられたディスコースが調整されまとまるプロセスを指す概念である。一方で「plurivocality」は「複声性」と訳しているが，ディスコース間の多様な繋がりを指す概念である。詳細は，Grant et al.（2004），p.2, 43; 邦訳３，68頁）を参照されたい。

1）調査の対象と方法

社内ベンチャーをかなり早い段階から導入しており，調査時点で導入後10年以上の運用実績のある大手エレクトロニクスメーカー２社を今回の調査対象にした。大手エレクトロニクスメーカーを選定した理由は，成熟企業が陥りがちなイノベーションのジレンマを抱えており（Christensen, 1997），かつてのように数々のプロダクト・イノベーションを生み出せないでいる企業が多い中で，社内ベンチャーをイノベーションの起爆剤として活用しようと試行錯誤している様子が覗えるからである。

次にインタビューイーの選定だが，社内ベンチャーのコンテクストに埋め込まれたステークホルダーの多声性という観点から分析をするため，両社の社内ベンチャー制度を統括しているマネジャーに加え，両社の社内ベンチャー制度を使ってスピンオフした企業の中から，インタビューを行った時点で比較的大きく成長していた企業の代表取締役も含めることにした。

2013年９月から2014年４月にかけて，両社の社内ベンチャー制度の運営責任者各１名，スピンオフ企業の経営者各１名の計４名に対して，1.5から２時間程度の半構造化インタビューを実施した。半構造化インタビューなので，こちら側で用意した質問項目は大枠にとどめ，各項目について自由に語ってもらう対話形式を採用した。具体的な質問内容は，社内ベンチャーの担当責任者に対しては，主に「社内ベンチャー制度の周辺情報（導入背景，創業実績，企業家の属性，現在の問題・課題など）」について，スピンオフ企業の経営者には「起業の周辺情報（本人のキャリア，起業背景，経営状況，現在の問題・課題など）」を中心に質問し，両者に共通する項目としては，（１）「社内ベンチャーや人事の制度に対する認識（効果や連携など）」，（２）「企業文化に対する認識（従業員の企業家精神の度合い等）」，そして（３）「日本企業の社内ベンチャー全般に対する認識（企業家精神育成の問題・課題等）」を用意してインタビューにのぞんだ。

2）調査対象企業の社内ベンチャー制度の比較

制度を機能させるのも機能不全にさせるのも，同制度を下支えする組織的な要因にその多くを依存しているのは言うまでもない。そこでまず，今回インタビューを行った各社の制度や企業の属性について触れておくことにしよう。

両社の制度は**図表6-2**にあるように，制度ポリシーや社風においてまったく異なっている。創業者にメジャー出資と転籍を義務づけ，ある意味で退路を断って厳しい経営責任を課すA社に対して，出資比率が低く出向という雇用形態で，倒産した場合は元さやに戻れる機会をスピンオフ企業のすべての従業員に与えるB社は温情的だと言える。こうした制度ポリシーの相違は，少産少死型と多産多死型という成果にも表れている。スピンオフ企業の創業者に厳格なリスクテイキングを求めるA社には，A社そのものが独立元企業の一事業部をスピンオフさせてできた会社であることに加え，A社からスピンオフして二部上場企業にまで成長している会社が複数あり，A社の企業家精神旺盛な企業文化に下支えされている。これに対して，創業経営者の人本主義を脈々と継承しているB社は，従業員に対して温かい企業文化を持ち，それが制度ポリシーに反映されていると言えよう。

ただし，A社の企業家精神は制度導入から5-6年が経つ頃にはかなり減退して社内ベンチャー制度の利用者が激減してしまったことから，2000年に創業者の出資比率をかなり下げ，創業者以外の従業員は出向という雇用形態を採用するマイナーチェンジを行うことで，従業員のリスク負担を軽減させている。また，B社も2010年頃までは創業率が高かったが，その後制度利用者が少なくなり，人事部に協力を仰ぎてこ入れをしながら制度の活性化を試行錯誤している状況にあった。

図表6-2　調査対象企業の社内ベンチャー制度の比較

	企業A	企業B
導入時期	1994年	2001年
創業数（廃業数）※	14（4）	29（18）
創業者の出資率	メジャー（50%以上）出資	マイナー出資
雇用形態	転籍	出向
企業文化	企業家的	家族的

（注）調査時点
（出所）新聞・雑誌の記事やインタビューを基に筆者作成

図表6-3　調査対象スピンオフ企業の属性比較

	企業a	企業b
創業年	1995	2012
資本金（円）※	4億1,446万	9,000万
持株比率（%）	法人32／個人68	法人78／個人22
コア事業	電子書籍	音声認証ソフト

（注）調査時点
（出所）新聞・雑誌の記事やインタビュー時の情報を基に筆者作成

一方，A社からスピンオフした企業aと，B社からスピンオフした企業bの属性は，**図表6-3**に示されている通りである。制度がスタートした直後にa社は創業しているのに対して，b社は制度導入後かなり時間が経過してから創業している。また，a社の持株比率は，個人68%の内創業者が約半分を所有し，法人32%の内訳は金融機関，証券会社やその他の企業で，調査時点で既にA社は株主から外れていた。b社の法人78%の内訳は，B社が過半数を占め，残りは創業直前に資本提携を取り付けることに成功した大手玩具メーカーが保有していた。個人22%の内訳は，創業者だけではなく創業に関わったコアメンバーがほぼ均等に保有していた。そして，ハードが本業のA・B社に対して，a・b社のコア事業はソフトとなっている点が共通している。また，a社の創業者A氏もb社の創業者H氏も共に理系で，A氏はA社の生え抜き社員であるのに対して，H氏は商社から中途採用でB社に入社している点が，両者のキャリアの相違点となる。

3）発見事実と示唆

インタビューイー4人に対して共通した質問は，既述したように大きく3つの項目を用意したが，各々から社内ベンチャー制度の機能不全の論理に関わりそうな興味深い3つのディスコースが発見された。紙幅に限りがあるため，ここでは3つのカテゴリーに分類されたシンボリックなディスコースを部分的にトランスクリプトし，それらに批判的な解釈をあてがっていくことにする。特に興味深い箇所に下線を付してある。3つのディスコースとは，いずれも社内ベンチャー制度を取り巻くコンテクストに埋め込まれた相対立する２つの感情，すなわちアンビバレンス（ambivalence）の狭間に生成されたものだった。

①「独立性vs依存性」のアンビバレンスにまつわるディスコース

スタートアップでは，事業を軌道に乗せる前に資金が底を尽きて倒産する「死の谷」をいかに乗り越えるかが最大の試練だと一般的に言われている。この点に関して，例えば，Ａ社からスピンオフしたａ社の経営者Ａ氏と筆者との次のような対話では，社内ベンチャー制度がスタートアップのパトロンとしてインキュベーション機能を担ってくれていたことは極めて大きなアドバンテージだったと振り返っている。

筆者：出資元の本社との信頼関係があって，ダメだったら元サヤに戻れるかなぁ，なんて期待は少しはあったんでしょうか？

Ａ氏：ないですね。あのー，やっぱ資金的な面が大きいです。あのー，たぶん当時ですね，やっぱり電子書籍と言っても，なんだそれって感じで，おそらくお金を出してくれたところはなかっただろう思います。銀行であろうとどこであろうと。・・・ベンチャーキャピタルでもある程度やったところじゃないと出資しないですよ。

こうした死の谷を乗り越えるためのパトロンとして社内ベンチャー制度や出資元の本社を強く認識している一方で，企業家として本社から自律もしくは独立して経営に携わりたいとする強い意識が，次のＡ氏と筆者との対話に見て取ることができる。

筆者：御社の社内ベンチャー制度は出向ではなく転籍という形態を取っていますが，そういう退路を断たれてまで起業したいと思ったトリガーは何だったのでしょうか？

Ａ氏：やはり逆にそういうふうにしないと，何となくうまくいかないんじゃないかと思いましたよ。要するに自分で退路を断たないと，あのー，結局あのーやはり，私なんかサラリーマン20年位やってますから，だいたい心理は分かりますんで。出向ですとやっぱり人間は甘えが出ますから。転籍の方が，本人がやらざるを得なくなるんじゃないかなとは思いましたね。

また，B社からスピンオフしたb社の経営者H氏と筆者との次のような対話からも，社内ベンチャー制度から得られる恩恵と経営者としての独立性との狭間に揺れる気持ちが透けて見えてくる。

筆者：社内ベンチャー制度がスタートして，多くの創業実績が積み重ねられる中，なんで御社は事業化の目処がある程度立ってもなおスピンオフを思いとどまり，社内での事業規模が大きくなるタイミングまで待っていたんですか？

H氏：実は制度がスタートしてすぐにスピンオフしようと，そりゃ，言うたらこんなおいしい出資母体ないじゃないですか。・・・中略・・・今思うと，やっぱりメンバーちゃうかなと。何回も話したんですよ。メンバーとスピンオフしようかって。・・・中略・・・今したら全員ついてきてくれないんじゃないかって，言われて。要するに，今の従業員が，今のこの事業規模だと信頼してもらえないって，他のコアメンバーに言われたんですわ。・・・中略・・・本社からの影響力がもし弱かったら，早い段階でスピンオフしてたと思います。・・・中略・・・本社からの親切がものすごくお節介に見えたりするんですよ。・・・中略・・・本社と喧嘩できるくらい事業が大きくなって独立性を確保できてからじゃないと，社長のおれって何する人なの？，みたいなね。

上記の対話の中には，B社が手取り足取りスピンオフ企業のケアをしてくれている状況に一定の評価をしつつも，しかしどこか過干渉な印象が拭えないH氏のフラストレーションが後半で露呈している様子が覗える。こうした企業家としての自律性や独立性を，一緒にスピンオフ企業に転籍するコアメンバーにも同様に求めている様子が，後述する「バカな社員vs優秀な社員」にまつわるディスコースの中で取り上げる対話の中にも見て取れた。スタートアップの絶対的なパトロン機能を担った社内ベンチャー制度への依存心があったことはA氏もH氏も強く認識していたが，その一方で，スピンオフした後の経営者としての独立心や自律性が蔑ろにされないために奮闘した機微が，これらのディスコースには宿っていると言えよう。

こうしたしがらみはスピンオフ企業にとってはとかくディスアドバンテージとして認識されるが，しかし，アブレル＆カリアライネン（Abrell & Karjalainen, 2017）は，製造業における大企業で社内ベンチャーの初期段階においては，独立系のスタートアップ企業と比較して，資金調達の安定性ゆえに長期的な資源計画を立案する傾向にあることを定性研究で明らかにしている。この発見事実は，H氏がある程度出資元の本社と対等に渡り合えるような事業規模になり，本社以外の資金調達先の確保が得られ目処がたってからスピンオフできたことと整合的で，「死の谷」を回避するため短期志向に傾倒しがちなスタートアップ企業に比べ，経営資源の長期的活用を事業計画に盛り込める社内ベンチャー制度は，スピンオフ企業にとって依然として大きなアドバンテージだと言える。

②「スタートアップvsスケールアップ」のアンビバレンスにまつわるディスコース

次にシンボリックなディスコースとして注目したものは，大企業にあって偏重されがちな事業規模の大きさと，スタートアップに必至な小さい事業規模とのアンビバレンスに関わるコンフリクトである。0から1を作り上げるスタートアップの評価軸と，1を10に成長させるスケールアップの評価軸は，自ずと次元が異なる。しかしながら，成熟した大企業に支配的な価値観は，その企業規模に見合う事業や売上の規模をもって初めて正当化される場合が少なくない。こうしたコンテクストの中で，スタートアップ事業の正当化が困難を極めることは想像に難くないだろう。次のA社からスピンオフしたa社の経営者A氏と筆者との対話に，そうしたジレンマが滲み出ている。

筆者：日本の大企業が企業家精神を育むというか，ミドルやロワーの様々なレベルから，もちろん御社のようなスピンオフさせるまでいかないまでも，そういう雰囲気を作るためにはどうしたら良いか，ご自身のお考えがあ

れば お聞かせ頂ければありがたいんですけど。

A氏：あのー，大企業ってのは，まあ，ある程度ビジネスでだいたい売上が例えば年何兆円という売上で，セクションでも何十億という売上なんですよね。で，その中で，まだ市場のないものを立ち上げる時にですね，あのー，例えば事業企画，新しい新規事業企画を作ったとします。で色々アピールして事業を立ち上げるんですけれど，その時にですね，審査はやっぱりあるんですね。・・・中略・・・。企画が通るアイデアってのは，やはりある程度見えることじゃないとできなくなっちゃうんですね。今度見えて，他社が今ここまでやっていますけど，うちの会社でやってないんでやらせてくれって，これは通りやすいんですよ。

加えて，A社の社内ベンチャー制度の責任者と筆者との次のような対話にも，スタートアップとスケールアップのコンフリクトが垣間見られる。

筆者：御社の社内ベンチャー制度に横たわる当面の問題ないし課題は何かありますか？

K氏：そうですね，まずは事業化や事業拡大のスピードアップをもっともっとしなきゃ，とは思っています。じゃないと，他のベンチャーと戦えないですから。

大企業で求められる新規事業の規模感の重圧に矮小な事業サイズのスタートアップが押しつぶされてしまう傾向にあること，またスピード感が生命線となるスタートアップに大企業における官僚制の逆機能が大きな壁として立ちはだかっている様子が，上記のディスコースの中に如実に表れていると言えよう。企業のライフサイクルを考えた場合，生成期では様々なニッチ市場に参入し試行錯誤を繰り返しながら競争優位を獲得していくことが求められるため，新規の事業創造が組織風土としては優先されるだろう。しかしながら，成長期にあっては，意図的に事業規模を拡大することが求められる段階であり（伊丹，2012; 水野, 2013），大企業へと成長する過程で自ずとスケールアップという成果を成し遂げた人々が要職に就くキャリアラダーが多く敷かれていたことは想像に難くない。こうしたスケールアップを得意とする人々が経営判断や意思決定を行う立場に多く存在する大企業において，彼・彼女らにスタートアップを正しく評価し理解させようとすることは，土台無理な話なのかもしれない。

このように，大企業における事業選択の判断基準は，どうしても大きな収益の蓋然性が優先されてしまい，事業自体の価値評価が軽視されてしまう傾向にある。この問題は後述するA社とB社に対して行った縦断調査のインタビューイー達のディスコースの中にも頻出しており，とりわけB社のインタビューイーF氏はこうした要因に加え，新規事業の創造に伴う学習棄却（unlearning）に対する抵抗（Hedberg, 1981）もまた，事業価値の評価が後回しにされてしまう要因として指摘していた。オライリー＆タッシュマン（O'Reilly III & Tushman, 2016）によれば，企業が成長する過程において，安定して収益が見込める事業に傾倒して既存の経営資源を磨き上げ効率性を重視する深化（exploitation）に偏っていってしまう傾向があり，新たな経営資源を獲得しなければならない不確実性の高い新規事業を模索する探索（exploration）が蔑ろにされてしまう。深化によって企業が成長してきた事実が，探索を軽視させてしまうサクセストラップが大企業には潜んでいるとする彼らの主張は，上記の社内ベンチャーを機能不全にさせてしまっている原因と附合すると言える。そして，これらの問題に対する解決策として，オライリー＆タッシュマンは，トップが探索に対する戦略的な意図を明確にし，探索活動に深く関与したり支援したりすると同時に，探索を担う部門を既存の成熟事業から切り離すだけでなく既存事業の様々な経営資源を活用できるよう調整してあげる必要があり，さらに探索が正当化される組織アイデンティティが構築されていなければならないことを主張している。

③「バカな社員vs優秀な社員」のアンビバレンスにまつわるディスコース

最後の，そして社内ベンチャー制度を機能不全にさせてしまっている最大の要因として筆者の目に映ったシンボリックなディスコースは，「バカな社員」と「優秀な社員」というアンビバレントな感情の衝突に起因するものだった。そう考えるに至ったのは，この「バカな」と「優秀な」という2つの対極をなす形容詞によって従業員がラベリングされることにより，企業内企業家としてのアイデンティティとその他の従業員としてのアイデンティティの分断を生じさせてしまっていることが示唆されたからである。

社内の利害関係というしがらみから解放して本音を引き出すために，例えば，所属している企業についてではなく，一般論として日本企業全般が抱えている社内ベンチャー制度や企業家精神を育むための問題や課題についての持論に関する回答を求めると，例えば，B社の社内ベンチャー制度の運営責任者Y氏は次のように語るシーンがあった。

筆者：日本の大企業って優秀な人材の宝庫だと思うんですけど，そういう優秀な社員に企業家精神を持ってもらうためにはどうしたら良いとお考えですか？

Y氏：まあ思うんですけど，その一，みんながみんなそうなんじゃないけど，大企業だから色々な人種が混じって入ってくるんですよ。でやっぱり，社長やりたいって人は，何人かいるんですよ。・・・中略・・・でもみなさん優秀な人が多いから。・・・中略・・・だから，組織人として優秀なのと起業人として優秀なのとは，なんて言うか，違うんじゃないかなとは思いますね。

また，B社からスピンオフしたb社社長H氏にB社の企業家精神を育む社風について意見を求めると，次のような回答が返ってきたのが印象的だった。

筆者：B社でもっと企業家精神が育まれるための土壌づくりをするためには，どのような社内ベンチャー制度やその他の取り組みがあると良いか，アイデアや持論があればぜひお聞かせ下さい。

H氏：僕なんか中途採用で，最初B社に入社した時は，みなさん優秀だなぁと痛感させられることが多くて。どうなんでしょうね。んー，僕はむしろそういう周りの優秀な社員と比べるとね，そりゃアホですから。・・・中略・・・でもね，優秀なんだけど，出口がないんですよ。・・・中略・・・だからね，スピンオフしようとした時はね，最後は出向じゃなくて転籍してうちの会社に来る覚悟をね，踏み絵を踏んでもらいましたよ。だから，僕と他のメンバーの出資比率もね，あえて同じにしたんです。

また，こうしたアイデンティティの生成メカニズムと関連して，社内ベンチャー制度を運営する部門と人事部門とが二人三脚して制度設計がされているＢ社と，両部門が必ずしも連携していないＡ社とでは，人事部門の社内ベンチャー制度に対する理解にかなり温度差があることも分かった。それは，Ａ社の社内ベンチャー制度の責任者に次のような質問をぶつけた際の回答に顕著に表れている。

筆者：御社の社内ベンチャー制度は人材育成という観点からは人事部との連携が不可欠だと思いますが，その辺はどうなっていますか？

Ｋ氏：えーと，人事とは違う部署でプログラムを立ち上げているので，お恥ずかしながら，しっかりした連携というか，んー，協力関係にはね，ちょっとなってないんですよ。・・・中略・・・そもそも人事からすればね，せっかくお金と時間をかけて育てた優秀な社員をなんでまた，わざわざ外に出さなきゃなんないのって，おそらく思っているんじゃないかなぁと思いますね。私が人事にいたら，その，やっぱりね，そう思ってしまうかもしれないですし。

まるで手塩にかけて育てた子供をいつまでも自分の庇護下に置いておきたいと思う親のように，育成のために投資してきた社員をみすみすスピンオフさせて社外に放出することの自己矛盾を受容できないことは，経営家族主義として日本企業の特徴がよく語られることからも容易に想像できる。労働市場が開放的で一度退職した人材が巡り巡って元サヤに戻るようなことが頻繁に起こり得る海外企業ならまだしも，依然として企業間の人材の流動性が乏しい日本の労働市場にあって，人材の放出にアレルギー反応を示す企業が多いのは無理からぬことかもしれない。しかしながら，大切に育まれた社員というラベルは，優秀な社員というラベルと同様に，企業内企業家ないし企業内企業家精神を育むことと相矛盾し，これらのアンビバレントな２つの感情やアイデンティティを止揚するメカニズムを組織に内包させることが，社内ベンチャーの機能不全を抑止する上で重要な鍵を握っていることは間違いないだろう。

こうした「優秀な社員」というディスコースが発せられる場面は，本調査に先駆けて行った探索的調査（福原, 2014）でも散見され，社内ベンチャーに関連するディスコースの中でそうした「優秀な」という形容詞がラベリングされる時，そこには「組織人として優秀な人はわざわざスピンオフして起業するなんてリスクを冒そうとするバカなことはしない」という言外の意味が常に含意されていたように思われる。企業内企業家とその他の社員のアイデンティティの分断を「優秀な社員」というドミナント・ディスコースが助長している可能性が示唆される理由は，イノベーションが「ワカ者」,「バカ者」，そして「ヨソ者」という3タイプの行為主体から生成されることが多く（真壁, 2012），その中でもバカ者はイノベーションの主体としてひときわ脚光を浴びなければいけない存在だからである（吉原, 1988）。バカ者は，他者や他社が模倣できないのではなく，模倣したくないと思わせることにイノベーションの真骨頂があるわけだが（吉原, 2014），逆説的にはこのバカ者のイノベーション原理が足枷となって，優秀な社員によるこのバカな社員への模倣行動が阻害されているのかもしれない。

　では，アイデンティティの分断を解体するためには，どのようなマネジメントインプリケーションが考えられるだろうか。例えば，マンビー（Mumby, 2004）は，これまでの批判的組織ディスコース研究を，（1）イデオロギー批判のために行われたものと，（2）パワーと抵抗の弁証法的関係を探究するために行われたものとに大別した上で，複雑な組織の機微に焦点を当てる批判的ディスコース分析は，アイデンティティに関する研究と極めて親和性が高いことを主張している。こうしたマンビーの主張を拠り所に，福原（2013）では，組織変革におけるディスコースアプローチ，とりわけ批判的ディスコース分析の可能性について検討している。組織変革とは，組織に横たわる既存のパワー関係やイデオロギー支配の構造を変容させることであり，その1つの方法として組織に流布しているドミナント・ディスコースを変貌させることが指摘されている（福原, 2013, 24頁）。したがって，バカの壁を乗り越えて，周囲のバカ者を受容したり自らが率先してバカ者になりたいと思えるような組織風土を構築するためには，「ルールを遵守して波風を立てずに事業の効率性を追求する良き組織人」としての「優秀な社員」から，「ルールを逸脱して事業の革新性を追求する非常識な（＝常識を疑う）バカ者」としての「優秀な社員」へと「優秀な」というラベルの意味を脱構築する必要があるだろう。そのためには，後者の意味での優秀な人との接触頻度を高めて観察学習による模倣行動を促し（Bandura, 1977），組織風土という状況を再定義することを通じて自己のアイデンティティを再定義させる方法が有効かもしれない（Weick, 1995, p.20; 邦訳26頁）。そして，そのような観察学習の機会は，とりわけ越境学習を通じて得られる可能性が高い。これについては，第7章の最後に詳述する。

3 縦断調査の概要と発見事実

ところで，前節で調査した2社は調査時点から月日を重ね，イノベーションを創出するための新たな取り組みに着手している。イノベーションの原動力を社内から社外に求めたプログラムをスタートさせたA社と，前節で調査した社内ベンチャー制度を大幅にリニューアルさせたB社とでは，舵取りの方向性はずいぶんと異なっている。そこで，両社に対して追跡的な調査を行うことで，各社の新プログラムが企業内企業家精神の育成にどのような影響を与えているかを探ることにしたい。

1）調査の目的と方法

自社の技術を社外のスタートアップ企業に活用してもらいオープン・イノベーションを生み出すプログラムを展開しているA社には，プログラムの目的や成果，また既存の社内ベンチャー制度の現状や新プログラムから及ぼされている影響を，従来の社内ベンチャー制度を刷新したB社には，プログラムを再設計した背景や目的，あるいは成果をそれぞれインタビューしつつ，新プログラムと企業内企業家精神の活性化との関係性を確認していくことにする。

こうした調査目的のため，2021年9月にA社とB社の新しいプログラムの設計に携わった人物各1名に対して，1から2時間の半構造化インタビューをオンラインと対面で行うことにした。事前に用意した質問内容として，新聞雑誌記事の二次データから得られたプログラムの概要を改めて確認しながら，プログラム導入の背景・目的や成果，プログラムが抱える問題・課題，そして企業内企業家精神の活性化に及ぼす影響について尋ねることにした。特に，前節で分析した社内ベンチャー制度の機能不全の要因を，新しいプログラムがどのように克服しようとしているのかに意識を傾けながらいくつかの質問を投げかけてみることにした。

2）プログラムの概要

既述したように企業内企業家精神衰退の活路を，A社が組織の外側に求めたのに対して，B社は内側に求めて新しいプログラムを始動させた。まず始めに，対極をなす両プログラムの概要を簡単に説明しておこう。両プログラムの相違点は，**図表6-4**に示してある。

A社のプログラムは，自社の知財を社外に開示し，その知財を使って新規事業を立ち上げたいスタートアップ企業を公募するプログラムである。まず毎年社内の各部門の責任者に対して，プログラム利用の意志確認を行い，手のあがった部門の知財を社外に公表し，申請のあったスタートアップ企業と当該部門との橋渡しをプログラムの運営チームが行う。一連の流れとしては，書類選考を通過したスタートアップ企業によるプレゼンテーションの場を経て，採択された企業と具体的な協業プランの検討を重ねて，その活動プロセスや事業計画を発表する報告会が開催されている。

大企業とスタートアップ企業とが協業する場合，そこにはどうしても目に見

図表6-4　調査対象企業のプログラムの相違点

	企業A	企業B
導入時期	2015年	2016年
イノベーションの主体	社外企業家	社内企業家
イノベーションの源泉	社内技術と社外技術の新結合	社内のアイデアと技術の新結合
事業化の過程	ビジコン・スタイル	ビジコン・スタイル
スピンオフ企業数※	0	2

（注）そもそもA社のプログラムは社内ベンチャーではないのでスピンオフを目的としたものではないが，ここではスタートアップ企業とのジョイントベンチャーとして法人化した企業はまだ創業していないため0と表記している。
（出所）新聞・雑誌の記事やインタビューを基に筆者作成

えないパワー関係が作用してしまい，うまくいかないことが少なくない。こうした問題を解決するために，各部門の責任者に手をあげてもらう際，スタートアップ企業と同じ目線で事業化に向けて強くコミットメントしてもらえるか，プログラム運営メンバーで審査することにしている。

一方，Ｂ社は，ビジネスアイデアを持つ社員を社内公募し，企画書の提出後に書類審査を通過したものに対して，さらにその事業計画をブラッシュアップさせるため，マーケティング活動を行ったりスタートアップのための能力開発を行ったりして事業の実現可能性を何度も検証し，当初50ほどある案件は最終的には２～３件にまで淘汰される。数件にまで絞り込まれた事業案件の出口は３タイプあり，製品に最も関連のある事業部門で事業化を進めるパターン，プログラム運営チームが引き取り事業化を進めるパターン，そしてＢ社や他社が出資して創設したベンチャーキャピタルから出資を受けてスピンオフして事業化するパターンである。

旧社内ベンチャー制度との大きな相違点は，事業化のプロセスにおいて，社長直下のプログラム運営チームがパトロンとなり事業化をサポートしていることにある。旧制度では，企画提案者が事業化に向けてプロジェクトを推進させる過程で所属部門の上司や部門長の干渉があった。しかしながら，先述したようにスケールアップを得意とする上司や部門長は，事業規模の小さいスタートアップのビジネスアイデアを正当に評価し理解を示す眼鏡が曇りがちになり，どうしても事業化の足かせになってしまう。現行プログラムでは，こうしたノイズを低減する役割をプログラム運営チームが徹底して行っている。

また，事業化計画を洗練させるため，必ず企画内容を社外の目にさらす場を設けている点も旧制度との大きな違いになっている。具体的には，スタートアップ企業やベンチャーキャピタルが集うネットワーキングの祭典でプレゼンテーションをさせ，フィードバックを受けることを義務づけているのである。外部から評価を受けることで，第三者から客観的な視点でフィードバックがもらえ，事業化の実現可能性を高められるアイデアが獲得できる。また，外部から高い評価を受けた場合，事業化へのモチベーションが飛躍的に向上すると同時に，高い評価を受けたことが事業化に向けて社内のステークホルダーを説得する貴重なマテリアルにもなる。加えて，既述したように企業家的行動の重要な要素の１つとしてネットワーキングが指摘されており（金井, 1994），独立企業家のように人脈づくりを通じて様々な経営資源を獲得するアドバンテージを企業内企業家にも疑似体験させる意義があるだろう。

3）発見事実と示唆

さて，こうしたイノベーション主体に対するポリシーが対極をなしている両社のプログラムだが，Ａ社のプログラム設計者Ｍ氏とＢ社のプログラム設計者Ｆ氏に，両プログラムが企業内企業家精神の醸成に与えている影響力について尋ねると，大変興味深い事実が発見できた。

まず，プログラムを創設しようと思ったトリガーは何だったのか聞いてみると，Ｍ氏もＦ氏も海外勤務での体験が深く関係していた。Ｍ氏は社内の公用語が日本語に傾倒しているため，海外の現地スタッフには日本の本社から発信されている情報が十分に届いておらず，意思疎通が取りにくい事態をゆゆしく思っていた。そこでAIを使った翻訳ソフトを開発し社内での利用だけでなく社外へ販売していく事業を構想し，このビジョンを形にするための受け皿としてオープン・イノベーションを企図した全社的なプログラムづくりに奔走するようになる。また，Ｆ氏は大規模な事業の撤退に伴い海外の現地スタッフが大量に解雇されていく様を目の当たりにし，性能を追求した「モノ」としてハードウェアをつくる時代の終焉を感じ，「コト」や「サービス」のような付加価値をハードウェアに付帯させてプロダクト・イノベーションを生み出さなければならない新しい時代の到来を予感したという。そして，そうしたソフトとハードを融合させたものづくりでは，とかく技術や性能に目が奪われがちな開発スタッフの理系知と，常にユーザー目線で製品を眺められる営業スタッフやマーケティングスタッフの文系知とを新結合させる仕組みが社内に必要だと考え，プログラムを創設することを決意する。ちょうどAppleの創業者スティーブ・ジョブズが，技術者ではなかったがゆえにデザイン思考で数々のプロダクト・イノベーションを同社から世に送り出せたのと同じように，Ｆ氏もまたＢ社にデザイン思考に基づいた「カデン」を生み出すインキュベーションとしてプログラムをデザインしている。

実はM氏もインタビューの中で,「エンジニアは事業運営があまり得意ではない」と語っており,技術の宝庫であるA社とそうした技術をうまく事業化に漕ぎ着けられるスタートアップ企業とを結びつけることで積極的にイノベーションを起こしていきたいという思いからプログラムを企図しており,文理の知の新結合をイノベーションの原動力にしたいという発想は,両社のプログラムとも通底している。この点に関して,アブレル&カリアライネン(Abrell & Karjalainen, 2017)も,エンジニアが企業内企業家になると,自らの事業アイデアを組織内で正当化する過程において極めて重要性を帯びるビジネスモデルの洗練化を疎かにしてしまう傾向があり,だからこそ彼・彼女らの事業化スキルの開発を組織的に支援する必要性を説いている。こうした組織的支援は,A社ではプログラム運営スタッフや他社のスタートアップ企業人達が,B社では人事部門やプログラムを利用して事業化に成功した企業内企業家が担っている。

プログラムのデザイナーである両氏のこのような体験はプログラムのポリシーに強く反映されており,そのキーワードは「自分事化」と「エッジ(edge:辺境)」である。

最初のキーワードである「自分事化」に関して,上述したようにM氏もF氏も自らの問題意識を解決すべくプログラムを創設しており,まさにプログラムそのものが彼らの自分事化の中から生成されている。その事業化における「自分事化」の意味や意義には,プログラムを利用してイノベーションにチャレンジしようとしている人達とも共有したいとの強い願いがあり,M氏の「仕組みを作るのが得意な人にアウトカムの出せない人が多い」というディスコースや,F氏の「とにかく現場に足を運び,社会のリアルな問題に向き合い,現場の人々が抱えているリアルな課題に共感しないとダメだ」というディスコースには,構想する事業を「自分事化」して初めて事業の実現可能性が担保されるという哲学が横たわっている。この哲学は,A社においてプログラム利用者を公募する際,知財の所管部門の責任者にスタートアップ企業との協業に徹底的にコミットメントしてもらう覚悟を問いスクリーニングしている点や,B社においては毎年50を越える申請案件が最終的には数件にまで淘汰される厳しいプロセスの中で絶えずフィージビリティースタディーが繰り返されている点に色濃く表れている。

次の「エッジ」は，両氏とも海外勤務での苦い体験がプログラム創設のトリガーになっていたが，そうした本社と海外の境界ないし本社の縁に身を置き外界との相互作用を行うことは，先述した「ヨソ者」としてのイノベーターになる必須の条件になることを経験的に彼らに内省させていたように思われる。実際，社外のスタートアップ企業との相互作用を通じてオープン・イノベーションを生み出そうとするA社のプログラムはもちろん，社外のスタートアップ企業のネットワーキングの場で他流試合をさせるB社のプログラムにも，イノベーションは常に組織のエッジから生成されるという彼らの制度ポリシーが貫かれている。

最後に，二人のインタビューイーへプログラムが企業内企業家精神の育成にどのような影響を与えているか尋ねてみたところ，両プログラムともスタート時の利用者はそれほど多くなかったが，現在の利用者数は当時と比べて圧倒的に増加していることから，一定の手応えを感じていた。例えば，A社の場合，周囲の部門責任者がプログラムを利用し始めると良い意味でピアプレッシャーが働き，申請数が飛躍的に向上したという。また，スタートアップ企業と協業することで，彼・彼女らの企業家精神が社内に伝搬し，大企業ゆえに失われつつあった事業化へ向けた柔軟な発想やスピード感が取り戻されつつあり，以前と比べて事業規模の重圧から少しだけ解放された様子が見て取れるようになったようである。また，B社でもプログラムを通じて事業化に成功した人がメンターとして介入することで，彼・彼女らが等身大のキャリアモデルとして周囲の従業員を刺激していることに加え，社外のスタートアップの企業家や投資家との接触が，企業内企業家精神を加速させている。こうした事実は，前節最後に考察した「ルールを逸脱して事業の革新性を追求する非常識な（＝常識を疑う）バカ者」として「優秀な社員」との接触頻度を高め，組織風土という状況を再定義することを通じて自己のアイデンティティを再定義させる方法が一定の効果を持つことを例証していると言えるだろう。

4 ミドルを中心に据えた企業内企業家精神を育む制度設計

本章最後に，改めて企業内企業家精神を育成する組織環境について，とりわけミドルを中心に据えながら考察していくことにする。クラッコら（Kuratko et al., 2005）は，ミドルによる企業家的行動のモデルを**図表6-5**のように示している。

このモデルは，ミドルによる企業家的行動を促進する組織的な先行要因として，（1）経営層からの支援（management support），（2）仕事の自由裁量や自律性（work discretion / autonomy），（3）報酬や強化（rewards/reinforcement），（4）時間的自由度（time availability），そして（5）組織の境界（organizational boundaries）の５つが設定されており，その結果ミドル自らの企業家的行動が促されると同時に，ミドルが周囲の企業家的行動を促進し，その結果個人レベルと組織レベルの成果が生み出される関係を図式化したものである。企業内企業家精神を醸成する組織の環境整備という観点から同モデルにおいて重要性を帯びる部分は，

図表6-5　ミドルレベルのマネジャーの企業家的行動に関するモデル

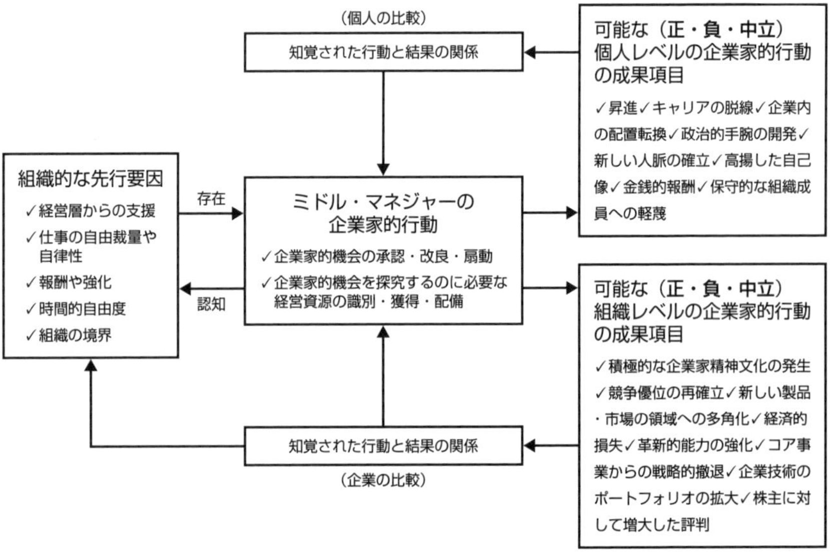

（出所）Kuratko et al.（2005），p.701を筆者修正

言うまでもなく5つの組織的な先行要因である。さらに，クラッコら（Kuratko et al., 2005）によると，トップやロワーなど他の管理階層と比較して，ミドルは組織内での様々な利害関係のゲートキーパーになることが多いため，周囲の企業家的行動の触媒者としての重要な役割も指摘されている。したがって，企業内企業家精神を育成する環境整備という観点から，上記のミドルに企業家的行動を促すための組織的先行要因に加え，ミドルが周囲の企業家的行動を促す役割についても言及する必要がある。個々に見ていこう。

組織的な先行要因の最初にあげられている「経営層からの支援」とは，必要な経営資源を付与したり革新的アイデアを擁護したりするなどして，トップがミドルの企業家的行動を促進するための意志表示やビジョン提示をすることを指す。次の「仕事の自由裁量や自律性」は，トップが失敗に寛容であったり，過度な監視から解放したり，あるいは権限や責任を付与することで，ミドルの主体的な行動を見守る姿勢を示すことである。「報酬や強化」は，言うまでもなく企業家的行動を行った結果として成果をあげた場合の報酬の用意や，仮に成果をあげられなかった場合でも挑戦したことを評価することで，企業家的行動を根づかせる施策のことである。「時間的自由度」は，イノベーションを追求する時間の確保のため仕事量の負荷を考慮したり，短期や長期の目標を達成しようとする努力を支援するような組織的な仕組みを作り上げることを指している。最後の「組織の境界」とは，組織的作業から期待される結果についてのきちんとした説明や，イノベーションを評価し，選定し活用するためのメカニズムの開発を意味しており，これらは結果として環境と組織の間や組織内の部門間の情報フローを円滑にする機能を有するものとして位置づけられている（Kuratko et al., 2005, pp.703-704）。

一方，ミドル自らが企業家的行動を行う際の役割と，周囲の企業家的行動の触媒者としてのミドルの役割とが，**図表6-5**の中央の四角い枠組みに書かれている。後者の触媒機能を担うために，（1）承認（endorsement），（2）改良（refinement），そして（3）扇動（shepherding）という役割が設定されている。「承認」とは，組織のロワーレベルから創発する企業家的自発性を評価し，政治的な支援を行ったり意図的に行わなかったりする意思決定を行う役割である。その際，トップレベルから来る企業内企業家精神の視点を是認し，ロワーや末端の従業員に価値創造力を売り込むことを含意している。「改良」とは，企業家的機会を，組織，既存の戦略や経営資源あるいは政治的な構造に適合するものへと整形する役割のことを意味している。そして，「扇動」は，組織に横たわるルールを巧みに操作すること，すなわち官僚制を操ることで，周囲の企業家的自発性（entrepreneurial initiative）を擁護したり導いたりすることを指している。とりわけ，ミドルは組織運営の中核に位置し官僚的手続きを日々観察せざるを得ない状況にあるがゆえに，ルールを逆手に取って周囲の企業家的行動を正当化する役割が期待される立場となる（Kuratko et al., 2005, pp.705-706）。

さらに，ミドル自らが企業家的行動を起こす際の経営資源の「識別（identification）」，「獲得（acquisition）」そして「配備（deployment）」の役割も，周囲に企業家的行動を促す役割と密接に関連しているので若干触れておこう。「識別」とは，企業家の構想を現実の事業へと変換するのに必要な経営資源を見分けることである。また，「獲得」は，「識別」によって必要だと判断された経営資源をどこでどのようにして入手できるかの情報を収集した上で，それらを獲得するために説得したり交渉したりする役割である。ロワーはその裁量権の幅が狭いことから，企業家的行動を起こそうとする際に経営資源を制約要件として捉え得る傾向にあり，反対にトップは大きな裁量権があるため既に確立された事業を支援する際の資源の配置に責任を感じる傾向にある。ミドルはこうした両管理階層の溝を埋める役割を担う場合が少なくないが，その際この「獲得」という役割が強く求められる。最後の「配備」とは，例えば，集積した経営資源は企業家的自発性を生み出すのにどのように構成されるべきか，現在の経営資源はその自発性の支援においてどのように動員あるいはてこ入れされるべきか，資源の配分過程の時期，企業家的機会の追求において分配される経営資源の水準や種類等々，多様な意味を含意している。

このようなミドルによる企業家的行動の醸成あるいは企業内企業家精神の発揮に関して，クラッコ（Kuratko, 2017）は，4つの重要な取り組むべき課題があることを主張している。1つ目は，機会を巧みに扱うことで，組織のハードウェア（戦略，組織構造，システムや手続き）が組織メンバーの行動指針になる一方で，組織のソフトウェア（文化や風土）は企業家的活動を受容したり拒否したりする中心的な場として作用するため，ミドルは周囲の企業家的行動を促進するための場づくりに積極的に関与する必要がある。2つ目は，行為を巧みに操ることで，組織メンバーの企業家的行動が組織の利害と一致するように仕向けること，3つ目は，コントロールを上手に行うことで，イノベーションへの努力を成功に導くための規則や方法などを含む統制と促進のメカニズムを開発することである。最後の課題は，苦悩や悲嘆の感情を制御することで，失敗のリスクが常につきまとう企業家的行動にあって，仮に失敗に直面した場合そこから心理的に回復する力が求められることを指摘している（Kuratko, 2017, pp.167-168）。

この心理的な回復力は，組織内に減点主義がはびこっており，失敗を許容する風土の乏しい日本企業においてはことさら重点課題として位置づけられるだろう。シェファードら（Shepherd et al., 2013）は，企業内企業家精神を発揮してプロジェクトに取り組んだ結果，失敗に終わった際，その失敗が個人の学習や感情，さらには組織を去る（離職する）モチベーションにどのような影響を及ぼす可能性があるかについて，**図表6-6**のようなモデルを提示している。

彼らによると，企業内企業家精神に関する先行研究の種々のモデルは，企業家的行動の先行要因，企業家的行動の要素，そして企業家的行動の結果に焦点を当てるものに大別でき，最後の結果に焦点を当てた研究では，例えば，企業内企業家精神がもたらす競争的能力や財務的成果への影響などの肯定的な結果

図表6-6　複合的なプロジェクト失敗による従業員の負の感情と離職モチベーションに関するモデル

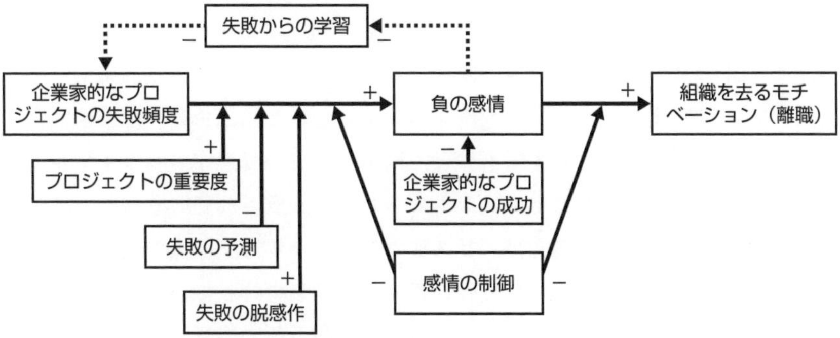

（出所）Shepherd et al.（2013），p.883を筆者修正

にばかり目が向けられてきたが，自分達のモデルは否定的な結果にスポットライトを当てている点で希有なものだと主張している。そして，**図表6-6**に示されているように，失敗頻度と負の感情とが正の相関関係にあるけれども，その関係性にプロジェクトの重要度と失敗の脱感作（desensitization）が正の影響を，失敗の予測と感情の制御が負の影響を与える媒介変数として位置づけられている。また，失敗から学習しようとする姿勢は失敗頻度と負の関係にあり，言うまでもなく負の感情と離職には正の関係が示されている。

ただし，シェファードらのモデルは，負の感情をコントロールする手段として企業内企業家個々人の感情の制御能力にその多くを依存しており，組織的な介入については深く言及されていない。しかしながら，個の能力に委ねてしまうと，能力の高低によって企業内企業家精神の発揮が規定されてしまうので，組織全体で企業内企業家精神を発揮しやすい風土を築き上げるためには，失敗に伴う負の感情を受容し回復する能力や，失敗から学習する能力を組織的に構築するメカニズムが不可欠である。先述したように，失敗に対する包容力や抵抗力に乏しい日本企業において，このような組織能力を高めることは，企業内企業家精神を旺盛にする上で喫緊の課題と言えるだろう。こうした課題に対処する近年の研究動向として，組織レジリエンス（例えば，Lengnick-Hall & Beck, 2005）や高信頼性組織（例えば，Weick & Sutcliffe, 2015）に関する研究を指摘することができる。これらのアプローチから日本企業を分析する研究（例えば，水野, 2019; 中西, 2007）も現れつつあり，今後の研究課題としたい。

ところで，グッデールら（Goodale et al., 2011）は，先ほどの企業家的行動を促す５つの先行要因とイノベーション成果との関係におけるオペレーションコントロールの調整効果について，階層的重回帰分析を用いて実証的に明らかにしている。調整変数のオペレーションコントロールとは，企業内企業家活動に伴うリスクをコントロールするものと，同活動において遵守すべきルールや手続きなどを徹底させるプロセスコントロールから構成されている。そして，彼らの分析結果によると，例えば，リスクコントロールは，組織の境界とイノベーション成果との関係性に対して強い正の調整効果を持っているが，時間的自由度とイノベーション成果との関係に対しては強い負の調整効果のあることが分かっている。こうした分析結果から，彼らはこれまでの企業内企業家精神に関する研究が，企業家的行動を制限する種々の要件を排除し企業内企業家を過度に神聖化しており，企業家的行動に関する自由度を適度に制限したりルールによって規制したりするコントロールの要素を過小評価してきたことに警鐘を鳴らしている。

グッデールらの研究成果は，放任と委任は似て非なる概念であるように，企業内企業家に過度な自由度や自律性を与える放任主義は，むしろ組織の生産性を低下させ（Kuratko & Goldsby, 2004），場合によっては組織を崩壊に導いてしまうことすらあるだろうから，ある一定のコントロール下で企業家的行動を許容する委任主義の重要性を説いていることに他ならない。自由と統制のバランスは，コンティンジェンシー理論の分化と統合に関する命題にも表れているように，古くて新しい問題である。この問題に関して，バーキンショウ（Birkinshaw, 2003）は，同じ総合エネルギー企業でありながら生死の明暗を分けたBPとEnronなどを事例に取り上げ，方向づけ（direction）と境界（boundaries）とのバランスや裁量の余地（space）と支援（support）とのバランスをどのようにとるべきかについて，トップが考えるべきいくつかの具体的なガイドラインを指南している。

まず方向づけに関して，当該企業にとって競争的な経営環境における変化の兆しが見て取れたら，まずは広範な方向づけを設定し，それを再評価する。次に，新しい製品やサービスを企画している部門から受け取った情報や当該企業のあるべき姿やビジョンを繰り返し言葉にして発しながら部門間を調整し，既存の方向性の範囲の中で行われる努力を補強する。

境界とは，企業が経営を行う上での法的，規則的，あるいは道徳的な制限を指しており，事業を破壊するような極めて重要な境界を識別し，そのような境界を尊重する行動規範を組織メンバーに埋め込み，従わない者は場合によって解雇するような手段を講じて，境界に対する見方を強化する。次に，自発性を維持するために，あまり重要でなく厳格なコントロールを必要としない境界を見極め，そうした境界の範囲内では行動準則や価値声明のような行動を規制するルールを可視化しながら自由度を与える。

裁量の余地に関しては，目標設定と目標達成とを明確に区別し，目標設定は，注意深く管理され非常に明確に定義された活動の中で行われるべきであり，裁量の余地は小さくする一方で，目標達成は組織メンバーに大幅な自由度を与え裁量の余地を大きくするのが望ましいとされている。

最後の支援は，組織メンバーが助けを必要とした時に駆け込める場所を十分に用意すると同時に，キャリア開発の責任は個々に負わせるが，企業は各自の才能と当該事業で必要とされる才能とのマッチングを常に最適に保ち，組織メンバーの努力が報われる場を設定する。また，こうした最適化の過程において部門間の人材の流動性を確保することも重要とされている。

企業内企業家精神は，トップ，ミドル，ロワーと様々な管理階層で発揮されるべきものだが，先述したように，トップやロワー，あるいは他部門の同僚など，組織内の多様なステークホルダーとの接触頻度の高いミドルが積極的に企業家的行動を取ると，組織内での観察学習の場が多く創造され，組織全体の企業内企業家精神の活発化に大きな影響力を持つだろう。また，既述したように，自らが企業家的行動を発揮する場合も周囲にそれを発揮させる場合でも，組織内の政治力や官僚制を巧みに操る手腕が求められ，そうした手腕に精通しているミドルが企業内企業家精神発揮の主体になることは極めて合理的である。しかしながら，逆説的には政治力や官僚制を熟知しているがゆえに，それらが足かせとなり企業家的行動を取れないでいる日本のミドルが散見されるのもまた事実である。前節で若干考察したが，とりわけ企業規模の大きい組織の中でイノベーターとしてミドルが積極的にバカ者になるためには，彼・彼女らのアイデンティティをリセットするような制度設計が日本の社内ベンチャーには必要だということが大きな課題として残されていることを最後に強調したい[4)]。

本章では企業家的ミドルの育成インフラとして社内ベンチャーに言及してきたが，次章では議論をもう少し推し進めて，企業家的ミドルによるネットワーク・リーダーシップに対して示唆を与えるリーダーシップ開発の方法や，企業家的ミドルのネットワーク・リーダーシップを通じた学習について論じていくことにしよう。

4） 本章で行われた調査は専修大学経営研究所から受けた研究助成（2014年度）の成果の一部である。記して謝意を表したい。

第7章

語りによるリーダーシップの開発と越境学習

本章では，まずリーダーシップ開発における語りのアプローチの可能性について検討していくことにする。ただし，本書で考察の対象となっている「企業家的ミドルによるネットワーク・リーダーシップ」に特化した能力開発を必ずしも検討するわけではない。階層組織内部で発揮するリーダーシップと，組織内部ほど階層関係が強固ではない組織外部でのネットワーク・リーダーシップとでは，能力開発の方法が異なるかもしれない。また，アントレプレナーシップが事業やイノベーションを創造する過程の概念であるのに対して，リーダーシップは組織を創造する過程の概念だとする論者（例えば，Cogliser & Brigham, 2004）もおり，優先すべき創造の対象が異なる両概念から派生する各能力の開発方法は根本的に違うのかもしれない。それゆえ，通常のミドルではない「企業家的ミドル」固有の育成方法が存在するのかもしれない。

しかしながら，事業，とりわけ大きなそれを創るためには，事業を創りながら同時に盤石な組織も創り上げなければならないことは必至である。むしろ，経営実践の現実に目を向けてみれば，チームや組織が創られてから事業が創られている場合が少なくない。したがって，仮にリーダーシップという土台の上にアントレプレナーシップが存在するのであれば，リーダーシップ能力を開発することは，アントレプレナーシップ能力を開発する基本前提に位置づけられるだろう。加えて，上述したように組織の内部と外部で発揮されるリーダーシップには相違があるのでその開発方法も異なるのかもしれないが，階層関係やそれに伴うパワー関係の強固な組織内部を想定したリーダーシップの開発は，そうしたしがらみが相対的に弱い組織外部でのネットワーク・リーダーシップの開発に汎用可能性があるだろう。そこで，本章ではこれらを区別せずに，全般的なリーダーシップの開発方法について検討することにする。

さて，リーダーシップは，組織内の人事部や組織外の人材コンサルタントなどが主導して行われる研修のようなフォーマルな学習（Off-JT）を通じて行われる場合もあれば，リーダーシップを発揮する実践経験のようなインフォーマルな学習（OJT）を通して開発されることもあるだろう。後者のような仕事や職場の非公式な文脈の中で促される学習は，ワークプレイスラーニング（workplace learning：WPL）と呼ばれる（荒木, 2008; 中原・荒木, 2006）。さらに，WPLという概念自体が拡張し，職場という組織内のみならず組織の境界を越えたWPLは越境（boundary crossing）学習と呼ばれ，学習者自身や学習者の所属する組織に様々な学習効果が期待されることから，近年急速に脚光を浴びている（例えば，荒木, 2008; 石山, 2018; 香川・青山, 2015; 中原, 2021; 辻ら, 2017）。第4章では企業家的ミドルによる組織外部でのネットワーク・リーダーシップの発揮が，組織に様々なイノベーション機会を付与する可能性を検討したが，企業家的ミドルはまさにこの越境学習を行う存在である。

ところで，様々な学問領域で，ポストモダンやポストモダニズムと呼ばれるパラダイムが台頭して久しい。雑多な理論を包括しようとするこれらのパラダイムは，その雑多性ゆえに研究の視座や方法の多様性をもって，モダンが志向した科学の客観性や機能合理性に対して異議を唱えている。経営学の分野でも，こうした潮流の影響を多分に受けた研究が国内外を問わず散見され，市民権を得るようになった。とりわけ，ポストモダンの一角をなす社会構成主義を支柱に，ナラティブ・アプローチ，組織ディスコースやストーリーテリング，あるいは批判的アプローチなどの鍵概念が経営学研究の中に持ち込まれてからそれなりの時間が経ち，と同時に従来の研究の目的や方法論の再構築も模索されている（例えば，Alvesson & Willmott, 1992; Boje, 2001; Brown et al., 2004; Gabriel, 2004; Grant et al., 2004）。

本章では，上述した問題意識や経営学におけるポストモダンの趨勢にあって，組織における語りに着目することが，経営学や経営教育学にどのような示唆を与えてくれるかを考察することから始める。次に，筆者が携わったMicrosoft株式会社日本法人（以下MS社）のマネジャーの育成プログラムの概要を紹介し，語りを用いたリーダーシップ開発の可能性について言及する。そして，語りを通じたリーダーシップ開発を補完するための２つのアプローチについて若干考察し，最後に本書でこれまで考察してきた企業家的ミドルの意義について，改めて越境学習の観点から論究する。

1　組織における語りとリーダーシップ研究

1）経営学での「語り」に関する分析の視座と示唆

「語り」に英語をあてがう際,「discourse」や「story」, あるいは「narrative」などが想定されるだろう。これらの構成概念が経営学で使用される場合, 本来何に着目して「語り」を扱うかによって使い分けされるべきである。しかしながら, 現時点では必ずしも研究者間で統一的な見解がないので, 本研究では福原（2005）に準拠して, 語られる「内容」に着目する場合は「ストーリー」, 語られる「方法」に着目する場合は「ディスコース」を, そしてこれら両者を対象とする概念として「語り（narrative)」を使用する。したがって, ここでの「語り」は,「discourse」や「story」などを含む包括的な意味として位置づけることとする[1)]。

用語法の整理を行った上で, 次に経営学において語りに着目する際の研究アプローチについて若干触れておこう。福原（2005）によれば, 経営現象を分析する際, その対象として経営実践家の語りに焦点を当てる研究者の研究関心は, 次の3つのタイプに分類することができる（福原, 2005, 69-76頁）。すなわち,（1）語りが周囲への説得やビジョンの浸透などにおいてどのような機能を有するかに注目する機能的アプローチ,（2）語りの中のシンボルやメタファーなどの構造や意味を分析する解釈的アプローチ, そして（3）語りに内在するパワーの形成過程の解釈および語りの中の言説の政治的作用を究明しようとする批判的アプローチである。

さて, そもそも経営学において組織の語りに注目する意義は何だろうか。それは, 簡潔に述べれば, 語りのような定性的研究の材料を分析することで, 定量的研究で看過されがちな組織の内部プロセスの因果関係を紐解くことにある。

1） 例えば, Czarniawska（1998）は, narrativeに筋（plot）が付加されたものをstoryとし, narrativeを上位概念に位置づけている。しかし, これらの用語は同じ意味でも異なる用語が用いられていたり, 違う意味であっても同じ用語が用いられたりと, 研究者各様で濫用されているのが実情である。福原（2005）は隣接諸科学を参考にして錯綜する用語法について, 研究便宜上の整理を行ったに過ぎない。詳細は福原（2005）56-61頁を参照されたい。

つまり，語りを分析対象とすることは，「組織」ではなく「組織化」を探求することである（Czarniawska, 2008; 福原, 2005）。実際，既述したように，リーダーシップや組織変革あるいはパワー・ポリティクスなど，組織現象の非決定論的側面を究明したり，文化やアイデンティティなど組織の不可視な部分の詳細な因果関係を捉えようとしたりするために，経営実践家の語りを分析の対象とした研究に関心が寄せられている（例えば，Boje, 2001; Doolin, 2002; Gabriel, 2004; Heracleous & Barrett, 2001; Stevenson & Greenberg, 1998; 高橋, 2002）。

2）リーダーシップ研究と語り

このように，組織の語りを分析の俎上に載せる際，従来の法則定立的な因果関係を志向する経営学研究とは，必然的に究明しようとする組織現象，方法論，さらには構成概念もまた異なる。金井（1998）は，経営実践家が日常の経営活動において使用する言語を一次的構成概念，それら日常言語のいくつかを意味のまとまりで括り抽象化されたメタ言語を二次的構成概念とし，前者の探求を目指す経営学の現象学的アプローチとして語りに着目している。さらに語りに関して，金井（2000）は，自己や身近な周囲の経験についての語りをライブケースと称し，見ず知らずの第三者によって作成されたケースと比べて，より深い内省や自分事化を容易にさせるライブケースはリーダーシップ能力を開発する上で非常に有効なことを主張している。また，ドキュメント化された語りを題材に経営教育を行うケース・メソッドの重要性を指摘している辻村（2001）は，経営学者の存在意義は一次的構成概念の発掘方法やそれを経営実践家へ感得させる方法を解明することにあるとしている。福原（2005）はこれらの議論を踏まえて，リーダーシップ研究において，先述した機能的，解釈的，および批判的アプローチそれぞれの立場から語りを分析することの有効性を既に検討している。

ここで「リーダーシップ研究」を，リーダーシップを構成する要素間の因果関係の解明やリーダーシップという構成概念自体を再考する契機になるような研究視座を内包する「リーダーシップ論」と，経営実践家にリーダーシップという技能や能力を体得させることやキャリア開発の方法を探求する「リーダーシップ開発」とに大別しよう。そして，語りの内容に着目するストーリー分析は，主にリーダーの語りの構造やメタファーに留意する解釈的アプローチなので，リーダーシップという（一次的）構成概念そのものを再考する契機になる。また，語り方を注視するディスコース分析は，語りが持つ周囲への影響力に焦点を当てる機能的アプローチであることから，リーダーシップを発揮する手段（ツール）としての語りの究明に有効になる。さらに，語りの分析を通じて組織に流布していた支配的価値観の再解釈や，パワーが生起する語り中の言説の機能を探求しようとする批判的アプローチにあっては，既存のリーダーシップ概念を批判的に解釈することで新たな一次的構成概念を導出する可能性があることに加え，発話の政治的機能に着目する場合はリーダーシップ・ツールの究明にもなる。そして，これらのプロセスをリーダーにフィードバックすることによって，彼・彼女らの内省力やキャリアの事後的意味づけを通じた動機づけにも繋がるだろう。以上を要約すると，**図表7-1**のように整理することができる。

第1章でも触れたように，リーダーシップのコンティンジェンシー理論以降，リーダーシップに関する研究はフォロワー志向の研究が立ち現れるようになる。それと平行して，リーダーシップのコンティンジェンシー理論はその後研究がさらに成長発展することなく衰退の一途をたどった。こうした背景には，リーダーシップに関する因果関係の解明とその因果関係を実践することとに乖離が

図表7-1　「語り」と経営学研究およびリーダーシップ研究との連関

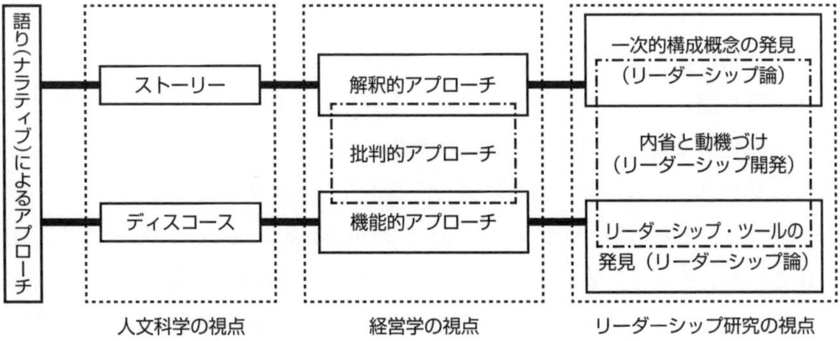

（出所）福原（2005），76頁を筆者修正

生じ，理論としては使えても実践としては使い物にならないことが指摘できる。例えば，リーダーはどうしても自己のパーソナリティという重力に引かれてリーダーシップを発揮してしまう傾向があり，理論上フォロワーの成熟度やタスクの難易度などリーダーの置かれた状況とリーダーシップ・スタイルとの適切な関係が頭の中では理解されていても，経営実践の場でリーダーが状況に応じて柔軟にリーダーシップ・スタイルを様変わりさせられるかは別問題だからである（福原, 2005）。リーダーシップ研究のリガー（rigor：学術的な厳密性）・レリバンス（relevance：実践的な妥当性）問題である（例えば，Carroll et al., 2018; Tsui, 2021）。

こうした研究限界に加え，そもそも非決定論的で事後的判定概念でもあるリーダーシップという行為の中から，法則定立的な因果関係を抽出すること自体が，少なくとも経営実践家に対して有益な実践的示唆を与えるとは考えがたい（福原, 2005; 辻村, 2001）。むしろ様々な状況で意思決定を迫られる実際のリーダー達にとっては，メタ言語として抽象的に語られがちなリーダーシップに関する理論よりも，たとえそれが個別解でしかないとしても，現在置かれている状況に意味をあてがい（Weick, 1995），自らの価値判断や意思決定の基軸を揺るぎないものにする動機づけの要因として，様々な優れたリーダーの語りを読解することの方がはるかに実用的で有用かもしれない。事実，リーダーシップ理論の書籍よりもリーダーの自伝的書籍の方が多くの実務家達に愛読されている印象すらある。

さて，既述したようにリーダーシップ研究を 2 種類に分類した場合，本章で主な考察の対象となるのは，リーダーシップ開発と語りとの関係性についてである。詳細は後述するとして，リーダーシップのスキルやコンピテンシーを開発する際，語り手にとって，自己の語りをドキュメントのような形式知へと変換し表出化することには，次のような効果が期待できる。すなわち，語りを導出するプロセスにおいて，当時は気づかなかった意味が新たに付与され，内省力が高まる（金井, 2000; McIlveen & Patton, 2007; White & Epston, 1990）。また，表出化されたドキュメントが教育研修の場でライブケースとして配布されたり（金井, 2000），社内のイントラネットで自由にアクセスできるようにして仮に組織全体に共有されると，語り手は承認欲求のような内発的報酬が充足され，動機づけという観点からもリーダー育成の効果が期待できるだろう。さらに，語り手だけでなく聞き手もまた，語りから得られる教訓や箴言が脳裏に刻印される効果は，前章でも若干触れたように成功した語りよりもむしろ，失敗した語りの方がはるかに高いことは自明である（畑村, 2002）。

そこで，次節ではMS社におけるマネジャーの失敗の語りをケース・ライティングしたプロジェクトの概要を紹介し，組織における語りがリーダーシップ開発にどのような示唆を与えてくれるか考察していくことにする。

2　語りを用いたリーダーシップ開発の事例

1）背景

外資系企業であれば程度の差こそあれ，厳格な業績評価が従業員達に突きつけられるものだが，MS社も多分に漏れずこうした外資系特有の組織文化が根強い企業の１つである。その是非は別として，従業員一人ひとりに成果を常に求める場合，自ずと求められる側は自分の達成した成果を自己に原因帰属して考えがちになる（Weiner, 1986）。それゆえ，集団や組織全体よりも自己の成果に目が奪われがちになる。個人主義は，当該組織の中核的能力やその支柱であるコア人材のように，長期にわたって育成しなければならない経営資源の蓄積の阻害要因になりかねない。そんな危機意識を持った同社人事部のスタッフがマネジャー育成プログラムの開発依頼を筆者に打診してきたのは2007年５月の初旬頃だった。

MS社では上記のような組織文化が浸透した状況下で，2007年度の人材育成プログラム[2)]辺りから，人事部が単にビジネス・スキルを得るという静的なOff-JTの位置づけではなく，よりダイナミックな次世代リーダーの育成を模索していた。2008年度になると，「Leaders Building Leaders: LBL」なる理念を掲げ，リーダー育成のキャリアモデルを階層化し，メンタリング制度やLearning

2）当時MS社の会計年度は７月から翌年６月であり，「Expo（Exploring Management Event）」と呼ばれるOff-JT型人材開発プログラムが定期的に開催されていた。

Circlesなど[3]，潜在力の高い次世代リーダー候補群（MS社ではEmerging Leaderとも呼ばれる）から次世代のリーダーを選抜・育成していくインフラが構築される。

人事部が，ケース・メソッドを用いた新しいリーダー教育プログラムを自社独自で開発しようとする契機になったのは，上記のLearning Circlesというプログラムに参加したマネジャー達の「ここだけでしか話せない」という語りの場だった。ここでの失敗談を共有することこそが，次世代リーダーのキャリア・トランジッションにとって極めて有意義だったと評判になる。そうした共通認識が何人かのマネジャー達から湧き上がったことが，ライブケース開発のドライビングフォースになり得たと，ケース開発プロジェクトの中心人物だった人事部のK氏は，後に振り返っていた。

2）語り（ケース）の開発プロセス

筆者は，2007年6月にK氏から上述の経緯について説明され，ケース・ライティングの依頼を受けることとなった。ケース活用の第一義的な目的は，MS社の次世代リーダー養成プログラムにおいて，同プログラムに参加するメンバーがマネジャーというポジションに就いた際，様々な精神的プレッシャーから解放され，円滑にキャリアシフトが促されることにあった。

MS社では，既存のマネジャー研修プログラムにおいて，彼・彼女らのこれまでの職務上の出来事を振り返って，自らキャリアを意味づけたり内省を促すために，セルフ・ストーリーを断片的にトランスクリプトさせる試みが行われていた。具体的には，「私の成功事例／失敗事例をまとめる」と題して，これまでの職務経験の中で印象深かった成功もしくは失敗した出来事を想起し，その出来事における「課題」，「概略」，「経過」，「総括」，そして「知識化」について，記述フォーマットに従いながら箇条書きをしていくものだった。これら5つの項目の詳細は，次の通りである。

「課題」では，成功もしくは失敗に関する経験の主たるトピックスをいくつ

3） 当時のMS社のメンタリング制度には，同じ部門内でマッチングさせるPeer Mentorと，部門の垣根を越えてマッチングを行うCareer Mentorの2タイプが存在する。また，Learning Circlesとは，5人程度の小集団で各自が現在抱えている課題を持ち寄り，それに対して他のメンバーが助言や意見をもってコーチングをすることで，本人がその課題を乗り越えるためのヒントを得るためのコミュニティを指す。

かあげる。そしてその経験的ストーリーの要約を400字程度で「概略」において示す。さらに，出来事の時系列的な流れを記述する「経過」については，「状況の概要」，「状況に対する認識」，「実際とった行動」，および「その時の心理状況」という４つの観点から，状況に関するより厚い記述をプロットしていくようにデザインされている。また「総括」では，ストーリーの主人公である本人や関係した周囲の人達（上司や部下あるいは同僚），あるいはストーリーの登場人物ではないが同じ研修プログラムに参加している他のマネジャー各々に向けて，「やるべきこと（実行して良かったことや実際には実行しなかったが本来なら実行すべきだったことの両方を含む）」や「やるべきではなかったこと」など，伝えたいメッセージを記述する。最後に，この経験から得られた教訓をまとめる「知識化」で記述フォーマットは締め括られている。

先述したように，今回のセルフ・ストーリーの開発とそのマネジャー研修プログラムでの活用に関する人事部の主な狙いは，プレイヤーからマネジャーへのキャリア・トランジッションにおいて，戸惑いや不安を払拭させ，キャリアシフトを円滑に行うことにあった。これまで成果至上主義が横行する組織風土の中では失敗を共有する雰囲気は非常に脆弱で，上記の目的をストーリーに反映させるためには，成功体験よりはむしろ苦い失敗経験にフォーカスすべきだと人事部側は考えていた。失敗というネガティブな経験に関する自己開示やその共有をマネジャー候補や新任マネジャーに対して行うことによって，積極的な心理的安全が醸成されるからである（畑村, 2002; 金井, 2001）。そこで，既にドキュメント化されていた「私の成功事例／失敗事例をまとめる」という素材の中から，登場人物の職種の多様性やコンテンツの豊かさ，内容の重複などを勘案してストーリーにできそうな10の失敗事例を人事部が選定した。**図表7-2**には，選定された各ストーリーに登場する主人公の職種と，ストーリーから抽出される経営学的なキーエッセンスないし教訓が一覧になっている。

これらの素材をライブケース作成のたたき台として，筆者は人事部と2007年６月から７月にかけてミーティングを重ね，ケース自体の構成やケース・メソッドを実施する際のティーチング・ノートに関する骨格を固めていきながら，プロトタイプとして１つのケースを作り込んでいった。人事部Ｋ氏との対話を重ねながら，プロトタイプのケースとティーチング・ノートの内容が洗練され

図表7-2　各ストーリーの主人公の属性とキーエッセンス

Case No.	業務内容	ストーリーのキーエッセンス
1	開発	組織内のパワー・リレーション
2	サービス	成果主義に伴う短期志向の罠
3	マーケティング	マトリックス組織におけるリーダーシップ
4	営業	急進的変革と組織慣性力
5	サービス	コミュニケーションと信頼
6	OEM	リーダーシップにおける委任と放任の相違
7	営業	モデリング学習と部下の育成
8	サービス	プレイヤーからマネジャーへのキャリアシフトの苦悩
9	人事	仕事の囲い込みとモチベーション
10	コンサルタント	リーダーの目的達成志向と集団維持志向のバランス

（出所）各ストーリーを基に筆者作成

てきたタイミングを見計らって，同年8月から11月の3ヶ月間をかけて別の研究者T氏にも協力を仰ぎ，残り9つのケースのうち筆者が4ケースをT氏が5ケースをそれぞれ担当して，ケース・ライティングとティーチング・ノートの作成に取り組んだ。

ケース・ライティングに際して，ストーリー全体を臨場感をもって仕立てるために，各ケースの主人公に2時間程度のインタビューを実施し，事実関係の確認や事実の背後にある心理的描写のための質問を投げかけた。インタビューを効率的に行うため，既に手元にある「私の成功事例／失敗事例をまとめる」の記述フォーマットに沿って，ストーリーを構成する大事なポイントに筆者からの質問事項を追記したシートを事前にインタビューイーの主人公に送付しておき，ある程度質問に対する自分の考えを予め整理し内省を深めてからインタビュー当日を迎えてもらうようにしてもらった。

3）ケースとティーチング・ノートのコンテンツ

①ケース本文（ストーリー本文）

ケース本文では，まず冒頭の「主題」にストーリーに含意された教訓や読者へのメッセージに関する要約を掲載している。次に「副題」として，ストーリーの主な失敗要因が示唆される内容を記述した。その後に「本文」が始まり，各ストーリーがおよそ3～4のパラグラフから構成されている。研修という制約された時間の中で個人ワークやグループワークを行わせる前提や，読み手にストーリーのエッセンスをある程度明確に伝えるためには，文章はあまり長くなってはならない。かといって，短過ぎるとストーリーのリアリティが損なわれるので，全体としてA4用紙（1,500字/頁）4枚以内に収まるよう，5,000～6,000字程度を目安にストーリーは書き上げるようにした。

読み手が主人公に対して感情移入し自分事化できるよう一人称でストーリーは書かれ，適宜主人公が読み手に何か語りかけるような雰囲気を醸し出すため，心理描写の部分が別枠でフォント数を下げて挿入されている。つまり，台本におけるト書き部分が本文，台詞部分が心理描写の挿入箇所にそれぞれ該当するようなイメージで本文はデザインされている。また，各パラグラフが始まる前には，そのパラグラフの概略を示唆する小見出しをつけた[4)]。

②ティーチング・ノート

ティーチング・ノートは，研修の場面でインストラクターが受講者の議論をファシリテートしたり学びの着地点を誘導するために，最後までインストラクターの手元でブラインドのまま使用することを第一義的な使途として作成した。

4）ケース本文冒頭の「主題」，次の「副題」，本文中の「小見出し」や「心理描写」部分のサンプルを，以下に示しておこう。
Case1「ある開発部門マネジャーの事例」
【主題部分】⇒Story1　正論を主張することに満足して，相手の面子を考えなかった。それでは，本来の目的を実現させる近道には決してならない。未来の遠い理想を自分達の身近な便益と結びつけてあげる，そこに協調が生まれる。
【副題部分】⇒自分が手塩にかけて育ててきた製品なら，どうだっただろう。同じ開発に携わる人間として，製品の完成度には誇りをかけている。だけど，物理的にRedmondからワールドワイドの顧客すべてを見渡すことは不可能だ。気づいている問題を見て見ぬふりをすることは，会社にとっても顧客に対しても裏切り行為である。
【本文】・・・
【小見出し部分】⇒開発技術も同じならば，ターゲットとする顧客層も同じ。一足早く製品化に着手していた自分達の製品機能の一部をRedmondの開発チームに提供することになるが，その関与が結果として製品の現状を正確に把握するきっかけになってしまった。
【本文】・・・
先を越されたかぁ…。完成度はどんなもんだろうか?でも，自分達の方が早い時期からこのアイデアを温めてきたんだ。俺たちの製品企画の方が優れてるに決まってるさ【心理描写部分】。
【本文】・・・

一方，ケース・メソッドでは受講者にまずは自由に語らせて，自己と他者の経験とを結びつけながら擬似的な追体験をし，各自がそれぞれの解を導き出すことに意義を見出すこともできる（石田ら, 2007; 坂井, 1996; 高木・竹内, 2006）。ただしこの時，何らかの客観的な知識の刈り取りがないと，学習の到達目標が曖昧なまま消化不良を起こしてしまい，その結果学習意欲が低下しかねない。そこで，ティーチング・ノートは，ケース・メソッドを終えた後に配布し，各自で事後的に学習できるようにもなっている。具体的には，考え方や解釈の一選択肢としてストーリーから内省すべきポイントを示し，受講者各自が知識として内面化させることも可能なように配慮した[5)]。

ティーチング・ノートの構成はMS社人事部スタッフの意向もあり，畑村（2002）を参考に「物語分析」と題して，300字前後でストーリー全体の要約を記載した「物語の鳥瞰図」，主人公がおかしてしまった過ちとその問題に対する応対を簡潔に記した「失敗要因と対処行動」，ストーリーが読み手に語りかける訓示を「教訓（苦い経験から学ぶ）とメッセージ」として記載してある。最後にストーリーの背後にある論理について「経営学への扉」なる項目を設け，経営学の理論的示唆について深い洞察力が養われたり，知的好奇心が駆り立てられたりするように作り込んでいる。

4）MS社での利用実績（ケースの活用方法）

①ケース利用の場

筆者らがケース・ライティングを終えたのは，先述したように2007年11月であり，納品後の翌12月からさっそく各研修プログラムで試験的にケースの活用をスタートさせた。筆者はT氏と共に，われわれの作り上げたケースとティー

5) 筆者は首都大学東京産業技術大学院大学で，経営実践家（社会人）に対して本ケースを用いてケース・メソッドを行った経験があるが，ケース・メソッドを行った次の時限に「経営学への扉」で示唆されているような，ストーリーの背後にある経営学的な知見を講義形式で受講者に教示した。そのため，ケース・メソッドでは，講義で話す経営学理論（例えば，Aケースではリーダーシップ論，Bケースではモチベーション論と言ったように）を伏線とした設問をディスカッションの際に投げかけ，その設問に対する対処法や考え方を自己の経験（持論）に基づいて自由に語ってもらっていた。そして，議論が一通り出尽くしてケース・メソッドの時限が終了した後，次の講義に入る前にこのティーチング・ノートをケースの解説書として履修者に配布していた。

チング・ノートが，試行錯誤を経てどのような利用方法へと発展していくか経時的に観察するために，利用開始から4ヶ月後の2008年4月とそのおよそ1年後の2009年5月に，人事部のケース開発プロジェクトのリーダーだったK氏にインタビューを実施している。また，同年9月にはマネジャーへのキャリアラダーに関心を示している社員達（MS社では当時このようなマネジャーにはなっていないプレイヤーをIndividual Contributor: ICと呼称していた）48名を対象に，われわれの開発したケースを一部利用して研修プログラムが実施され，その場への参与観察の機会が得られた。

最初の数ヶ月のトライアル期間を経て，**図表7-3**に示されているように，概ね定期的な研修プログラムの場でこれらのケースが主に活用されるようになった。プログラムに参加できる対象は，現在マネジャー職に就いているメンバーと，上司の推薦を経て最終的に所属部門のトップから承認されたマネジャー候補のメンバーとに大別されている。現マネジャーに対しては，年4回の参加機会が平等に与えられており，プログラムで扱うケースコンテンツと何を目的としたキャリア開発なのかが事前に告知され，現在自己の抱えている悩みとフィットするコンテンツの時にマネジャー達は任意で参加している。したがって，参加者のニーズとケースのコンテンツとは自ずとフィットすることになる。

これに対して，次世代のリーダーを嘱望されているマネジャー予備軍のメンバーに対しては，参加者の要望を事前に聞いてケースコンテンツを選択することはしていない。しかし人事部の説明では，マネジャー候補者達にとっては，プレイヤーからマネジャーへのキャリア・トランジッションのフェーズで直面するであろう心理的葛藤を克服するための演習なので，そもそもニーズとケー

図表7-3　ライブケースを用いた研修プログラムの概要

対象	開催頻度	参加方法	ニーズとケースコンテンツの適合関係	参加実績
現役マネジャー全員	4回／年	本人による応募形式	フィット	延べ40人程度／年
次世代マネジャー候補群（Emerging Leaders）	1回／年	推薦されたメンバー全員	ノンフィット	10人／年

（出所）MS社へのインタビュー調査を基に筆者作成

スコンテンツの適合関係は不要なのだという。

この他定期的な研修プログラムとは別に，上述の筆者らが参与観察する機会を得たようなアドホックな研修プログラムにもライブケースは使用されていた。

②ケースを用いたワークフロー

研修プログラムに参加する現マネジャーもしくはマネジャー候補のメンバーには，**図表7-4**に示されたワークフローでケースが利用されている。

受講者は，ストーリーを読んだ後に個人ワークに取りかかる。個人ワークでは，ストーリーを踏まえて，各ストーリーに特殊な3つの設問と10のストーリー全部に共通した3つの設問，計6つの問いが用意されており，受講者はそれらの設問に対して自分なりの考え方を導き出す[6)]。また，ケース・ライティングの基となった「私の成功事例／失敗事例をまとめる」テンプレートを逆利用する形のワークシートを配布し，虫食いになっている箇所を補記させる。すなわち，ワークシートにはストーリーで鍵となる状況とそのとき取った行動が既に書かれており，各フェーズにおけるストーリーの主人公の心の内や考えたことなど，場面ごとの心理状況を書かせる空所が設けられているのである。空所補充は，ストーリーから学ぶべきマネジャーとしての機微を内省させるよう企図されている。

個人ワークを一通り終えると次にグループワークとして，個人ワークによってたどり着いた自己流の回答を各自が持ち寄りながら意見交換を行う。自己の

図表7-4　研修プログラムのワークフロー

（出所）MS社へのインタビュー調査を基に筆者作成

6）各ストーリー特殊な設問としては例えば，「新たな部門に異動直後，主人公の思い込みはどのようなものだったと考えられるか」や「異動後すぐに現場を離れることになった場合，戻ってきたときに，Manager of Managerとして何に取り掛かることが大切か」など，3つ程度の問いが受講者に投げかけられる。また，全ストーリーに共通した設問は，「Q1これまでに似たような経験がないか，そのとき自分はどのような行動を取ったかを振り返る」，「Q2このストーリーから学んだことで，やるべきだったと思うことにどのようなものがあるか」，そして「Q3このストーリーと自分の経験を照らし合わせたときに，どのような自分のくせ，行動特性が見えてくるか」の3点となる。

経験を参照しながらストーリー全体について討議することや，個人ワークで問いかけられた設問の意図や学習内容などについてもグループで議論させ，マネジャーという役割に対する理解やコンセンサスを深めていく。また，次のラウンドテーブルでは，ストーリーの主人公が実際に研修プログラムの会場に登場し，彼・彼女を囲んでの対話型の質疑応答の場が設けられているのだが，この時主人公に向けて質問したい項目を列挙しておくことも，グループワークの課題となっていた。

ラウンドテーブルでは，上述したようにストーリーの主人公とプログラム受講者との双方向的な質疑応答の場であるが，質問が出尽くした頃を見計らって軽食と飲み物が用意され，懇親会が開催される。参加が任意である非公式な懇親の場を提供することで，問題解決のヒントを得たり，社内での人脈づくりや新規プロジェクトの苗床になってもらいたいという人事部の意図がそこにはある。

3　事例から導出された発見事実と示唆

前節ではMS社におけるケース作成のプロセス，および同ケースの利用方法について概観してきた。そこで本節では，前者のケース作成プロセスにおいてはケース主人公から語りを引き出す際に得られた言説について，後者のケース利用方法にあっては今回のケース・メソッドが従来のそれとどのような点で異なるかについて注目し，リーダーシップ開発の効果について考察していくことにする。

1）ストーリーの主人公（語り手）へのインタビューから得られた発見事実と示唆

先述したように筆者はケース・ライティングに先駆けて，ケースのストーリーに肉づけするためのインタビューを，各ケースの主人公に対して2時間前後実施した。その際，インタビューの終盤で必ず各インタビューイーに，自身の経験を今回ストーリー化したことについて自由に感想を語ってもらった。すると，経験を通じて内面化されていた暗黙知をストーリーという形式知へと表出化する過程において（野中, 1990），概ねリーダーシップやキャリアに関する事後的な意味づけ（キャリア開発や内省力開発の側面）が可能になったことを示唆する言説が各インタビューイーから得られた。また，社内教育プログラムで自分達のストーリーが利用されるということは，表出化されたストーリーが全社的に伝播される連結化のフェーズだが（野中, 1990），この事実そのものがストーリーの主人公であるインタビューイーの達成感や承認欲求の充足など，内発的動機づけに結びついている事実も導出されている。

筆者がインタビューを実施したケースの主人公は５名で，「今回ご自分の経験をストーリー化することについてはどのような感想をお持ちですか？」という問いかけに対して，上記の発見事実を物語るシンボリックな言説のいくつかを次に例示しよう。なお，インタビュー時に録音したデータを，極力加工しないようにトランスクリプトしてある。また，特に興味深い部分には下線を付してある。

Ｈ氏：まあやってみると実際どうかと言うと，自分がどこでうまくいくためにこう力を入れて，その中でもああうまくいかなかったなぁって振り返る機会なんで。あとこう，思ったことを文字にすると，矛盾している部分があったりとか。あと本人は結果としてはうまくいったけど，実は心の中ではただ単に逃げてただけって思えることもあったりとか。まあちょっとした整理がついていいというか，非常にいいですよ自分にとっては。

Ｍ氏：言葉にしないと確認できなかったことって，いくつかあるんですよね。あの一，あえて当時のことを振り返ったり普段しないんですよ。…中略…そういう議論の場が回想的に思い出されるというか。そういうのありますよね。…中略…中には今度マネジメントになるヤツもいるんですけど，やっぱ気持ちの変化が分かりますよね。当時こういうこと話してたよな，でも今こういうこと話してるよねと。この変化ってやっぱりどこかにターニングポイントがあったんだろうし。

T氏：企業が大きくなると個人ができる範囲が狭くなるんですよね。そうすると，じゃあこういったことを体系的に理解できてやれる，あるいは教えるって，逆に本当に実体験としてやれる機会がどんどん減っているので，紙にでも残せて伝えられれば意味があるかなと。

A氏：通常の研修って，会社のビジョンとか戦略とかを各ポジションのマネジャーに対して，なにか実感もって浸透させるみたいな，自分の会社のビジネス環境を想定したようにモデルケースを使って行われるじゃないですか。でも，それって抽象的な号令にしか聞こえないんですよ。今回のストーリーで語られた内容って，それこそそれぞれのポジションに見合った行動のガイドラインを地に足をつけた形で根づかせるためには，とても有効だと思いますね。

例えば，H氏は，過去の経験を振り返りドキュメントにすることが，当時の矛盾点の解明や整理にとって有効だと指摘している。また，M氏も同様に，言葉にして初めて認知可能な事柄や感情の変転がストーリー化から再認識されたと語っている。これらの言説は，自己のリーダーシップスキルやキャリアについて内省する効果が，経営実践家から語りを導出する過程そのものに内包されていると言える。

一方，T氏は組織規模が拡大するにつれてメンバーのタスクが自ずと断片化するので，組織活動全体を俯瞰する経験が乏しくなってしまい，だからこそ実際には体験し辛い経験をストーリーによって擬似的に感得することは意義深いと述べている。A氏も例えば，ハーバード大学が開発したようなケースを用いるよりも，社内の身近なメンバーの経験がケースとして利用される方が現実感や親近感を醸成し，結果としてそのケースへのコミットメントやリーダーになることへのモチベーションも向上することに触れている。そして，5人ともインタビュー冒頭のアイスブレイクのための雑談の中で異口同音に，「正直最初は面倒くさかった。だけど…」と表情豊かに語り始めていた。

これらの事実から，社内で開発されたライブケースが，研修プログラムに参加するメンバーを鼓舞し，リーダーシップ能力の開発に対するモチベーション効果として有効であって欲しいことを，インタビューイー達は期待していることが覗える。と同時に，彼・彼女ら自身もまた自分達のライブケースが全社的に配布されること自体から内発的報酬を得ている様子が見て取れる。人材の流動性が高い外資系企業にあって，等身大のキャリアモデルから苦い経験が語られた時，そこには自ずと自己開示に伴う心理的安全が醸成される効果も存在しただろう。

2）従来のケース・メソッドとの相違点

言うまでもなくケース・メソッドは，多くの教育機関や企業の研修でも従来から積極的に導入されてきている。とりわけケース・メソッド教授法による経営学教育はハーバード大学経営大学院が発端とされ（坂井, 1996），その後世界中のMBA教育の主たる教育方法として定着している。では，MS社の事例がこうした従来のケース・メソッドと大きく異なる部分は何であろうか。それには，次の３点を指摘することができる。

第一に，ライブケースを自社開発した点があげられる。経営実践家は日々の業務に追われ，過去の経験を振り返ってそれを体系立ててドキュメントにおこすとなると，非常に高い負荷を強いられることは言うまでもない。MS社のマネジャー達も例外なく常に多忙を極めており，そうした状況下で有志のメンバーがケース・ライティングに協力してくれたこと自体特筆すべきことだろう。なお，MS社の研修プログラムでは，上述したハーバード大学で開発されたような社外のケースを用いたケース・メソッドも実施している。自社開発のケースと社外のそれとの使い分けは，前者が主にキャリア・トランジッションを意識したものであるのに対して，後者はマネジャーとしてのスキルや能力の開発に主眼が置かれていた[7]。このことは，キャリア・トランジッションにおいてライブケースの有効性を主張している金井（2000）の研究と符合する。

7）本文中でも既述されているように筆者は，2009年９月１日にMS社で行われた研修プログラムを参与観察する機会を得た。その際，ハーバード大学のケースも用いられ，そのストーリーは主人公が新任マネジャーに抜擢され，様々なタイプの部下に対して対処する苦悩を描いたものであった。同ケースを用いて，自分がストーリーの主人公のようにマネジャーに登用された場合を想定して，それぞれのタイプの部下とどのように接するべきかをグループワークによってプレゼンさせたり，ロール・プレイングさせたりしていた。

第二に，失敗経験をライブケースとして積極的に利用した点である。もちろん，ケース・メソッドで用いられるストーリーの主人公が失敗していく過程を描くコンテンツは少なくない。しかし，利害関係がタイトな同じ社内のメンバーの失敗経験となると本来なかなか表出化し難く，しかもケースという形式知に変換した例はそれほど多くは存在しないはずである。

そうした失敗経験をケースのコンテンツとして採用することの有効性はいくつか指摘できる。まず，畑村（2002）も述べているように，人間は必ず失敗する生き物である。失敗するから，同じ過ちを繰り返さないよう学習する。そして，一人の人間の失敗経験には限りがある。だからこそ，他者の失敗を客観的に知ることで，失敗しない予防策について擬似的に学習することが可能になる。また，人間は弱さ（vulnerability）を共有することで，その人間に対する共感的態度や求心力が周囲から獲得されやすくなる（中村・金子, 1999; 安田, 2004）。したがって，失敗談は読み手の学習意欲を駆り立てると同時に，読み手の心理的安全が確保され自己開示を行いやすくする効果があるとも言える[8)]。

一方，ベニス＆トーマス（Bennis & Thomas, 2002）は，新しいリーダーシップ開発モデルに，リーダーの能力や資質といった従来の変数に加え，時代の社会的風潮や要請，あるいはリーダーの情熱のような情緒的変数を組み込むべきだと唱えている。そして，その分析方法としてリーダーを写実的に捉える必要性を述べた上で，リーダーの有するイメージや物語に着目している。さらに，経験の中でもとりわけリーダーが直面する厳しい試練や失敗を懐古的に意味づけることが重要だとしている。リーダーシップ機能を構成する要素は極めて複雑かつ多岐にわたるので，大半のリーダーは潜在力がありながらも，その能力をうまく使いこなせていない状況に陥ってしまうことが間々ある。だからこそ，

8）もちろん今回のケース群には，失敗に終始してしまうストーリーもあれば，失敗から回復して成功裏に終わるストーリーも存在した。そして，前者のようなケースにあっては，学習効果という側面に関して次のような疑義を挟む余地があるかもしれない。すなわち，失敗のストーリーは確かにケースのコンテンツとして読み手に対する刻印効果が高く，失敗しないための予防策について多くの示唆を与えてくれるが，成功するための前向きな具体策については何ら語りかけてくれはしないというジレンマがある。しかしながら，そもそもケース・メソッドを通じて読み手自らがベスト・プラクティスにたどり着くことが目的であって，ケースコンテンツに解のヒントがちりばめられている必要は必ずしもないはずである。ただし，到達すべき学習目的としてベスト・プラクティスに気づかせる必要はあるだろう。今回のケース開発においては，失敗の対極状況を想定させ，ベスト・プラクティスへ誘導できるようにティーチング・ノートを作り込んだつもりだ。

リーダーにとって成功よりも失敗から学ぶことの方がはるかに有益だと彼らは説く。つまり，リーダーシップを機能ならしめる参考文献は，成功秘話よりも失敗の裏に隠されたアナザーストーリーの中にこそ存在するということである。このようなベニス＆トーマス（Bennis & Thomas, 2002）の主張からも，失敗ストーリーをケースに取り上げるのは有意義だったと言える。

最後に，ケースを作成するために行われたインタビューにおいては，語り手（ストーリーの主人公）と聞き手（ケース・ライティングを担当した筆者ら）とが，また研修最後に実施されるラウンドテーブルにおいては，語り手（ストーリーの主人公）と読み手（研修プログラムの参加者達）とが，双方向的に対話する場が提供されている事実を，第三のそして最も顕著な相違として主張したい。インタビューの際，筆者はまずは共感的態度をもって接し，ストーリーの主人公である語り手が真情を吐露するよう配慮した。また，対話の中で語り手から得られた返答に対して解釈の多義性がある場合は，あえて複数の解釈をもって語り手に繰り返し問いかけることで内省的思考を促すよう配慮した。こうした態度でインタビューにのぞんだことで，先述したように語り手であるストーリーの主人公達は，当時気づくことのできなかった心の機微や自己の取った行動の意味や意義を深く内省している。さらに，ストーリーの主人公を囲んで対話するラウンドテーブルにあっては，個人ワークとグループワークを経て既存のストーリー（ケース）をベースに，ストーリーの主人公とプログラム参加者とで解釈の交換をする場となる。これらの語り手と読み手や聞き手との相互作用は，ドミナント・ストーリーをオルタナティブ・ストーリーに書き換える過程そのものである（White & Epston, 1990）。

4　社会構成主義に基づいた他のアプローチに関する若干の検討

ここまでMS社におけるケース・ライティングやケース・メソッドのプロセスを概観することで，語りの活用がリーダーシップ開発プログラムにどのような示唆を与えてくれるかについて検討してきた。語りは，先述したように社会構成主義に依拠した方法論であり方法だったわけだが，本節ではこの語りに付随する2つのアプローチについて若干考察しておくことにする。

1）キャリア・ナラティブ

社会構成主義の立場から，キャリア教育での語り（narrative）の可能性（Patton, 2005; 瀬戸, 2007, 2009），キャリア・カウンセリングとして語りを活用する有効性（McIlveen & Patton, 2007）やキャリアに関する語りの構造分析（Peltonen, 1998）など，キャリアを語りと結びつける研究をまず検討しよう。

パットン（Patton, 2005）は，キャリア教育において社会構成主義の立場を採用すると，従来のキャリア教育と比べて，次のような研究視座や特徴を有すると主張している。すなわち，従来のキャリア教育が個人の能力や価値観あるいは信念などの個人的な属性に焦点を当てているのに対して，社会構成主義では個人を取り巻く様々な環境要因とその個人の経験とを結びつけながら，キャリアの意味づけを行う。したがって，個人のキャリア形成をその個人に影響を及ぼすシステムとの関わりから探求し，個人の再帰的過程（reflexive process）に着目することにその特徴がある。そして，彼女は社会構成主義に依拠したキャリア教育の教育観は，一方的教示から双方向的な学びへ，所与の学習目的から学習目的自体の創造へと変貌することが含意されているという（Patton, 2005, pp.23-26）。こうしたキャリア教育観は，先述した辻村（2001）や福原（2005）で主張された経営教育観と整合的である。

瀬戸（2007）は，パットン（Patton, 2005）の考察を踏まえ，オルタナティブ・ストーリーとしてキャリア・ナラティブを構築する場合，（1）キャリア教育自体に内包されているドミナント・ストーリーを探求し，（2）その方法論的な含意や課題を解明する研究課題を提示している（瀬戸, 2007, 61-63頁）。

後者のキャリア教育における方法論の再考を意図して語りに着目しようとする研究課題は，第2節でも触れた経営学の領域での経営教育と語りとの接点を探る先行研究と通底する。また，前者の問題設定は，極めて興味深い。なぜなら，世間一般に流布している「キャリア」もしくは「キャリア教育」に関するドミナント・ストーリーを究明し，オルタナティブ・ストーリーを発見しようとする試みは，必然的にこれらの構成概念を批判的に検討することに他ならないからである。実は経営教育においても，同様の研究スタンスを有する研究成果が現れつつある。詳細は後述するが，キャリア教育において語りに着目する研究意義が，既存の教育観や教育方法に関する批判的検討を促す契機になることは，筆者が大きな研究関心を寄せている部分でもある。

一方，マキルビーン＆パットン（McIlveen & Patton, 2007）は，より実践的なナラティブ・キャリア・カウンセリング（narrative career counseling）にあって，その理論的な枠組みとしてシステム論的フレームワーク（systems theory framework: STF）を提唱している。同フレームワークは**図表7-5**に示されているように，大きな3つの要素から構成されている。そしてこれらの要素が，ある人物のキャリアに対して有機的に影響を及ぼす様を描くのに，自伝的世界を事後的に意味づけながら再構築できる語り（story）の有効性を検討している（McIlveen & Patton, 2007, p.227）。

このように，教育学や社会心理学などの隣接諸科学の領域でも，キャリアと語りの関係性について積極的な研究が展開されつつある。したがって，今後はリーダーシップ能力の開発において，とりわけキャリアというキーワードを紐

図表7-5　ナラティブ・キャリア・カウンセリングの理論的枠組み（構成要素）

構成要素	各要素の具体例
個人的システム	性別，価値観，健康，性的嗜好，能力的障害，能力，関心，信念，技能性格，職務上の知識，年齢，自己概念，体格，民族性，適性
社会的システム	家族，同僚，地域社会，教育機関，メディア，職場
環境－社会システム	政治判断，歴史的動向，労働市場，地理的位置，社会経済的な状況，グローバリゼーション

（出所）McIlveen & Patton（2007），p.227を基に筆者作成

解く際，より学際的な研究展開が求められるだろう。

2）批判的経営教育

先述したように，瀬戸（2007）の問題提起はキャリア教育を取り巻くドミナント・ストーリーを解明し，オルタナティブ・ストーリーを探求することが，キャリア教育に関する新たな概念や方法論への足がかりになるというものだった。この主張を敷衍すれば，既知の経営教育という構成概念の周辺にあるドミナント・ストーリーを批判的に解釈し，オルタナティブ・ストーリーを導出することが，既存の経営教育に対する代替的な意味や方法を解明することになるかもしれない。実はこうした研究スタンスで，経営教育の再考を促す萌芽的研究が現れている。それが，批判的経営教育（critical management education：CME）である。

例えば，ワトソン（Watson, 2001）は，古くて新しい問題として，経営教育の妥当性すなわち，「マネジメントのための教育（education for management）」か「マネジメントについての教育（education about management）」かをめぐる議論を持ち出し，従来支配的であった前者から今後は後者に妥当性を求めるような経営教育が模索されるべきだと主張している。そして，彼によれば，両者の立場では**図表7-6**に示されているように，自ずと教育観や教育対象などが異なってくるという。

図表7-6　経営教育の妥当性をめぐる議論の概要

教育の妥当性	教育観	教育の対象	教育の目的
マネジメントのための教育	training	被雇用者（player）	支配的な地位にあるグループに奉仕する（serve）
マネジメントについての教育	education	雇用者（manager）	支配的な地位にあるグループに役立つ（service）

（出所）Watson（2001），p.386の内容を基に筆者作成

「マネジメントのための教育」は，その対象が被雇用者であり，教育目的は雇用者にとって都合の良い被雇用者を育成することで，それは単なる技能訓練でしかない。対して，「マネジメントについての教育」は，対象が雇用者であり，彼・彼女らにリーダーの帝王学のような有益な知見をもたらすことを目的としたもので，これこそが経営教育だと述べている。つまり，ワトソン（Watson, 2001）はこうした経営教育観を持って研究することが，行き過ぎた管理至上主義（managerialism）を打破し，教育者と学習者や雇用者と被雇用者との関係性をも変貌させる新たな経営教育の可能性に繋がると考えているのである。この時，**図表7-7**に示されたような種々のストーリーが交錯し合い，各々の意味交渉を経た結果，相対的に優勢なドミナント・ストーリーが構築された産物として経営教育は捉えられると彼は主張している。

同様にリアマンス（Learmonth, 2007）もまた，自身がNHS（National Health Service：英国国民医療保健サービス）での情報システム導入に伴う組織変革に関与する際，従来のオーソドックスな経営学教科書や経営教育は何ら示唆を与えてくれなかったとして，痛烈にこれらを批判している。彼によれば，経営活動の中でもとりわけ組織変革のような非定型的業務上の問題に直面すると，従来の経営学やそれに基づいた経営教育は著しくその効力を失う。そして，組織変革の過程で最も有益な知見ないし思考様式を，批判的経営学（critical management study：CMS）に見出したという。彼のこうした原体験は，CMSに依拠したCMEの経営実践上の有効性を強調するに至っている。

図表7-7　意味交渉を経て構築される物語（narrative）の構成要素

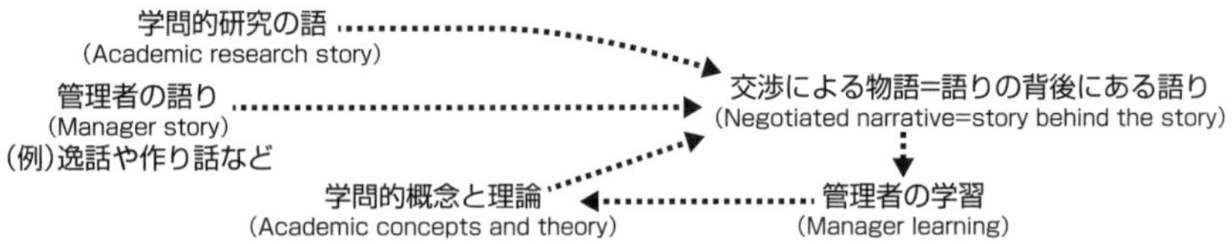

（出所）Watson (2001), p.388

さらに，ウォルフラムコックス&ハザード（Wolfram Cox & Hassard, 2018）は，客観的実在が存在しないことを主張する社会構成主義には一定の距離を置きながら，CMEとリーダーシップ研究との接点について試論を展開している。彼女らは，アクターネットワーク論（actor-network theory）のような社会物質的関係主義（socio-material relationism）という存在論と認識論のハイブリッドな考えをリーダーシップ研究に持ち込み，関係主義的リーダーシップを，「特定の文脈における多面的な社会的，物質的および言説的な交わりの安定化や可動化の産物（Wolfram Cox & Hassard, 2018, p.539）」と定義している。その上で，経営の学習や教育に批判的リーダーシップ研究（critical leadership studies）を組み込むことで，（1）リーダーシップの開発（developing leadership），（2）リーダーシップの発揮（doing leadership），そして（3）リーダーシップの脱構築（deconstructing leadership）の３つの観点から，経営の学習や教育への応用可能性を検討している。（1）と（2）は，リーダーシップを意味する日常的もしくは創発的な実践に言及するもので，リーダーシップを発揮する際の道具的実践であり，（3）はリーダーシップに関連する言説的な構造や実践に関する不安定化（destabilization）や問題化（problematization）に着目するものである（Wolfram Cox & Hassard, 2018, pp.543-545）。ここで問題化とは，常識や社会的通念などの自明視されている知識や意味を無自覚に受容するのではなく，それらを疑問視し，そこに潜在する問題・課題に対して挑戦する態度を指す（Alvesson & Sandberg, 2013）。したがって，崇高なリーダーや優れたリーダーシップなどのリーダーシップの規範論を退ける立場である。

ここで留意すべき点は，CMSやCMEが共有している批判的アプローチ（critical approach）が，前章でも考察したように単なる体制批判やそれに伴う抑圧からの解放（emancipation）を企図した研究関心にとどまるものではないことである。むしろ近年の批判的アプローチは，自明視されているような現象を批判的に解釈し別の意味をあてがう思考枠組みや，疑問視すらされていなかった不可視な組織現象を可視化し問題化する思考枠組みとして，その存在意義が再評価されている（清宮, 2019; Mumby, 2004; 西本, 2002）。リアマンス（Learmonth, 2007）も指摘しているように，CMEが単なる事後的な意味づけの手段に過ぎないのなら無力だが，経営実践家に内省力を養わせる教育方法であるなら，大きな可能性を秘めていると言えよう。

5　越境学習と企業家的ミドル

さて，前節までは公式的な学習の機会としてリーダーシップ能力を開発する際の語りの可能性について検討し，その周辺的なアプローチについても若干検討した。本節では，非公式な学習としてのWPL，その中でも越境学習（boundary crossing learning）[9]にフォーカスする。その理由は，先述したように，企業家的ミドルによるネットワーク・リーダーシップ発揮の舞台が，まさに越境学習の場になり得るからである。加えて，越境学習には，批判的内省（critical reflection）を喚起する効果が指摘されており（例えば，Crawford & L'Hoiry, 2017; Ripamonti et al., 2018），前節で考察した批判的な思考や内省を学習する機会としても期待できるからだ。

1）越境学習の背景と特徴

越境学習とは，レイヴ＆ウェンガー（Lave & Wenger, 1991）の状況的学習論（situated learning theory）やエンゲストローム（Engeström, 1987, 2008, 2016）の拡張的学習（expansive learning）を理論的支柱として展開されている学習観である（青山, 2015; 長岡, 2015; 高見, 2021）。この両者のうち，とりわけ越境学習の論を展開する際に参照されることが多いのはエンゲストロームで，平田（2017）によれば，ヴィゴツキー（Vygotsky）やレオンチェフ（Leontief）を経て第三世代の文化・歴史的活動理論として位置づけられる。その特徴は，**図表7-8**にあるように，２つのコミュニティに属す学習主体（subject）が，共同体（community）や規則（rules）の制約を受けながらも，道具（tools）や記号（signs）のような媒介人工物（mediating artifacts）と分業（division of labor）を通じて目的（object）１を達成

---

9) 石山（2018）は，越境学習を空間的（職場の内外）かつ時間的（職務時間の内外）に広義な概念として捉えたいがために，cross-boundary learning（越境的学習）を使用しているが，本書ではエンゲストロームらに準拠してboundary crossing learningを用いる。

図表7-8　人間の活動システムおよび活動システム間の相互作用

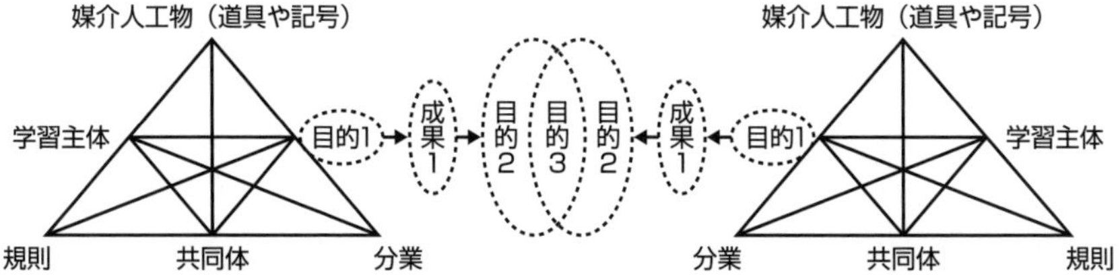

（出所）Engeström（1987），p.78およびEngeström（2001），p.136を基に筆者作成

することで成果（outcome）1が生まれる。その成果から新しい目的2が2つの共同体から生成され，さらにそれら2つの目的の共通部分から各共同体に共有される目的3が創造される。

このように共同体間を往復する学習主体を想定した拡張的学習は，共同体の単位を組織内の下位組織間や組織間，あるいは地域社会間など，学習主体の所属する単位を様変わりさせながらも，それらの活動単位の境界を越えて学習するモデルとして広く援用されており，拡張的学習自体も理論的に拡張し続けている。拡張し続けている理論において，越境学習という視座の嚆矢としてエンゲストロームら（Engeström et al., 1995）があげられる。彼らによると，学習のために利用可能な情報や道具を発見したり，周囲からの支援を求めたりするためには，実践者が境界を越えて移動しなければならず，とりわけ未知の領域に踏み込む際は新たな概念を集団として創造するために，越境が不可欠なものとされている（Engeström et al., 1995, pp.332-333）。

荒木（2008）は，WPL研究に関する学習観を，「参加学習観」と「経験による内省学習観」とに大別し，さらにそれらが組織内部の職場に着目するのか（職場志向），あるいは組織外部のコミュニティに着目するか（越境志向）によって，WPLの研究を，（1）職場経験アプローチ，（2）職場参加アプローチ，（3）越境経験アプローチ，そして（4）越境参加アプローチの4タイプに分類している。レイヴ&ウェンガー（Lave & Wenger）やエンゲストローム（Engeström）はこれらの分類の（4）越境参加アプローチに位置づけられている。

一方，石山（2018）によれば，経験学習と状況的学習とは，人と環境との相互作用を通じて矛盾や葛藤を解消しながら学習が絶えず文脈に依存すると考える点では共通しているが，経験学習が個人の熟達を重視するのに対して，状況的学習は個人と状況との不可分な関係を強調する点で異なる。それゆえ，状況的学習に基づく越境学習は，個人や越境元，越境先などの状況変化によって学習もまた変化することが前提とされており，経験学習が熟達した個人の変化の域を脱しない点から越境学習とは異なることを指摘している（石山, 2018, 57頁）。そして，コルブ＆コルブ（Kolb & Kolb, 2005）の経験学習の4段階モデルをベースに，**図表7-9**にあるような越境学習の学習プロセスのモデルを提示している。

フェーズ1の越境先での経験から始まり，フェーズ2でその経験を内省すると同時に，フェーズ3で概念化を行い，フェーズ4で越境元での実験を試みた後に，その実験を通じて越境元で再び経験を積むフェーズ5が1サイクルとなり，次のサイクルへと移行しながら越境元と越境先とを往還する循環的モデルとなっている。このサイクルの中で最も難易度が高く，だからこそ重要なフェーズは石山によると，フェーズ4の越境元での実験になる。組織外部での知識を持ち込んで新しい何かを始めようとすると，周囲の組織メンバーから反発や妨害を受ける可能性が高いからである（石山, 2018, 58頁）。

このように学習者が越境することで複数の実践共同体に所属している状況をウェンガー（Wenger, 1998）は，多重成員性（multimembership）と呼び，複数の実践共同体に属しているがゆえに複数のアイデンティティが形成され，そのことが学習者の葛藤を生み出すという。また，上述したように，越境先で獲得した知識を越境元に持ち込む主体，すなわちある実践共同体から得た知を別の実践共同体へと伝搬する行為主体を仲介者（broker）と呼んでいる。この実践共同体間を仲介する機能は，エンゲストローム（Engeström, 2008）ではノットワ

図表7-9　越境的学習における学びのプロセスモデル

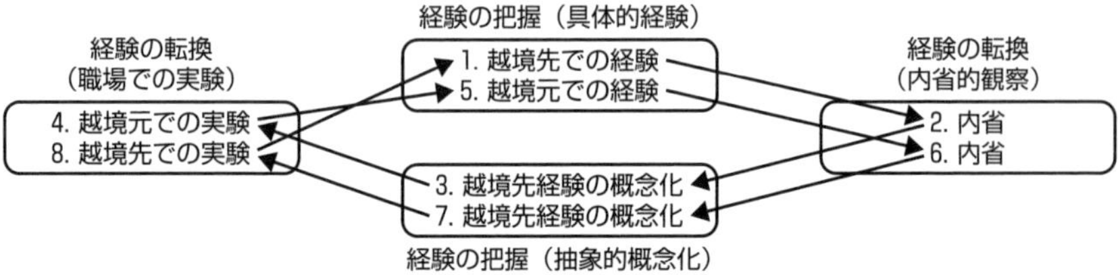

（出所）石山（2018），98頁を筆者修正

図表7-10　多重成員性とナレッジ・ブローカーに関するモデル

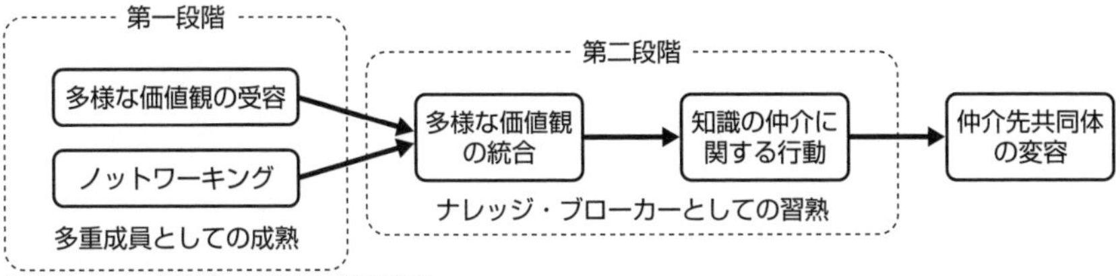

（出所）石山（2018），104頁を筆者修正

ーキング（knotworking）なるメタファーで表現され，実践共同体間の柔軟で機動力ある結びつきをもって協働が創発される様が描かれている。

上記の仲介者を石山（2018）はナレッジ・ブローカーと称し，**図表7-10**に示されているような多重成員性とナレッジ・ブローカーの関係に関するモデルを提示し，そのモデルを定量的な実証研究によって検証している。

図表7-10からも分かる通り，このモデルは２つの段階から構成されており，第一段階では複数の実践共同体に所属する多重成員性という観点からの成熟度で，具体的には複数の実践共同体を往還し繋げる能力であり，その結果得られる多様性の受容力を指している。第二段階は，ナレッジ・ブローカー（知識の仲介者）としての成熟度で，多様な知識を引き出したり統合したりして実践共同体に新しい知識を定着させる能力である。そして，石山の実証研究の結果からは，単に多様性を受容する第一段階レベルでは知識仲介の行動には繋がらず，多様な意見を導出し統合する行動をもって初めてナレッジ・ブローカーになれることが示唆されている（石山, 2018, 106頁）。

２）越境学習と企業家的ミドルの意義

さて，ここまで状況的学習論や拡張的学習論を理論的基盤として展開されている越境学習について概観してきたが，これらの議論を踏まえ，前章まで考察してきた企業家的ミドルが組織外部でネットワーク・リーダーシップを発揮する意味や意義について若干検討してみよう。

企業家的ミドルが組織外部でネットワーク・リーダーシップを発揮する際，

それは未知や既知の取引先企業との商取引において協働行為を誘発することを前提として検討してきた。つまり，ネットワーク・リーダーシップ発揮の舞台としてはビジネスという文脈内に主眼が置かれていたわけだが，越境元の所属企業に新しい知識を伝搬するという目的からは，ネットワーキングの場はビジネスシーンだけではなく，社外の研究会や勉強会，異業種間交流会，趣味のコミュニティなど，様々なネットワーキングの場を想定している。実際，第4章の境界連結活動を担う企業家的ミドルの組織論的含意では，社外での様々な実践共同体を前提にしたネットワーキングの場が想定されていたし，後述する補章での探索的実証分析でも，仕事上の相談相手（ノード）として「取引関係のない他社の人（勉強会や研究会等で出会った人）」や「仕事に関係のないコミュニティ（家族・友人・趣味仲間等）の人」が選択肢として設定されていることからも明らかである。つまり，企業家的ミドルの越境学習には，単に人脈づくりの場としてのネットワーキングと，そこから協働行為を誘発するネットワーク・リーダーシップとの2つの側面が含意されている。

したがって，先ほどの石山（2018）の**図表7-10**のモデルに準拠すると，企業家的ミドルのネットワーキングの側面は，石山（2018）の多重成員としての第一段階に該当する。また，企業家的ミドルのネットワーク・リーダーシップの側面は，とりわけ第4章で検討した組織内部に向けられたパワーホルダーであることに着目すれば，越境先の実践共同体から獲得した知識を越境元の所属企業に伝搬し他の組織メンバーに受容させ，多様な知識を導出したり統合したりして越境元に知識を定着させる主体的能力を有することと同義である。これは同モデルの第二段階に該当し，石山の言葉を借りて言えばナレッジ・ブローカーとしての能力を有するものと解釈できる。ただし，石山（2018）の調査によると，自社の業務外活動や勉強会，ハッカソンのような自己の業務と関連した社外活動よりも，ボランティアや地域コミュニティ，異業種交流など所属企業とは異なる領域の実践共同体を持っていることが，所属企業でのジョブ・クラフティング（自己の業務改善活動）に統計的に正の影響を与えていることが明らかにされている（石山，2018，143-144頁）。この結果からは，ネットワーク・リーダーシップのような職務という文脈に埋め込まれた越境活動は，ナレッジ・ブローカーとしての能力向上に寄与しない可能性が示唆される。

その一方で，舘野（2017）の調査では，社内外の勉強会のような自己の職務の文脈内にある実践共同体の有無と能力向上との関係を検証しており，その結果からは相対的に社外の越境学習を行っているグループの方が，社内の勉強会しか持たないグループやそもそも社内外の勉強会に参加していないグループよりも，能力向上のスコアの高いことが明らかにされている。このことから，企業家的ミドルのネットワーク・リーダーシップという職務文脈に埋め込まれた越境学習が，ナレッジ・ブローカーとしての能力を向上させないものだとは言い切れない。もちろん，ネットワーク・リーダーシップのような日常業務と直結した越境活動と，勉強会のような日常業務と間接的な繋がりを持つ越境活動とでは，学習を通じて獲得される能力にそもそも違いがあるだろう。また，ジョブ・クラフティングや能力向上などの自己完結した能力の変容が，周囲の行動変容に直接結びつくとも限らない。今後の研究課題として，越境学習の種類や越境学習を通じて獲得される能力の種類など，越境学習の内容を詳細に分類して調査を行う必要がある。

ところで，越境学習においては，先述したように複数の実践共同体に所属するために，複数のアイデンティティが一人の学習主体に内在している。こうした一個人が有するアイデンティティの多面性は，矛盾や葛藤をもたらすわけだが，ウェンガー（Wenger, 1998）によれば，これらのコンフリクトに対して学習者自らが折り合いをつけること（reconciliation：調和）が求められる。この点に関して，石山（2018）は多重成員性が保持されるためには，複数のアイデンティティの併存を受容しなければならず，そのために異質な実践共同体へと接続されることに慣れる必要があり，それゆえに越境活動を行う際多様な他者と短期間に限定された関係性を結ぶノットワーキングが有効だと主張する。そして，ノットワーキングを繰り返すことで，越境先と越境元とのアイデンティティの差異やそれに伴う情報認識の相違を内省し，越境元の他のメンバーに異質な知識や経験を受容可能な形で伝搬する能力，すなわちナレッジ・ブローカーとしての能力に習熟するという（石山, 2018, 98-103頁）。これらは，第5章で考察した原田（1999）に基づいた筆者の主張と整合的である。

このアイデンティティに関連して，状況的学習論では，実践共同体への正統的周辺参加の過程を通じて成員としてのアイデンティティが形成されることが学習だと捉えているが，平田（2016）によれば，こうした過程は同時に実践共同体への埋め込みを助長し，実践共同体への反省的もしくは批判的な態度が失われてしまうことが問題として指摘されている（平田, 2016, 7頁）。批判的内省は，前節でもリーダーシップ開発において重要なキーワードであった。アルベッソンら（Alvesson et al., 2017）は，この批判的内省を再帰性（reflexivity）と表し，「自らの前提，アイデアや特別な言葉に関する批判的な見方や代替案が存在するかどうかの考慮を慎重かつ体系的に行う熱意（Alvesson et al., 2017, p.14）」と定義して，リーダーシップの重要な要素に位置づけている。だからこそ，批判的内省力を鍛えるためには，既述したように複数の実践共同体を渡り歩いて複数のアイデンティティが自己に絶えず共存する越境活動に身を置く必要があり，企業家的ミドルのネットワーク・リーダーシップやネットワーキングは，このような越境活動そのものだと言える。

最後に，状況的学習論や拡張的学習を理論的な拠り所として展開されている越境学習の学習観との関わり合いから，企業家的ミドルの存在意義に改め言及して本章を締めくくるにしよう。先述したように，状況的学習論は，学習者と環境とが共進化することで学習が促されることを前提にしており，学習は個に還元されるべきものではないと考えられている。また，拡張的学習は，実践共同体を越境して新たな活動システムを再構築することが強調されるが，平田（2017）は，こうした水平次元だけでなく，実践共同体内の垂直的次元もエンゲストロームは決して軽視していないことを主張する。そして，この水平的次元と垂直的次元を下支えしているものは，対話や声といった言語であり，拡張的学習とは言語を通じて新たな組織化が進行する過程だとしている（平田, 2017, 24-25頁）。

翻って，これらを企業家的ミドルの越境活動に置換してみよう。第6章では社内ベンチャー制度の機能不全の論理の1つに，組織内のアイデンティティの分断が指摘されたが，その解決方法としてアイデンティティを書き替えるための観察学習の場が不可欠で，その前提としてミドルによる越境活動の重要性が示唆された。これは，上記の拡張的学習の水平的次元に該当する。また，同章では企業家的ミドルの育成基盤として社内ベンチャー制度について考察した際，ミドルによる企業家的行動が同時にトップやロワーの企業家的行動の源泉になることについても言及したわけだが，これは拡張的学習の垂直的次元に該当しよう。企業内企業家精神の学習が個に還元されるのではなく，社内の職場状況によって促されると考える社内ベンチャーの制度ポリシーは，上記の状況的学習論の根底にある学習観と親和性が高い。さらに，第4章でも言及したように，企業家的ミドルによる組織内部での他のメンバーとの対面的な接触頻度が高いという事実は，対話が肉声などの言語行為によって再組織化が促進されるとしている拡張的学習観からも，企業家精神の組織的育成に関する理論的な後ろ盾になるだろう。すなわち，越境する企業家的ミドルは，自らが企業家精神を発揮すると同時に，周囲の企業家精神を扇動する存在であり，革新の主導者にも促進者にもなり得る理論的根拠を越境学習論にまさに見出すことができるのである。

補章

企業家的ミドルのパワーと信頼に関する探索的調査

本書では第5章で企業家的ミドルによるネットワーク・リーダーシップに関するモデル提示を行ったが，モデルを彫琢するためにモデル検証は不可欠であろう。もちろん，第5章で提示した複雑なモデルにおけるすべての変数間の関係を検証することは困難である。しかし，検証可能な関係性を探索的に調査することは，モデルを洗練させる目的として極めて有効である。

本研究のモデルに関連した実証分析を行っている先行研究としては，例えば，境界連結者間の信頼についてはクラール&ジャッジ（Currall & Judge, 1995），ミクロ信頼とマクロ信頼の連動過程においてはザヒーアら（Zaheer et al., 1998），信頼とパワーとの連関についてはフロスト&ムサビ（Frost & Moussavi, 1992）や真鍋（2002）などがある。しかしながら，第5章で提示したモデルのように，組織間関係や境界連結活動を説明する変数としてパワーと信頼の両変数を用いた実証研究となると，リュウら（Liu et al., 2015）の研究を除き皆無に等しい[1)]。そこで，第5章で提示した企業家的ミドルのネットワーク・リーダーシップのモデルを直接的に検証することは目的としないが，モデルの部分的な検証やモデルを取り巻く周辺情報を把握するために本章では探索的な分析を試みることにしたい。

1） もちろん存在することには存在するが（例えば，Venn & Berg, 2014），パワーや信頼をそれぞれ1つの変数として捉えそれらの関係性を検証しているに過ぎず，本研究のようなパワーや信頼をいくつかのタイプに分類して詳細に各々のタイプの関係性を検証しようとしている研究は少なくとも筆者が探索した限り存在しなかった。

なお，本研究のモデルに近い先行研究ではないが，境界連結者のパワー・メカニズムに関する先駆的な実証研究としては，スペックマン（Spekman, 1979）の調査があげられる。スペックマンはシカゴ地方の20社（内11種類の業種）から322人の購買担当者をサンプルに調査した結果，彼らの自組織へ及ぼす最も効果的なパワー・ベースは専門パワーであることを発見している。ただ，彼の実証研究は，フレンチ&レイブンの情報パワーを考察の対象外にしているため，環境に対する不確実性の対処という能力を専門パワーとして捉え，情報パワーと専門パワーの関係が不明瞭である。またその後，ギャラン&フェリス（Galang & Ferris, 1997）が人事部門による部門間パワーの問題をシンボリック行為との関連から取り上げた研究，ラスら（Russ et al., 1998）による人事部門における境界連結活動とパワーの関係に関する研究，原田（1999）の研究開発部門における境界連結活動の研究などの実証研究がある。

1　調査の目的・対象・方法

上述したような問題意識の下，第５章で提示したモデルを探索的に検証するために，次のような目的と方法で実証研究を行うことにした。

1）目的

企業家的ミドルによるネットワーク・リーダーシップを発揮する際のパワーと信頼の構造を探索的に調査するため，同じアンケート回答者に「既に取引関係のある企業（以下，既知の企業）」と「これまで取引関係のまったくない企業（以下，未知の企業）」を想定してもらい，各場合において重視するパワー・ベースが，ネットワーク特性の異なる２つのグループの間で統計的に有意な差があるかを検証する。ネットワーク特性は，社会ネットワーク分析で用いられるネットワーク密度に加え，ネットワーク密度を測定するのに回答してもらった５人の相談相手，すなわちノードが社内の人物か社外の人物かについても回答してもらっており，そこから社内志向と社外志向のネットワーク特性が特定できるようデザインされている。これらのネットワーク特性の算出方法や意味については後ほど詳述するが，ネットワーク密度の低い「開放的なネットワーク」および「社外志向のネットワーク」を有するミドルを本調査では「企業家的ミドル」と位置づけることにした。そして，第５章最後に提示したモデルに従って，次のような仮説を設定することにした。

仮説１：開放的ネットワークを持つ企業家的ミドルは，既知の取引先に対してはネガティブパワー（強制パワー・報酬パワー・正当パワー）を，未知の取引先に対してはポジティブパワー（準拠パワー・専門パワー・情報パワー）を重視するだろう仮説２：社外志向ネットワークを持つ企業家的ミドルは，既知の取引先に対してはネガティブパワー（強制パワー・報酬パワー・正当パワー）を，未知の取引先に対してはポジティブパワー（準拠パワー・専門パワー・情報パワー）を重視するだろう

また，上記の仮説の他に，パワー・ベースを独立変数に「革新的行動」や「革新的自己効力感」を従属変数とし，これらの間の関係における「ネットワーク密度」と，モデルにあった３つの信頼（第三者信頼・ミクロ信頼・マクロ信頼）との調整効果（moderation effect）についても探索的に調査することにした。本探索的調査の概要を可視化すると，**図表補-1**のように示すことができる。

図表補-1　本調査の概要

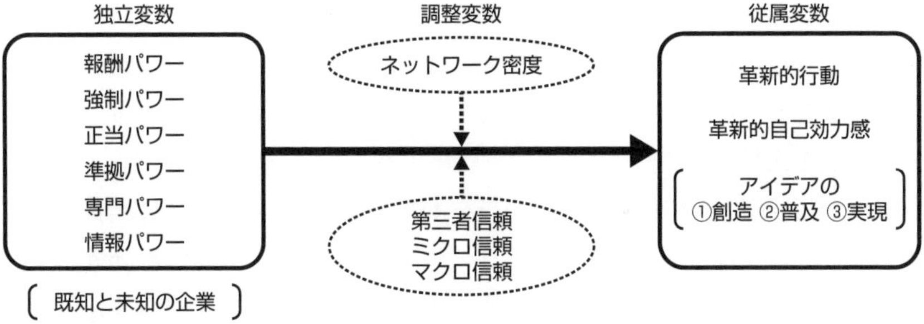

（出所）筆者作成

２）調査対象

データ収集は会社員を対象にWebアンケートを実施しているインターネット調査会社（株式会社メルリンクス）に依頼し，2019年４月～５月にかけて調査を実施した。同社に登録されている調査対象に対して予備調査を事前に実施し，正規雇用でかつ，係長，課長，次長，部長（非役員）のいずれかの職位に就いている人をミドルとして抽出し，その中から「仕事をする上で何か相談したり情報交換したりする人が社内外に５人以上いる」と回答した人でかつ研究開発

職と営業職に就いている人[2)]を各200名，計400名選出してアンケートを実施した。回答者の属性は，20歳～59歳（20代1.8%，30代14.5%，40代41.3%，50代42.5%）で平均年齢は47.6歳，性別はすべて男性だった。

3）方法

3-1．サンプルの分類

本調査では先述したようにネットワーク特性を特定する１つの方法として，社会ネットワーク分析で一般的に用いられている想起法によってネットワーク密度を算出・分類することにした。相談相手を複数人に想起させる想起法を採用すると，最初に想起した人物と何らかの関係のある人々を連想し，自ずとネットワーク密度が高くなる危険性が指摘されている（Brewer, 1993; 山口, 2003）。こうした認知バイアスを回避するために，最初にネットワークサイズを人数推定法により尋ねることにした。回答者には想起した５名の具体的な氏名を必ずメモ書きしてもらい，そこにＡからＥとラベリングしてから回答するよう回答上の注意を促した。

また，相談の内容には，いくつかのタイプが想定される。例えば，相談と情報交換の２種類のパーソナルネットワークに分けてそれらの特性を分析した研究（安田・石田, 2000）もあれば，仕事に関する実務関係（実用的な支援）と情緒関係（心理的な支援）に分けてネットワークの特性を分析している研究もある（石田, 2009）。本研究では，従属変数として革新的自己効力感を用いているため，プロダクトおよびプロセスイノベーションに（イノベーションのためのパーソナルネットワークを分析するために）関連づけした状況をイメージできるよう，設問の中に「何か新しいアイデアややり方を発想する時」という文言を加え，

2）営業職を調査対象にしたのは，言うまでもなく境界連結活動の頻度が高い最も典型的な職種だからである。また，研究開発職を調査対象に加えた理由は，第４章でも既に指摘したように，知識の移転やイノベーションについて研究開発職が境界連結活動を主体的に行うことは組織論的意義が高いことに加え，昨今のジョブ型雇用が進展する中で今後研究開発職の境界連結活動は活発化されることが予想されるからである。エンジニアやR&Dスタッフなど専門的な能力を持ち，かつ他企業でもその能力を発揮できる企業間での汎用性の高い人材は，企業が転職機会や情報流出などのリスクを危惧するため，境界連結活動を行うことに対して組織から圧力を受けやすいことが指摘されている（太田, 1994）。仮にそうだとするのなら，逆説的には組織的圧力を跳ね返すために境界連結活動に積極的になる反作用的な現象も起こり得ると仮定できることが，研究開発職を調査対象にした第二の理由である。

アンケート回答者が相談の中身をより具体的にイメージできるよう配慮した。

ネットワーク密度とは，ネットワークの開放性・閉鎖性を示す指標で，密度が高くなると自身と繋がりを持つ自分以外の人どうしも密接な繋がりを持つ閉鎖的ネットワークになり，反対に密度が低くなると自身と繋がりを持つ自分以外の人どうしが密接な繋がりを持たない開放的ネットワークとなる。その計算式はメンバー間の相互関係の最大値をネットワーク内の人数に，その人数から１を引いた数を掛けて，その値を２で割って算出する。次に，メンバー間の紐帯の数（相互関係のある数）を，その最大値で割るとネットワーク密度が算出される。例えば，Ａさん，Ｂさん，Ｃさん，Ｄさん，Ｅさんの５人がネットワークの構成メンバーだとすると，（５×（５－１））÷２＝10が最大値となり，この中でＡさんとＢさんとの間にしか紐帯（相互関係）がない場合は，１÷10＝0.1となる。

ただし，マースデン（Marsden, 1987）は，ネットワーク密度を，もう少し丁寧に分析する方法を提唱しており，メンバー間の関係をＳ「親しい」，Ａ「親しいが面識はある」，Ｎ「ネットワーク規模（全メンバー数）」とした場合，密度Ｄ＝（Ｓ＋Ａ×0.5）÷（Ｎ×（Ｎ－１）÷2）で算出している。本研究でもこの測定方法を採用し,「分からない」と回答した場合には「まったく面識がない（３）」として扱うことにした。そして，今回のサンプルのネットワーク密度の平均値が0.4398（中央値0.4）であったことから，0.43未満を低ネットワーク密度グループ（212名），0.43以上を高ネットワーク密度グループ（188名）として，２つのグループに分類することにした。

一方，想起した５人の相談相手は,「1.同じ部門の人」,「2.違う部門の人」,「3.取引関係のある他社の人」,「4.取引関係のない他社の人（勉強会や研究会等で出会った人)」,「5.仕事に関係のないコミュニティ（家族・友人・趣味仲間等）の人」という５つのタイプのどれに該当するか，AからEの枠に数字で回答してもらうことにした。そして,「1.同じ部門の人」と「2.違う部門の人」を選択した場合は社内志向として０点,「3.取引関係のある他社の人」,「4.取引関係のない他社の人」および「5.仕事に関係のないコミュニティの人」を選択した場合は社外志向として１点をつけ，相談相手５人の総得点が３点以上の人を社外志向ネットワーク・グループ（222名），３点未満を社内志向ネットワーク・グループ

（178名）として，２つのグループに分類することにした。

社会ネットワーク調査において，回答者に関係性を持つ人々をあげてもらう際，調査者が予め人物リストやカードを用意しその中から選んでもらう方法は「認知法」と呼ばれるのに対して，今回採用した回答者に自由に選択させる方法は「想起法」と呼ばれる。さらに，想起してもらった人物の具体的な属性を尋ねる方法は「ネーム・ジェネレータ方式」，想起してもらった人物の社会的カテゴリー，その中でも回答者との関係性を尋ねる方法は「ポジション・ジェネレータ方式」とそれぞれ呼ばれる（平松ら, 2010）。これらの分類に従えば，本調査は想起法によるポジション・ジェネレータ方式に位置づけられる。

3-2. 質問項目

従属変数，独立変数，調整変数いずれも，「1.まったくそう思わない」から「5.非常にそう思う」の５件法で尋ね，各尺度を項目の平均値で尺度化した。実際に用いた質問紙は，本書最後に付録として示してある。

ａ．従属変数

従属変数としては，先行研究（Janssen, 2000; Scott & Bruce, 1994）で開発されている３つの「革新的行動」尺度（アイデア創造・アイデア普及・アイデア実行）と，それをベースに先行研究（Ng & Lucianetti, 2016）で開発された３つの「革新的自己効力感」尺度（アイデア創造力自己効力感・アイデア普及力自己効力感・アイデア実行力自己効力感）を用いることにした。

これらの尺度について確認的因子分析[3)]を行った結果，先行研究とは異なり，各々の３つの尺度が１つの因子としてまとまってしまった。しかも，革新的行動の尺度と革新的自己効力感の尺度の間には強い正の相関係数が認められた（$r=.763, p<.001$）。そこで，本調査では自身の革新的行動や革新的自己効力感の度合いについてどのように認識しているのかを主観的に回答してもらっていることから，革新的行動よりも革新的自己効力感の尺度を使用する方が妥当だろうと判断し，こちらを従属変数として採用することにした。先行研究で使用さ

3）主成分分析によるバリマックス回転法を採用した。以下すべての確認的因子分析は同じ分析法と回転法を用いている。

れている3種類の革新的自己効力感の尺度を構成する項目の因子負荷量が総じて0.4以上だったため，すべての項目の平均値を計算し1つの尺度として採用した結果，信頼性係数（α）は0.90と非常に高い値を示していた。

b．独立変数

独立変数として採用した6つのパワー・ベースの尺度（強制・報酬・正当・準拠・専門・情報）には，これらの変数のいくつかを用いて実証分析を行っている複数の先行研究（Baldwin et al., 2009; Erchul et al., 2001; French Jr. & Raven, 1959; Hinkin & Schriesheim, 1989; Raven, 1992）で使用されている尺度を適宜採用した。

確認的因子分析を行った結果，「既知の企業」と「未知の企業」の各場合で6つのパワー・ベースは抽出されなかったため，収束した因子から多重負荷や因子負荷量が0.4未満の項目など不必要な項目を除外し，「既知の企業」を想定して回答してもらった場合では，「情報パワー」，「準拠パワー」，「報酬パワー」，「正当パワー」，そして「強制パワー」の5つの因子を，「未知の企業」の場合では「情報パワー」，「準拠パワー」，「正当パワー」，そして「強制パワー」の4つの因子を独立変数として採用することにした。各尺度の信頼性係数（α）は，「既知の企業」を想定して回答してもらった場合の「強制パワー（α=0.66)」を除いて，すべて0.7以上の値を示していた。

c．調整変数

ネットワーク密度に加え，第5章最後に提示したモデルに含まれる3つの信頼（ミクロ信頼・マクロ信頼・第三者信頼）によって，行使するパワー（独立変数）が革新的自己効力感（従属変数）に及ぼす影響力を強めるのか弱めるのかを調べるため，これらを調整変数として採用することにした。尺度は，ミクロ信頼とマクロ信頼の先行研究（Bhattacherjee, 2002; Zaheer et al., 1998）および第三者信頼の先行研究（Ferrin et al., 2006）で使用されたものを用いることにした。

確認的因子分析を行い，収束した因子から多重負荷や因子負荷量が0.4未満の項目などの不必要な項目を除外して「マクロ信頼」，「ミクロ信頼」，「第三者信頼」の3つの信頼尺度を作成した。各尺度の信頼性係数（α）は，「マクロ信頼（α=0.55)」を除いて，すべて0.7以上の値を示していた。

d．統制変数

統制変数として，革新的自己効力感（従属変数）に影響を与えそうな年齢に加え，婚姻の有無（0＝未婚，1＝既婚），子供の有無（0＝なし，1＝あり），職種（0＝営業職，1＝研究開発職），職位（0＝係長（参照カテゴリー），職位＝課長，職位＝次長，職位＝部長）をそれぞれダミー変数化して投入した。

2 定量分析の結果

図表補-2と**図表補-3**に分析に用いた変数の記述統計量と相関係数が示されている。これらを用い，第一に既知の企業を想定した場合と未知の企業を想定した場合において，ネットワーク密度の低いグループと高いグループとの間で，また社外志向グループと社内志向グループとの間で，重視するパワー・ベースに統計的に有意な差があるかを検証するため独立したサンプルのT検定を行うことにした。第二に，「ネットワーク密度」と「3タイプの信頼（ミクロ信頼・マクロ信頼・第三者信頼）」とが，重視するパワー・ベースの革新的自己効力感に対する影響を強めるのか弱めるのかを検証するため，独立変数を「パワー・ベース」，従属変数を「革新的自己効力感」，調整変数を「ネットワーク密度」と「3タイプの信頼（ミクロ信頼・マクロ信頼・第三者信頼）」とし，階層的重回帰分析を実施した。分析は，いずれもSPSS（バージョン25）を用いて行うことにした。

1）ネットワーク密度とパワーとの関係性の分析

1-1．分析結果

既知の企業を想定した場合と未知の企業を想定した場合とで，先述した方法によりネットワーク密度の高いグループと低いグループの間において重視するパワー・ベースに差があるか検証するため，独立したサンプルのT検定を行ったところ，「未知の企業」を想定した場合の強制パワーのみ有意な差が見られた（$t=0.701$, $df=398$, $p<0.05$）。この結果と平均値を見ると，ネットワーク密度の

料金受取人払郵便

神田局
承認
7635

差出有効期間
2024年4月30
日まで

郵便はがき

101-8796

511

(受取人)
東京都千代田区
神田神保町1－41

同文舘出版株式会社
愛読者係行

ご愛読をいただき厚く御礼申し上げます。お客様より収集させていただいた個人情報
出版企画の参考にさせていただきます。厳重に管理し、お客様の承諾を得た範囲を超
使用いたしません。メールにて新刊案内ご希望の方は、Eメールをご記入のうえ、
ール配信希望」の「有」に○印を付けて下さい。

書目録希望	有	無	メール配信希望	有	無

ガナ		性 別	年 齢
前		男・女	才
所	〒 TEL ( ) Eメール		
業	1.会社員 2.団体職員 3.公務員 4.自営 5.自由業 6.教師 7.学生 8.主婦 9.その他( )		
先類	1.建設 2.製造 3.小売 4.銀行・各種金融 5.証券 6.保険 7.不動産 8.運輸・倉庫 9.情報・通信 10.サービス 11.官公庁 12.農林水産 13.その他( )		
種	1.労務 2.人事 3.庶務 4.秘書 5.経理 6.調査 7.企画 8.技術 9.生産管理 10.製造 11.宣伝 12.営業販売 13.その他( )		

愛読者カード

書名

◆ お買上げいただいた日　　　年　　月　　日頃

◆ お買上げいただいた書店名　（

◆ よく読まれる新聞・雑誌　（

◆ 本書をなにでお知りになりましたか。

1．新聞・雑誌の広告・書評で　（紙・誌名

2．書店で見て　3．会社・学校のテキスト　4．人のすすめで

5．図書目録を見て　6．その他（

◆ 本書に対するご意見

◆ ご感想

●内容　良い　普通　不満　その他（

●価格　安い　普通　高い　その他（

●装丁　良い　普通　悪い　その他（

◆ どんなテーマの出版をご希望ですか

<書籍のご注文について>

直接小社にご注文の方はお電話にてお申し込みください。宅急便の代金着払いて発送いたします。1回のお買い上げ金額が税込2,500円未満の場合は送料は500円、税込2,500円以上の場合は送料無料。送料のほかに1回のご注文に300円の代引手数料がかかります。商品到着時に宅配業者へお支払いください

同文舘出版　営業部　TEL：03－3294－1801

図表補-2　記述統計と相関係数（既知の取引先）

	変数	平均	標準偏差	1	2	3	4	5	6	7	8	9	10	11	12	13	14	15	16	17
1	年齢	47.60	7.60																	
2	婚姻	0.82	0.38	0.05																
3	子供	0.71	0.45	0.04	0.68**															
4	職種	0.50	0.50	0.11*	-0.05	0.01														
5	職位：課長	0.45	0.50	0.00	0.03	0.07	0.01													
6	職位：次長	0.11	0.31	-0.01	0.05	0.04	0.02	-0.31**												
7	職位：部長	0.20	0.40	0.21**	0.01	-0.08	-0.05	-0.46**	-0.17**											
8	革新的自己効力	3.10	0.51	0.00	-0.06	-0.03	-0.03	-0.01	-0.07	0.08										
9	情報パワー	3.26	0.59	-0.07	-0.16**	-0.10*	0.02	-0.07	-0.07	0.05	0.53**									
10	準拠パワー	3.05	0.54	0.03	-0.13*	-0.09	-0.01	0.00	-0.02	0.08	0.52**	0.50**								
11	正当パワー	3.09	0.62	0.00	-0.04	-0.03	-0.04	-0.01	-0.05	0.12*	0.46**	0.48**	0.50**							
12	強制パワー	2.92	0.65	-0.04	-0.06	-0.02	-0.05	-0.04	0.06	0.04	0.28**	0.29**	0.49**	0.39**						
13	報酬パワー	3.06	0.70	-0.04	-0.04	0.00	0.01	-0.11*	0.05	0.13**	0.52**	0.51**	0.55**	0.48**	0.44**					
14	ネットワーク密度	0.44	0.35	-0.12*	0.12*	0.06	-0.05	-0.04	-0.08	-0.05	-0.11*	-0.02	-0.08	0.00	-0.08	-0.03				
15	ミクロ信頼	3.03	0.51	0.08	-0.09	-0.04	0.01	-0.04	0.00	0.06	0.57**	0.50**	0.49**	0.39**	0.17**	0.41**	-0.11*			
16	第三者信頼	3.08	0.55	-0.03	-0.09	-0.06	0.00	0.01	-0.07	0.10	0.41**	0.32**	0.34**	0.33**	0.25**	0.30**	-0.06	0.44**		
17	マクロ信頼	2.91	0.60	0.04	0.10*	0.10*	0.03	0.07	0.01	-0.05	-0.36**	-0.45**	-0.30**	-0.25**	-0.28**	-0.42**	0.04	-0.35**	-0.39**	

**$p<0.01$, *$p<0.05$
・$N=400$
・婚姻（0＝未婚），子供（0＝なし），職種（0＝営業），職位（0＝係長）は，それぞれダミー変数

図表補-3　記述統計と相関係数（未知の取引先）

	変数	平均	標準偏差	1	2	3	4	5	6	7	8	9	10	11	12	13	14	15	16
1	年齢	47.60	7.60																
2	婚姻	0.82	0.38	0.05															
3	子供	0.71	0.45	0.04	0.68**														
4	職種	0.50	0.50	0.11*	-0.05	0.01													
5	職位：課長	0.45	0.50	0.00	0.03	0.07	0.01												
6	職位：次長	0.11	0.31	-0.01	0.05	0.04	0.02	-0.31**											
7	職位：部長	0.20	0.40	0.21**	0.01	-0.08	-0.05	-0.46*	-0.17**										
8	革新的自己効力	3.10	0.51	0.00	-0.06	-0.03	-0.03	-0.01	-0.07	0.08									
9	情報パワー	3.14	0.55	0.03	-0.13**	-0.06	0.02	-0.03	0.00	0.05	0.58**								
10	準拠パワー	3.01	0.60	0.04	-0.03	-0.03	-0.02	0.01	0.05	0.04	0.54**	0.48**							
11	正当パワー	2.99	0.63	0.07	-0.05	-0.03	0.05	-0.01	-0.01	0.07	0.53**	0.44**	0.59**						
12	強制パワー	3.00	0.68	-0.04	-0.08	-0.07	0.03	-0.08	0.05	0.07	0.40**	0.31**	0.42**	0.47**					
13	ネットワーク密度	0.44	0.35	-0.12*	0.12*	0.06	-0.05	-0.04	-0.08	-0.05	-0.11*	-0.10*	-0.07	-0.08	-0.12*				
14	ミクロ信頼	3.03	0.51	0.08	-0.09	-0.04	0.01	-0.04	0.00	0.06	0.57**	0.54**	0.52**	0.49**	0.29**	-0.11*			
15	第三者信頼	3.08	0.55	-0.03	-0.09	-0.06	0.00	0.01	-0.07	0.10	0.41**	0.36**	0.36**	0.37**	0.37**	-0.06	0.44**		
16	マクロ信頼	2.91	0.60	0.04	0.10*	0.10*	0.03	0.07	0.01	-0.05	-0.36**	-0.41**	-0.28**	-0.28**	-0.27**	0.04	-0.35**	-0.39**	

**$p<0.01$, *$p<0.05$
・$N=400$
・婚姻（0＝未婚），子供（0＝なし），職種（0＝営業），職位（0＝係長）は，それぞれダミー変数

低いグループの方が強制パワーを重視する傾向にあると解釈できる。しかしながら，それ以外はネットワーク密度の高低によって重視するパワー・ベースに統計的に有意な差は認められなかった。

次に社外志向ネットワークを持つグループと社内志向ネットワークを持つグループにおいて，既知の企業を想定した場合と未知の企業を想定した場合とで，重視するパワー・ベースに差があるか検証するため，独立したサンプルのT検定を行ったところ，残念ながらいずれのパワー・ベースにおいても統計的に有意な差は見られなかった。

そこで，本研究は仮説検証型というよりはむしろ仮説発見型の探索的調査に位置づけられるため，各グループで重視するパワー・ベースの状況をもう少し丁寧に分析することにした。同じ回答者に既知と未知の企業とをそれぞれ想定してもらいながら重視するパワー・ベースを回答してもらっていることから，グループごとに対応のあるT検定を行ってみることにした。

まず，低いネットワーク密度と高いネットワーク密度のグループにおいて，既知と未知の取引先に対して重視するパワー・ベースの分析結果は，**図表補-4**と**図表補-5**に示されている通りである。

図表補-4からは，「情報パワー」と「強制パワー」に統計的に有意な差のあることが分かった。

図表補-4　低ネットワーク密度グループの既知と未知の場合に重視するパワー・ベース

パワー・ベース（尺度）	既知（平均値）	未知（平均値）	*t* 値
情報パワー	3.32	3.19	3.112**
準拠パワー	3.08	3.02	1.216
正当パワー	3.08	3.02	1.116
強制パワー	2.94	3.06	-2.550*

**$p<0.01$, *$p<0.05$
・$N=212$

図表補-5から，先ほどの「情報パワー」と「強制パワー」に加え，「正当パワー」にも統計的に有意な差のあることが認められた。

次に，社外志向と社内志向の各グループにおいては，既知と未知の取引先に対して重視するパワー・ベースの分析結果は，**図表補-6**と**図表補-7**のような結果になった。

図表補-6から「情報パワー」と「強制パワー」に，**図表補-7**から「情報パワー」と「正当パワー」に統計的に有意な差のあることが分かった。

図表補-5　高ネットワーク密度グループの既知と未知の場合に重視するパワー・ベース

パワー・ベース（尺度）	既知（平均値）	未知（平均値）	t 値
情報パワー	3.20	3.12	2.167*
準拠パワー	3.03	3.05	-0.310
正当パワー	3.12	3.02	2.626**
強制パワー	2.88	2.96	-2.099*

**$p<0.01$, *$p<0.05$
・$N=188$

図表補-6　社外志向グループの既知と未知の場合に重視するパワー・ベース

パワー・ベース（尺度）	既知（平均値）	未知（平均値）	t 値
情報パワー	3.27	3.18	2.993**
準拠パワー	3.09	3.03	1.720
正当パワー	3.09	3.02	1.832
強制パワー	2.96	3.04	-2.118*

**$p<0.01$, *$p<0.05$
・$N=222$

図表補-7　社内志向グループの既知と未知の場合に重視するパワー・ベース

パワー・ベース（尺度）	既知（平均値）	未知（平均値）	t 値
情報パワー	3.24	3.09	3.565**
準拠パワー	3.01	2.98	0.562
正当パワー	3.09	2.96	2.670**
強制パワー	2.87	2.94	-1.420

**$p<0.01$, *$p<0.05$
・$N=178$

1-2. 結果の解釈

高いネットワーク密度と低いネットワーク密度のグループ，そして社内志向と社外志向のグループの各グループによる差の検証は，未知の企業を想定した場合にネットワーク密度の低いグループ，すなわち本調査で企業家的ミドルと位置づけられるグループの方が強制パワーを重視する傾向にあることが分かり，仮説とは真逆の結果となってしまった。

また各グループにおける未知と既知の場合の差の検証では，まずネットワーク密度の高低によって，「情報パワー」と「強制パワー」を重視する傾向に差は見られなかった。どちらのグループも，未知の企業よりも既知の企業の場合に「情報パワー」を重視し，反対に既知よりも未知の企業の場合に「強制パワー」を重視することが，分析結果から明らかになった。しかしながら，「正当パワー」に関しては，ネットワーク密度の高いグループの方が，未知の企業よりも既知の企業に対して重視する傾向にあることが分析結果から分かった。これまで取引関係のない未知の企業に対しては，少なくとも取引先担当者のミクロ信頼は担保されていないため，「強制パワー」のようなネガティブパワーは重視しない傾向にあるだろうと予想していたが，結果はその逆であった。憶測の域を脱しないが，もしかしたらこれまで取引関係のない企業に対しては，所属企業のブランドやレピュテーションのようなマクロ信頼を盾に交渉したり，第三者信頼のような取引先の紹介を通じて交渉する場合，紹介者と相手企業との間に既にパワー関係が存在したりして，そのことが強制パワーの行使を後押ししているかもしれない。

また，ネットワーク密度の高いグループにあっては，既知の企業の場合の方が正当パワーを重視する結果になったが，自分の頼りにしている人どうしも繋がっている閉鎖的ネットワークを持つグループであるがゆえに，限定されたネットワーク内で長期的な関係に基づいた取引を行う傾向が予想され，そのことが取引関係における地位や役割の固定化を促すことで，「正当パワー」を重視する傾向にあるのかもしれない。

一方，社外志向グループと社内志向グループに関する分析結果からは，両グループにおいて未知の場合よりも既知の企業の場合に「情報パワー」を重視することが分かる。しかしながら，本調査で企業家的ミドルに位置づけられる社外志向グループでは，既知の取引先よりも未知の取引先の場合に「強制パワー」を重視する傾向があるのに対し，社内志向グループでは，未知の取引先よりも既知の取引先の場合に「正当パワー」を重視する傾向にあることが分かる。先ほどの開放的なネットワークを有するネットワーク密度の低いグループの場合と同様に，社外志向グループにおいても既知よりも未知の場合に強制パワーを重視する傾向にあることが分かった。もしかすると，このグループに分類された人達は，そもそも自社のブランド力やレピュテーション，すなわちマクロ信頼が自社に備わっていると認知しており，そのマクロ信頼を盾に対外的な活動を積極的に行っているのかもしれない。さらに，社内志向グループが既知の取引先に対して「正当パワー」を重視する傾向が強いことは，ある意味で想定内の結果で，既に取引関係があるがゆえに，公式的な地位や役職，指示命令系統の範囲でパワーを行使する傾向にあることが分かった。

2）ネットワーク密度の調整効果の分析

2-1. 分析結果

次に，ネットワーク密度の調整効果を検証するために，既知の企業と未知の企業を想定した場合の分析結果は，それぞれ**図表補-8**と**図表補-9**に示されている通りである。

図表補-8のモデル1の決定係数は統計的に有意ではなく，モデル2から4の決定係数は統計的に有意で，それぞれ革新的自己効力感における総分散の約42%，43%，45%を説明している。モデル1は，コントロール変数として用いられている属性変数だけを従属変数に回帰したもので，有意な結果が現れているものはなかった。モデル2は，モデル1に先述した5つのパワー・ベースを加え，それぞれが従属変数に及ぼす主効果（main effect）を調べたものである。5つの変数の中で，強制パワーを除く4つのパワー・ベースが統計的に有意な正の影響を与えている。モデル3は，ネットワーク密度を加えたものである。**図表補-8**から分かるように，ネットワーク密度は，従属変数に統計的に有意な正の影響を与えている。最後のモデル4では，ネットワーク密度の調整効果を調べるために，交差項をモデル式に投入したものである。その際，交差項を設けることによって生じる多重共線性の問題を回避するために変数の中心化，すなわち各変数の素点からその変数の平均を引いた値を作り，それらの積で交差項を作った。これにより，分散拡大係数（variance inflation factor: VIF）はすべて10以下で，多重共線性は回避できた。

図表補-8から明らかなように，「情報パワーとネットワーク密度（図表中では「N密度」と表記）」の交差項は，従属変数に統計的に有意な負の影響を与えている。つまり，既知の企業において，情報パワーが従属変数に及ぼす影響は，ネット

図表補-8　既知の企業に対するパワー・ベースと革新的自己効力感との間のネットワーク密度の調整効果

変数	モデル1		モデル2		モデル3		モデル4	
	b	*s.e.*	*b*	*s.e.*	*b*	*s.e.*	*b*	*s.e.*
切片	3.194***	0.173	0.914***	0.200	1.015***	0.204	1.063***	0.204
年齢	-0.001	0.004	0.001	0.003	0.001	0.003	0.000	0.003
婚姻	-0.099	0.092	0.029	0.071	0.046	0.071	0.040	0.071
子供	0.035	0.078	0.006	0.060	0.003	0.060	0.007	0.059
職種	-0.026	0.052	-0.031	0.040	-0.035	0.040	-0.034	0.040
職位：課長	0.001	0.066	0.004	0.051	-0.009	0.051	-0.008	0.051
職位：次長	-0.097	0.096	-0.095	0.075	-0.118	0.075	-0.098	0.075
職位：部長	0.093	0.081	-0.013	0.063	-0.028	0.063	-0.029	0.063
情報パワー			0.215***	0.044	0.215***	0.043	0.213***	0.043
準拠パワー			0.223***	0.050	0.219***	0.050	0.240***	0.050
正当パワー			0.099*	0.040	0.104***	0.040	0.095*	0.040
強制パワー			-0.039	0.037	-0.044	0.036	-0.043	0.036
報酬パワー			0.176***	0.038	0.177***	0.038	0.157***	0.038
ネットワーク密度					-0.133*	0.058	-0.135*	0.058
情報パワー×N密度							-0.306*	0.124
準拠パワー×N密度							0.029	0.150
正当パワー×N密度							0.050	0.121
強制パワー×N密度							0.007	0.107
報酬パワー×N密度							0.278*	0.110
R^2	0.014		0.421***		0.428***		0.448***	
Adjusted R^2	-0.004		0.403		0.409		0.422	
$\triangle R^2$			0.407***		0.008*		0.019*	

***p<0.001, **p<0.01, *p<0.05
・N=400
・婚姻（0=未婚），子供（0=なし），職種（0=営業），職位（0=係長）は，それぞれダミー変数

ワーク密度によって変わってくるわけだが，ネットワーク密度が高くなればなるほど，両者の関係が弱まる。それに対して，「準拠パワーとネットワーク密度」の交差項は，従属変数に統計的に有意な正の影響を与えていることが明らかになっている。つまり，準拠パワーが従属変数に及ぼす影響は，情報パワーとは逆に，ネットワーク密度が高くなるほど，両者の関係はより強くなる。

一方，**図表補-9**のモデル１の決定係数も統計的に有意ではなく，モデル２，モデル３およびモデル４の決定係数は統計的に有意で，それぞれ革新的自己効力感における総分散の約47%，約48%，そして49%を説明している。モデル１

図表補-9　未知の企業に対するパワー・ベースと革新的自己効力感との間のネットワーク密度の調整効果

変数	モデル1		モデル2		モデル3		モデル4	
	b	*s.e.*	*b*	*s.e.*	*b*	*s.e.*	*b*	*s.e.*
切片	3.194***	0.173	0.899***	0.181	0.954***	0.188	1.002***	0.189
年齢	-0.001	0.004	-0.002	0.003	-0.002	0.003	-0.003	0.003
婚姻	-0.099	0.092	0.017	0.068	0.025	0.068	0.033	0.068
子供	0.035	0.078	0.015	0.057	0.013	0.057	-0.001	0.057
職種	-0.026	0.052	-0.039	0.038	-0.041	0.038	-0.038	0.038
職位：課長	0.001	0.066	-0.021	0.048	-0.027	0.049	-0.026	0.048
職位：次長	-0.097	0.096	-0.158*	0.071	-0.168*	0.071	-0.157*	0.071
職位：部長	0.093	0.081	0.014	0.060	0.008	0.060	0.010	0.059
情報パワー			0.333***	0.041	0.331***	0.041	0.332***	0.041
準拠パワー			0.175***	0.042	0.175***	0.042	0.171***	0.042
正当パワー			0.167***	0.040	0.167***	0.040	0.159***	0.039
強制パワー			0.081*	0.033	0.078*	0.033	0.077*	0.033
ネットワーク密度					-0.060	0.056	-0.053	0.056
情報パワー×N密度							-0.214	0.119
準拠パワー×N密度							0.204	0.121
正当パワー×N密度							0.223	0.121
強制パワー×N密度							-0.067	0.092
R^2	0.014		0.474***		0.475***		0.491***	
Adjusted R^2	-0.004		0.459***		0.459		0.470*	
$\triangle R^2$			0.442***		0.002		0.018*	

****p*<0.001, ***p*<0.01, **p*<0.05
・*N*=400
・婚姻（0=未婚），子供（0=なし），職種（0=営業），職位（0=係長）は，それぞれダミー変数

は，**図表補-8**と同じく，革新的自己効力感に統計的に有意な影響を与え属性変数は1つもない。モデル2は，先述したように，確認的因子分析により抽出された4つのパワー・ベースをモデル1に加え，各々が従属変数に及ぼす主効果を調べたものである。属性変数の職位ダミー（次長）が統計的に有意な負の影響を与えており，4つの独立変数はいずれも，統計的に有意な正の影響を与えている。モデル3はモデル2にネットワーク密度を加えたものである。

図表補-9から分かるように，未知の企業において，ネットワーク密度は従属変数に統計的に有意な影響を与えていない。最後のモデル4では，ネットワーク密度の調整効果を調べるため交差項を投入したモデルで，交差項を投入する際には，先ほどと同様に多重共線性の問題を回避するために中心化を行って交差項を作った。図表から分かるように，すべての交差項は，従属変数に統計的に有意な影響を与えてはいなかった。

2-2. 結果の解釈

既知の企業に対して，ネットワーク密度では情報パワーの重視が革新的自己効力感に与える影響を弱めていることから，密度の低い開放的なネットワークを持っている人ほど，異質な情報を入手する機会に恵まれており，相手企業にとって有益な情報をもたらす能力を有する，すなわち情報の非対称性を埋めるような情報パワーの行使に対する自負心を高め，そのことが革新的行動に対する自己効力感，すなわち革新的自己効力感を高めている可能性がある。反対に，ネットワーク密度では報酬パワーの重視が革新的自己効力感への影響を強めていることから，密度の高い同質化した閉鎖的ネットワークを有する人ほど狭く深い組織的学習の可能性を認識しやすくし，そうした組織学習の結果得られる情報は取引相手にとっての報酬に値するという認識をもたらし，そのことが革新的自己効力感を高めているのかもしれない[4)]。

4）想起法による相談相手5人が社内の人か社外の人かもアンケートで回答してもらっており，社内の人を0点，社外の人を1点と得点化した社内外志向得点（0～5）とネットワーク密度との相関分析を行った結果，比較的強い負の相関（R=-.58）が見られた。この結果から，ネットワーク密度が高い人（閉鎖的なネットワークを持つ人）ほど社内志向で，反対にネットワーク密度が低い人（開放的なネットワークを持つ人）ほど社外志向であることが分かっている。したがって，ネットワーク密度の高い人は社内志向が強く，それゆえ社内で行使されがちな報酬パワー（昇級や昇進あるいは金銭的な物的報酬）を社外での取引においても持ち込んでしまう傾向にあるのかもしれない，という別の解釈の余地もある。

改めて要約すると，既知の企業が相手の場合，ネットワーク密度の低い開放的ネットワークを持つ企業家的ミドルは情報の非対称性を埋めてくれる存在をアピールすることで，またネットワーク密度の高い閉鎖的ネットワークしか持ち得ないミドルは何らかの報酬を与えてくれる存在を誇示することで，取引先の担当者相手に交渉している傾向にあり，そのことが革新的自己効力感を高める可能性が示唆された。

一方，未知の企業の担当者に対して，ミドルのネットワーク密度では，すべてのパワー・ベースにおいて革新的自己効力感に統計的に有意な影響を及ぼしていることは確認されなかった。

3）3つの信頼の調整効果の分析

3-1. 分析結果

次に，3タイプの信頼の調整効果を検証するために，階層的重回帰分析を行った。まず，第三者信頼の調整効果を検証するために行われた，既知の企業と未知の企業を想定した場合の分析結果は，それぞれ**図表補-10**と**図表補-11**に示されている通りである。

図表補-10のモデル1の決定係数は統計的に有意ではなく，モデル2から4の決定係数は統計的に有意で，それぞれ革新的自己効力感における総分散の約43%，46%，48%を説明している。モデル1は，コントロール変数として用いられている属性変数だけを従属変数に回帰したもので，ネットワーク密度のみ有意な結果が現れている。先ほどの分析と同様に，モデル2には5つのパワー・ベースを加え従属変数に及ぼす主効果を調べ，モデル3にはさらに第三者信頼を加え，モデル4は第三者信頼の調整効果を調べるために中心化を行った交差項を投入したモデルである。

図表補-10から分かる通り，モデル2において，強制パワーを除く4つのパワー・ベースが統計的に有意な正の影響を与えている。モデル3では，第三者信頼は従属変数に統計的に有意な正の影響を与えている。モデル4においては，「情報パワーと第三者信頼」と「報酬パワーと第三者信頼」の交差項は従属変数に統計的に有意な負の影響を，また「準拠パワーと第三者信頼」の交差項は従属変数に統計的に有意な正の影響を与えている。

これに対して，未知の企業を想定してもらった場合の第三者信頼の調整効果を分析した結果が**図表補-11**に示されている。モデル1の決定係数は統計的に有意ではなく，モデル2から4の決定係数は統計的に有意で，それぞれ革新的自己効力感における総分散の約48%，49%，50%を説明している。モデル2で

図表補-10　既知の企業に対するパワー・ベースと革新的自己効力感との間の第三者信頼の調整効果

変数	モデル1		モデル2		モデル3		モデル4	
	b	*s.e.*	*b*	*s.e.*	*b*	*s.e.*	*b*	*s.e.*
切片	3.296***	0.179	1.015***	0.204	0.719**	0.211	0.691***	0.209
年齢	-0.001	0.004	0.001	0.003	0.001	0.003	0.001	0.003
婚姻	-0.078	0.092	0.046	0.071	0.053	0.070	0.057	0.069
子供	0.031	0.077	0.003	0.060	0.004	0.058	0.006	0.058
職種	-0.030	0.052	-0.035	0.040	-0.038	0.039	-0.031	0.039
職位：課長	-0.015	0.066	-0.009	0.051	-0.021	0.050	-0.021	0.050
職位：次長	-0.124	0.096	-0.118	0.075	-0.111	0.073	-0.099	0.073
職位：部長	0.075	0.081	-0.028	0.063	-0.048	0.062	-0.048	0.062
ネットワーク密度	-0.157*	0.075	-0.133*	0.058	-0.124*	0.057	-0.125*	0.056
情報パワー			0.215***	0.043	0.195***	0.043	0.168***	0.043
準拠パワー			0.219***	0.050	0.196***	0.049	0.190***	0.049
正当パワー			0.104*	0.040	0.084*	0.040	0.080*	0.039
強制パワー			-0.044	0.036	-0.053	0.036	-0.055	0.035
報酬パワー			0.177***	0.038	0.168***	0.037	0.161***	0.037
第三者信頼					0.168***	0.039	0.227***	0.042
情報パワー×第三者信頼							-0.164*	0.072
準拠パワー×第三者信頼							0.190**	0.070
正当パワー×第三者信頼							0.036	0.058
強制パワー×第三者信頼							0.068	0.056
報酬パワー×第三者信頼							-0.121*	0.060
R^2	0.025		0.428***		0.455***		0.480***	
Adjusted R^2	-0.005		0.409		0.435		0.454	
$\triangle R^2$			0.404***		0.026***		0.025**	

***$p<0.001$, **$p<0.01$, *$p<0.05$
・$N=400$
・婚姻（0=未婚），子供（0=なし），職種（0=営業），職位（0=係長）は，それぞれダミー変数

は，すべての独立変数が従属変数に対して統計的に有意な正の影響を与えていることが分かる。モデル3では，モデル2で主効果が確認された強制パワーが統計的に有意な影響を与えなくなっているのに対して，先ほどの既知の企業の場合と同様に第三者信頼は統計的に有意な正の影響を与えている。さらにモデル4にあっては，「情報パワーと第三者信頼」の交差項が統計的に有意な負の影響を，「強制パワーと第三者信頼」の交差項が従属変数に統計的に有意な正の影響を与えている。

図表補-11　未知の企業に対するパワー・ベースと革新的自己効力感との間の第三者信頼の調整効果

変数	モデル1		モデル2		モデル3		モデル4	
	b	*s.e.*	*b*	*s.e.*	*b*	*s.e.*	*b*	*s.e.*
切片	3.296***	0.179	0.954***	0.188	0.787***	0.197	0.790***	0.195
年齢	-0.001	0.004	-0.002	0.003	-0.002	0.003	-0.001	0.003
婚姻	-0.078	0.092	0.025	0.068	0.030	0.068	0.008	0.068
子供	0.031	0.077	0.013	0.057	0.013	0.057	0.024	0.057
職種	-0.030	0.052	-0.041	0.038	-0.041	0.038	-0.040	0.038
職位：課長	-0.015	0.066	-0.027	0.049	-0.034	0.048	-0.027	0.048
職位：次長	-0.124	0.096	-0.168*	0.071	-0.160*	0.071	-0.156*	0.070
職位：部長	0.075	0.081	0.008	0.060	-0.006	0.060	-0.003	0.059
ネットワーク密度	-0.157*	0.075	-0.060	0.056	-0.061	0.055	-0.060	0.055
情報パワー			0.331***	0.041	0.312***	0.041	0.299***	0.041
準拠パワー			0.175***	0.042	0.164***	0.042	0.150***	0.042
正当パワー			0.167***	0.040	0.156***	0.040	0.146***	0.039
強制パワー			0.078*	0.033	0.060	0.033	0.056	0.033
第三者信頼					0.105**	0.040	0.133**	0.040
情報パワー×第三者信頼							-0.126*	0.056
準拠パワー×第三者信頼							0.009	0.071
正当パワー×第三者信頼							0.033	0.072
強制パワー×第三者信頼							0.126**	0.040
R^2	0.025		0.475***		0.485***		0.504***	
Adjusted R^2	0.005		0.459		0.467		0.482**	
$\triangle R^2$			0.451***		0.010**		0.019**	

***$p<0.001$, **$p<0.01$, *$p<0.05$
・$N=400$
・婚姻（0＝未婚），子供（0＝なし），職種（0＝営業），職位（0＝係長）は，それぞれダミー変数

次にミクロ信頼およびマクロ信頼の調整効果を検証することにしたが，過去に取引関係のある既知の企業を想定して回答してもらった場合，そこには既に担当者のミクロ信頼や組織のマクロ信頼が備わっていることが含意された上で回答している可能性がある。こうした認知バイアスを回避するため，ミクロ信頼とマクロ信頼の調整効果は，未知の企業を想定した場合にのみ分析を試みた。しかしながら，未知の企業を想定した場合，ミクロ信頼とマクロ信頼には，各パワー・ベースが革新的自己効力感を調整する効果は認められなかった。

3-2. 結果の解釈

まず，**図表補-10**の分析結果から，既知の企業を想定した場合，第三者信頼では情報パワーと報酬パワーの重視が革新的自己効力感に与える影響を弱めている一方で，準拠パワーの重視が革新的自己効力感に与える影響を強めている。これらの結果から，既知の企業を想定した場合には，その担当者や企業との間にミクロ信頼やマクロ信頼が形成されている可能性が高く，第三者を介して信頼を担保しようとする人ほど，情報パワーや報酬パワーの行使は相手企業の担当者に効力を発揮しない（何かしらの有益な情報や便益をもたらす能力をちらつかせても無意味である）と考える傾向にあり，そのことが革新的自己効力感へ負の影響を与えているかもしれない。第三者信頼を重視する人は，むしろ既に取引実績のある企業の担当者とのミクロ信頼をさらに強化するため，信頼の伝聞効果を狙って自己のビジョンや意志を意図的に第三者を介して伝搬しようとする，すなわち第三者を通じて間接的に準拠パワーを行使することの方が効果的だと認識する傾向にあり，そのことが革新的自己効力感を高めているのかもしれない。

また，**図表補-11**の分析結果からは，未知の企業にあって，第三者信頼では情報パワーの重視が革新的自己効力感を弱めている一方で，強制パワーの重視が革新的自己効力感を強めていることが分かる。この結果は，先ほどの未知と既知の企業における各グループの差の検証結果の部分で考察したのと同様に，第三者を介して取引先を新規開拓する場合，その第三者自身や第三者が所属している企業が，紹介してもらいたい企業やその担当者に対してパワー優位な関係が織り込み済みで紹介してもらう場合が多く，そのことが強制パワーの行使を伴った強気な交渉を実現させているのかもしれない。

加えて，この結果は第5章で詳細に論じた山岸（1998）の安心はするけども信頼はしない日本人の気質と通底する部分もあり，大変興味深い。既述したように，信頼は不確実な状況下で相手の意図を評価する過程であるのに対して，相手が自己を裏切ると自身に制裁が降りかかることを確信している状態が安心だった。第三者信頼とは，自己を裏切ると第三者を介して取引相手に何らかの制裁が降りかかることを確信する役割を担っており，そのことが強制パワーのようなネガティブパワーの行使をしても構わないとするマインドセットを醸成している可能性が示唆される。

最後に，未知の企業に対して，ミクロとマクロの両信頼では各パワー・ベースが革新的自己効力感を強めたり弱めたりする調整効果を持ってはいなかった。

3 結果の考察

これまでの分析結果から，今回の探索的調査を通じて分かった発見事実を振り返りながら，改めてそこから得られる示唆について言及することにしよう。

1）ネットワーク密度の高低および社内外志向によって重視されるパワー・ベースの差に関する分析結果の考察

第5章で提示したモデルを部分的に検証するために設定した2つの仮説は，残念ながら支持されなかった。むしろ分析からは仮説の反対を支持する結果となってしまった。ポジティブなパワー・ベースに該当する情報パワーは，未知よりも既知の取引先企業の場合に重視され，ネガティブなパワー・ベースである強制パワーは既知よりも未知の取引先企業の場合に重視される結果となった。これらの分析結果から，必ずしも信頼構築のシグナルとしてポジティブなパワー・ベースを行使したり，担当者間や企業間の既存の信頼がモデレータ機能を果たすことでネガティブなパワー・ベースを行使できたりするとは限らないことが言える。むしろ，既知の企業との信頼関係をさらに強固にするためにポジティブな情報パワーを重視しているかもしれないし，既述したように今回の調査対象は取引関係を開始する際，所属する自社のブランドやレピュテーションなどのマクロ信頼が既に存在する，あるいは誰かの紹介（第三者信頼）に頼って取引関係を開始し，しかもそこには紹介者と被紹介者との間に既にパワー関係が存在し，強制パワーの行使を可能にする強気な交渉ができる状況が潜在しているのかもしれない。ただし，ネットワーク密度の低い開放的ネットワークを持つ企業家的ミドルのグループよりも，ネットワーク密度の高い閉鎖的ネットワークを有するグループの方が，未知よりも既知の企業に対して正当パワーを重視する傾向にあったことから，ネットワークの特性による違いに焦点を当てた場合，閉鎖的ネットワークを有するミドルは，そうしたネットワーク特性を取引関係の構築方法にも強く反映させているかもしれないことが示唆され，部分的には興味深い分析結果となった。

2）その他のネットワーク特性によって重視されるパワー・ベースの差に関する補完的分析結果の考察

今回の調査では，ネットワーク密度や社内外志向というネットワーク特性の他に，職種（営業職と研究開発職）による分類をしたり，安田（2008）と中山（2017）の尺度を参考に，「結束型（bonding）」と「橋渡し型（bridging）」のグループ[5)]に分類する補助質問を設定し，これら2つのグループにおいて，重視するパワー・ベースに統計的に有意な差があるか検証してみた。

まず，橋渡し型と結束型の2つのグループに差があるか検証したところ，**図表補-12**と**図表補-13**のような結果となった。

図表補-12から「情報パワー」と「強制パワー」に，**図表補-13**から「正当パワー」に統計的に有意な差がある。これらの結果から，橋渡し型グループでは，未知よりも既知の取引先に対して「情報パワー」を，既知よりも未知の取引先に対して「強制パワー」を重視する傾向があるのに対して，結束型グループでは未知よりも既知の取引先に対して「正当パワー」を重視する傾向があり，2

5）「結束型」と「橋渡し型」の分類方法については，結束型尺度を構成する質問項目（Q3-1「自分は職場では，グループに属し，まとまって行動するほうだ」とQ3-2「自分は職場では，気心しれた人たちと一緒に仕事をすることを好む」）の平均点から，橋渡し型尺度を構成する質問項目（Q3-3「自分は職場では，グループに属さず一人で行動するほうだ」とQ3-4「職場以外の人たちとも幅広い交友関係がある」）の平均点を引き，0未満なら橋渡し型グループに，0より大きいなら結束型グループに分類し，0になった場合はどちらのグループにも該当しないと判断し欠損値として分析の対象から外した。

図表補-12　橋渡し型グループの既知と未知の場合に重視するパワー・ベース

パワー・ベース（尺度）	既知（平均値）	未知（平均値）	t 値
情報パワー	3.28	3.13	3.587**
準拠パワー	3.01	2.92	1.848
正当パワー	3.06	2.97	1.777
強制パワー	2.85	2.99	-2.891**

** p<0.01, * p<0.05
・N=173

図表補-13　結束型グループの既知と未知の場合に重視するパワー・ベース

パワー・ベース（尺度）	既知（平均値）	未知（平均値）	t 値
情報パワー	3.25	3.15	1.913
準拠パワー	3.06	3.02	0.831
正当パワー	3.09	2.95	2.666**
強制パワー	2.90	2.97	-0.992

** p<0.01, * p<0.05
・N=108

つのグループにおける差は検証できなかった。集団凝集性の高い結束型グループでは，先ほどの社内志向グループと同様に，公式的な役割や地位に基づく「正当パワー」を重視する傾向にあるのに対して，集団凝集性が低く一匹狼的な行動を好む橋渡し型グループでは，先ほどの社外志向グループと同様の傾向があるのかもしれない。

次に営業職グループと研究開発職グループとに有意な差があるか検証してみた結果，**図表補-14**と**図表補-15**のような結果となった。

図表補-14から「情報パワー」と「正当パワー」に，**図表補-15**から「情報パワー」と「強制パワー」に統計的に有意な差がある。これらの結果から，両グループにおいて「情報パワー」に関しては差が認められなかった。しかしながら，営業職グループでは，未知の取引先よりも既知の取引先の場合に「正当パワー」を重視する傾向があるのに対し，研究開発職グループでは，既知の取引先よりも未知の取引先の場合に「強制パワー」を重視する傾向にあることが分かる。先ほどの社外志向と社内志向の２つのグループの分析結果と照らし合わ

図表補-14　営業職グループの既知と未知の場合に重視するパワー・ベース

パワー・ベース（尺度）	既知（平均値）	未知（平均値）	t 値
情報パワー	3.25	3.12	3.104**
準拠パワー	3.06	3.02	0.963
正当パワー	3.11	2.96	3.634**
強制パワー	2.95	2.98	-0.541

**$p<0.01$, *$p<0.05$
・$N=200$

図表補-15　研究開発職グループの既知と未知の場合に重視するパワー・ベース

パワー・ベース（尺度）	既知（平均値）	未知（平均値）	t 値
情報パワー	3.27	3.15	3.488**
準拠パワー	3.05	3.00	1.340
正当パワー	3.07	3.03	0.923
強制パワー	2.88	3.01	-3.189**

**$p<0.01$, *$p<0.05$
・$N=200$

せてみると，営業職グループと社内志向グループ，研究開発職グループと社外志向グループとが，それぞれ同じ傾向にあることが判明した。そこで，２つの職種と社内外志向とに何らかの関係があるかを調べるため，社内外志向の得点[6)]に関して，２つのグループの平均に差があるかＴ検定を行ったところ，統計的に有意な差は認められなかった。よって，職種と社内外志向性には関係がないので独立した結果として解釈しなければならないわけだが，研究開発職は同じ研究分野の学会や在学時代の同じ研究室などの研究コミュニティをベースに社外にネットワークを構築する傾向にあり，そこには権威というパワーの付帯した強制力が働いているのかもしれない。反対に，営業職は研究開発職と比べ専門性が脆弱であるため，権威に紐づいた強制パワーを行使することがしづらい職種である。それゆえ，自己の肩書きや地位に訴求してパワーを行使する傾向にあるのかもしれない。

6)　社内外志向の得点とは，脚注４でも書かれているように，相談相手がすべて社内であれば０，反対に相談相手がすべて社外であれば５となり，０から５の間で得点化したものである。

3）「ネットワーク密度」と「信頼」の調整効果に関する分析結果の考察

既知の企業と未知の企業を想定してもらいながら，ネットワーク密度が各パワー・ベースと革新的自己効力感との関係に影響を及ぼしているか，また信頼に関しては，第三者信頼にあっては既知と未知の場合とで同様の影響関係を検証し，ミクロ信頼とマクロ信頼とでは認知バイアスを回避するために未知の場合のみの影響関係の検証を試みた。

既に取引関係にある企業においては，ネットワーク密度が低くなればなるほど，すなわち開放的なネットワークを有する企業家的ミドルほど情報パワーを重視することが革新的自己効力感を高め，反対にネットワーク密度が高くなればなるほど，すなわち閉鎖的なネットワークを有するミドルほど報酬パワーを重視することが革新的自己効力感を高めているということが分かった。この発見事実からは，既知の企業において，開放的ネットワークを持つ企業家的ミドルは情報パワーに依存し，閉鎖的ネットワークを持つミドルは報酬パワーに依存する傾向が示唆された。

これに対して，取引関係の皆無な未知の企業においては，ネットワーク密度の高低は各パワー・ベースと革新的自己効力感との関係に影響を及ぼしてはいなかった。この発見事実から，開放的ネットワークや閉鎖的ネットワークなど，ネットワーク密度というネットワーク特性の相違によって，未知の企業の担当者に対して依存するパワー・ベースは存在しなかったことになる。未知の企業にあっては，開放的ネットワークを有する企業家的ミドルが，情報パワーや準拠パワーのようなポジティブなパワー・ベースに依存し，そのことが彼・彼女らの革新的自己効力感を高める傾向にあるようなことは容易に想像できるが，残念ながらこのような仮説は本調査では支持されなかった。

一方，3つの信頼のうち第三者信頼については，既知の企業において，情報パワーと報酬パワーの重視が革新的自己効力感に与える影響を弱める一方で，準拠パワーの重視が革新的自己効力感に与える影響を強めていた。未知の企業においては，情報パワーの重視が革新的自己効力感に与える影響を弱め，強制パワーの重視が革新的自己効力感に与える影響を強めていた。既知の企業においては，第三者信頼に依存する傾向のあるミドルほど，情報パワーや報酬パワーの効果に懐疑的で，そのことが革新的自己効力感を弱めているかもしれないこと，また自己のビジョンや意志を第三者を媒介して間接的に伝搬することで既存のミクロ信頼を強化しようとする傾向にあり，そのことが革新的自己効力感を高めているかもしれないことは，既述した通りである。

また，未知の企業を想定してもらった場合，ミクロ信頼とマクロ信頼の調整効果はなかったけれども，第三者信頼については負の調整効果が認められた。第三者信頼を重視する傾向にあるミドルは，新規取引先企業の開拓の際第三者から得られる情報を重視していて，むしろ自己の有する情報パワーに対する自己効力感が持てず，そのことが革新的自己効力感に負の影響を与えているかもしれない。加えて，第三者信頼を重視するミドルは，未知の企業に対して新たに信頼構築を行う局面であるにもかかわらず，ネガティブなパワー・ベースに分類される強制パワーを重視する傾向があり，予想に反する結果となってしまった。先述したが，こうした意外な発見事実からは，新規取引先を開拓する際に第三者信頼に依存するミドルは，紹介者やその人が所属する企業が，被紹介者やその人が所属する企業に対して既にパワー優位な関係にある状態を見込んで第三者信頼を利用している可能性が示唆された。

そこで次節では，このような仮説とは真逆の結果がなぜ導出されてしまったのかを探索的に調査すると共に，今後の研究課題についても考察し本章を締めくくることにしたい。

4　補完的定性分析と今後の研究課題

前節で再々に渡って考察してきたが，ネットワーク密度の低い開放的ネットワークを有する企業家的ミドルとそうでないミドルとの間に統計的に有意な差が検証できなかったことに加え，そもそもそうした企業家的ミドルであるないに関わらず，これまで取引関係のない未知の企業に対して，なぜ強制パワーのようなネガティブパワーが重視されてしまうのか，この不可思議な分析結果を探索的に調査するための定性分析を行うことにした。

1）調査の目的と方法

まず調査目的は，上述したように未知の企業に対してなぜ強制パワーが重視されてしまうのかについて，とりわけ第三者を介して新規取引先を開拓する状況に限定して調査することにした。その理由は，前節で考察したように，ネットワーク密度の低い開放的なネットワークを有する企業家的ミドルの方が，未知の企業の場合に強制パワーを重視することが統計的に有意な差で現れている事実に加え，未知の企業において第三者信頼が強制パワーの革新的自己効力感に及ぼす影響を強めていることから，第三者を介したパワーの重視がことさら重要性を帯びてくると考えられるからである。

そこで，上記の目的のために，2021年11月9日から15日にかけて現在ミドルというポジションに就いている4名と過去にミドルの立場を経験したことのある1名の計5人のインタビューイーに，30分から1時間程度の半構造化インタビュー調査をZoomによるオンラインで実施することにした。各インタビューイーは，スタートアップのIT企業の営業部長経験者（男性35歳），大手外資系のIT企業の営業部長（男性43歳），日本の大手電子部品企業の営業係長（男性36歳），日本の大手総合電機メーカーの開発課長（男性51歳），そして中堅の食品メーカー営業課長（男性44歳）である。

半構造化インタビューなので，質問内容は「社外で既に取引関係のある人や知人を頼りに新規顧客を開拓する際，どのようなパートナー（その人と紹介してもらいたいと思っている企業との関係性等）を頼りにすることが多いですか？」という大枠だけを示し，対話形式を基本としてインタビューイーの隠された意図を引き出すよう配慮した。発見事実と深く関わるインタビューイーからの回答はトランスクリプトして掲載しており，特に興味深い部分には下線を付してある。

2）発見事実と示唆

本探索的調査の結果からは，企業の属性によって第三者信頼の活用に対する認識がかなり異なる可能性が示唆された。その属性とは，今回のインタビューイーにおいては，①スタートアップ企業，②外資系企業，そして③日本企業という3タイプに分類することができた。

まず，スタートアップ企業で営業部長を経験し，現在はスタートアップの共同代表に就いているU氏との対話の中から，次のような言説が導出されている。

Ｕ氏：仕事をする上で必要な人脈って，色々な交流会に参加して人脈は自分で作ってこいって感じで入社した時から言われてて・・・中略・・・社外の誰かに頼ってるんじゃ，やっぱりダメな世界なんで。

スタートアップ企業の場合，人的資源が不足しがちな状況の中でエンパワーメントが半ば強制的に求められ，またそもそもスタートアップ企業に就職する人材は将来的に起業を志すような企業家精神旺盛なメンバーが集っていることも予想されるため，独立企業家のようなネットワーキング能力をメンバー各々が強く求められている様子が覗えた。したがって，スタートアップ企業における新規取引先の開拓にあっては，第三者信頼に対して非依存化傾向にあることが示唆された。

次に大手外資系IT企業の部長職に就くF氏からは，次のような言説を聞き出すことができた。

Ｆ氏：外資って個人的な人脈をどれだけ持っているかでのし上がっているんで，トップの人を頼って繋げてもらう場合が多いですかね。・・・中略・・・いつ解雇されるか分からない状況なんですけど，でも，企業どうしの横の繋がりが強くて，転職とかも狭い世界だから，その，必ず人物調査が採用過程で所属する会社に入って・・・中略・・・だから，紹介してもらう人のメンツ潰せないので，紹介してもらう前に，その何度もプレゼン資料見てもらってから商談に行かなきゃなんなくて，案外面倒なんですよ。

上記の言説からは，人材流動性の激しい外資系企業だからこそ，外資系企業間で人材が頻繁に往来し，そのことがある意味外資系企業間ネットワークに埋め込まれた労働市場を形成している様子が見て取れた。したがって，第三者信頼を積極的に活用して新規取引先を開拓する頻度が高い状況に加え，紹介してもらう社外の第三者には過剰なまでにその人の信頼を損なわないよう配慮する必要があり，ある意味で第三者信頼に対する過剰依存化傾向にあることが発見事実として指摘できる。しかしながら，マクロな企業間のパワー関係を加味してというよりも，ミクロな個人間のパワー関係を意識しながら第三者信頼を利用しているようである。

最後の日本企業のケースでは，今回の探索的調査の目的である未知の企業に対してなぜ強制パワーが重視されてしまうのか，その因果関係に直接的に結びつきそうな発見事実が確認された。その事実は，日本の大手電子部品メーカーに営業係長として勤務するK氏から得られた次の象徴的な言説が物語っている。

K氏：うちって与信審査部門てのがあって，そこから紹介をお願いしようと思ってる会社が，紹介して欲しいと思っている会社とどれくらいの取引をしているか，事前にチェックして選んでますね。やっぱり太い取引関係がある会社の方が，断り辛いじゃないですか。・・・中略・・・それと僕と直接的な関係のある人だと立場が低いから，必ずその人の上の人を紹介してもらって，まずは上どうしで繋げてもらうようにしてます。上から降ろしてもらった方が正直話し早いんですよ。

上記の内容は，第三者を介した新規取引先の開拓の際，第三者が所属する企業と紹介してもらいたい企業との間に既存するパワー関係を巧みに利用しており，そのことが第三者を介して未知の企業を開拓する際に強制パワーを重視させている可能性を示唆するものと解釈できよう。しかも興味深いのは，自己と同等レベルの担当者を介してではなく，それよりも上位レベルのポジションを介して繋げてもらい，トップダウン型の紹介プロセスを企図している点である。換言すれば，ミドルによる第三者信頼の利用は，自己と直接的な接点のあるミドルを介した新規取引先の開拓ではなく，さらにそのミドルの社内の第三者であるトップを介して行われている可能性があるということだ。本章で検証したモデルは，第5章の**図表5-4**がベースになっているわけだが，同図表では，焦点となる境界連結者が社内の第三者（図表ではITPと表記されているポジション）と社外の第三者（図表ではETPと表記されているポジション）を利用する様子が図示されていた。今回の探索的調査では，これら2つのポジションを使って説明すると，焦点となる境界連結者がファーストステップとして社外の第三者（ETP）にアクセスし，セカンドステップとしてその人にとっての社内の第三者（ITP）を媒介して新規取引先企業を開拓している発見事実があったことになる。言うまでもなく定性分析なので，これらの発見事実は一般化され得るものではないが，本調査の目的が例証されただけでなく，企業家的ミドルが社外でのネットワーク・リーダーシップを発揮する際，社外の第三者とその第三者が所属する社内の第三者を活用している事実は，モデルの発展可能性を示唆するものだったと言える。

3）今後の実証研究に関する課題

本調査では仮説検証型というよりもむしろ仮説発見型の探索的な定量的分析および定性的分析を試みた。もちろん，探索的とは言うものの，第5章で提示したモデルを部分的に検証するための仮説が予め含意された分析だったわけだが，残念ながら当初想定していた仮説を支持するような結果にはならなかった。企業家的ミドルによる対外的なネットワーク・リーダーシップにあって，ポジティブだけでなく，ネガティブなパワー・ベースも強く作用している結果が導かれてしまった。こうした分析結果になった要因の1つとして，先行研究で分類されている6タイプのパワー・ベースが確認的因子分析では4つや5つに収束してしまったり，3タイプの信頼の尺度を構成する項目が少なくなってしまったりと，各変数の概念を適切に反映した尺度になっているか，すなわち構成概念の妥当性（construct validity）の問題が指摘できる（Schwab, 1980）。したがって，尺度を洗練していく必要があろう。

また，今回の調査では，社会ネットワーク分析の一部を援用したわけだが，言うまでもなくグラノヴェッター（Granovetter, 1973）を嚆矢とし，その後マースデン＆リン（Marsden & Lin, 1982）やバート（Burt, 1992）あるいはリン（Lin,

2001）を代表とする社会ネットワーク論の潤沢な研究蓄積[7)]がある。こうした社会ネットワーク研究の諸理論や分析方法を利用すれば，例えば，次数中心性や媒介中心性などの別のネットワーク特性によって分析を試みることができるだろう。例えば，スタム＆エルフリン（Stam & Elfring, 2008）は，企業家的志向性（entrepreneurial orientation）と成果との間における産業内のネットワーク中心性と産業間のブリッジ紐帯の調整効果を検証している。分析結果からは，拡張的なブリッジ紐帯かつ高い中心性の場合に調整効果が認められたが，中心性単独での調整効果は発見できなかった。その要因として，ネットワーク中心性が高くなると，ネットワーク外部からの革新的な知識へのアクセスは制限されてしまうが，外部からインプットされる不確実性への認識が抑制されるので危険負担行動には積極的になる可能性があり，ネットワーク特性の背後にある因果関係を精緻に把握する必要性を研究課題として指摘している（Stam & Elfring, 2008, p.107）。

この指摘に関連して，本調査で従属変数として用いた3タイプの革新的行動と革新的自己効力感は，確認的因子分析を行った結果1つにまとまってしまった。しかし，やはりこれらの変数を採用している先行研究と同様に，革新的なアイデアを創造する能力，そうした革新的アイデアを周囲に伝搬する能力，さらには革新的アイデアを実行する能力は次元の異なる企業家的能力として把握し分析されるべきことが示唆される。このように，企業家的ミドルの有するネットワーク特性や彼・彼女らの企業家的能力をいくつかの次元に要素分解して，より丁寧に分析しなければならないことが第二の課題としてあげられる。ただし，本調査において上述した最新の社会ネットワーク分析の手法を採用しなかったからと言って，必ずしも本調査の価値や貢献が著しく損なわれるものだとは考えていない。そもそも，これまで再三に渡って既述してきたように，これまでの組織間関係論やネットワーク組織論，あるいはネットワーク・リーダーシップ論は，関係性そのものや関係性の持つ機能を説明することはできても，関係性が構築されるプロセスをブラックボックス化してしまう傾向にあり，本

7）金光（2003）はこれらの研究者達の源流を，社会的資源論を中心とする動員的社会的関係資本とし，もう一方でコールマン（Coleman, 1990）やパットナム（Putnam, 2000）のようにソーシャル・キャピタルの公私の両側面が含意されその後学際的研究へと発展していった源流とに，社会的関係資本（social capital）の研究潮流を大別している。

書の問題意識はこのブラックボックスにスポットライトを当てることにあった。そして，社会ネットワーク分析もまた，このような要素（ノード）間の関係性構築の過程をブラックボックス化する傾向にあると筆者は考えているからである。

安田（2001）は，何らかの生得的もしくは獲得的な属性によって人々の行為選択を説明する研究者の立場を「属性的決定論」と呼ぶのに対して，例えば，集団や組織，社会という単位は行為者間の関係性から形成されており，したがって人々の行為選択は他者との関係性によって決定されると考える研究者の立ち位置を「構造的選択理論」と呼び，第5章でも取り上げた山岸（1998）を属性的決定論として批判的に検討している。彼女によると，例えば，夫婦間の信頼を例に取り上げ双方の相手に対する信頼度に差があること，またこの差は相互依存的関係の状況によって絶えず変動する事実を指摘した上で，信頼は個人の属性だけに規定されるものではないことを主張している（安田, 2001, 133-134頁, 137-139頁）。筆者も属性的決定論だけで行為選択のすべてが説明できるとは考えていないので，安田のこうした主張には部分的に同意できる。しかしながら，「社会現象の説明においては，属性的決定論は予測の道具にはなりえても，行為選択についての本質的な説明力を欠いているとみなさざるをえない（安田, 2001, 139頁）」との主張には経営学者として違和感を覚える。社会現象の説明を主たる目的とする社会学ならまだしも，経営学は社会現象の問題・課題を解決するための政策提言性，すなわちマネジメント・インプリケーションが絶えず求められる学問であり，先の安田の言葉を借りて言うのであれば「予測の道具」を探究することにこそ，他の学問領域と経営学とを峻別する大きな意義が存在すると考えているからだ。

また，安田（2001）は飲食店の店主が一見客よりも固定客の方に良質なサービスを提供する傾向にある事例からも明らかなように，信頼性は行為者間の関係性に大きく依存し，信頼の「程度」を決定するのは信頼する側の個人属性ではなく，むしろ特定の他者に向けられた関係特性として把握した方が妥当だと主張している（安田, 2001, 134頁）。しかしながら，上記の例になぞらえて考えてみると，店主が顧客に対して提供するサービスの質は，やはりその顧客の態度すなわち個人的属性の評価に依存している側面もあるように思われる。例えば，一見客であっても愛想やマナーが良かったりすれば高いホスピタリティを伴ったサービスが提供されるだろうし，仮に固定客でも態度や金払いが悪ければ質の低い接客をされる可能性はある。ある特定の他者との関係性を個々に評価する際，やはりその人の意図や能力のような個人属性を評価するのであって，一見客か固定客かのような関係の構造を評価しているわけではないため，関係性それ自体が評価を規定するとは必ずしも言えないだろう。それゆえ，構造的選択理論と属性的決定論の両者は排他的というよりも，相互補完的にあるべきだと考えるのが筆者の立場である。したがって，企業家的ミドルによって発揮されるネットワーク・リーダーシップをパワーや信頼という属性的変数によって説明しようとした本調査の意義はそれなりに大きいと言えるだろう。

最後の課題は上記と深く関連するが，ネットワーク特性をより精緻に分析するためには，相談相手が回答者各々に独立して存在するような不特定多数をサンプルにするのではなく，同じ部門や企業など相互に関係性が意識できるような人達をサンプルに分析をする必要がある（金光, 2003; 平松ら, 2010）。協力企業の発掘は難易度がかなり高いが，価値ある情報を入手できるよう収集するデータの妥当性や信憑性を担保した実証研究を行っていく必要がある[8)]。

8） 本章の調査は専修大学経営研究所から受けた研究助成（2016年度）の成果の一部である。記して謝意を表したい。

終章

本書の最後に，これまで考察してきた内容の概要を改めて振り返ると共に，理論的貢献や今後の研究課題についても若干言及しておこう。

第1章では，企業家的ミドルによるネットワーク・リーダーシップに関する研究が，リーダーシップ研究における様々な研究のアプローチやパースペクティブが存在する中で，どのようなカテゴリーに位置づけられ，リーダーシップ研究における貢献は何なのかについて考察した。その際，リーダーシップ研究を，（1）リーダーとフォロワーの相互作用の分析，（2）リーダーとフォロワーとの関係に影響を及ぼす要因（リーダーシップのコンティンジェンシー理論等）の分析，（3）リーダーとフォロワーの直接的な対人関係を越えた影響要因（カリスマ的リーダー等）の分析，（4）組織内の制度や文化あるいは戦略のようなマクロ変数と組織のメンバーや集団のようなミクロ変数との相互作用（リーダーシップ研究のメソ・モデル等）の分析，（5）マクロな行為主体間の相互作用（組織と組織や組織と社会の相互影響関係等）の分析という5つの研究パースペクティブに改めて分類し直した。その上で，組織間関係やネットワーク組織が構築される過程の行為主体とそれに影響を及ぼす変数とを多層的かつ多面的に分析しようとする本書の研究は，最後の（4）や（5）のカテゴリーに位置づけられることを主張した。

第2章は，シュンペーターからコールやライチ等に至る企業家精神に関する先行研究をレビューしながら，企業家精神に対する意味付与の敷衍過程を検討し，その中でもガートナーの分類による資性的アプローチを批判的に検討し，行動的アプローチの可能性を指摘した。その結果，企業家精神を企業家的行動と置換して意味解釈をすると，組織内のあらゆる管理階層において企業家精神の発揮が正当化される論拠について考察した。その上でミドルに着目して，彼・彼女らの企業家的行動のフレームワークを検討するために，フロップの主張する企業内企業家精神の研究における（1）エクセレンスアプローチ，（2）戦略計画アプローチ，（3）資源動員アプローチという3つの分類に依拠しつつ，トップを中心とした企業家精神論の先行研究との接合点にも言及した。その結果，ミドルによる企業家的行動，すなわち企業家的ミドルの行動枠組みとして，（1）リスク・マネジメント行動，（2）戦略行動，（3）ネットワーク行動という3タイプの行動が抽出された。そして，本書における企業家的ミドルを，「所属する部門や組織の境界を越えて活動し，様々なステークホルダーを結びつける役割を担いながら，企業家精神を自ら発揮したり周囲に発揮させたりする革新者（innovator）」と定義した上で，これら3つの行動枠組みの中で，研究蓄積が最も脆弱な組織外部でのネットワーク行動に注目することを述べた。

第3章では，上記の企業家的ミドルによる組織外部でのネットワーク行動を究明する準備的考察として，組織間関係論やネットワーク組織論において関係性に推進力を与える行為主体の検討を行うことにした。そして，境界連結者という最もミクロな主体から，社会という最もマクロな主体に至るまでの様々なレベルの行為主体を確認した上で，それらの行為主体が発揮するリーダーシップとパワーの関係性を検討した。その際，組織の境界を越えた協働行為を推進する過程としてネットワーク・リーダーシップを定義した上で，ネットワーク・リーダーシップを発揮する行為主体として個人と組織に着目し，ネットワーク・リーダーシップが発揮される場合に受容されるパワー・ベース，すなわちパワー・ベースの正当性をフレンチ＆レイブンの所論に依拠しながら論究した。その結果，境界連結活動を担う個人という主体にあっては，組織属性に起因して準拠パワー，役割属性に起因して情報パワー，個人属性に起因して専門パワーが正当性を有し，組織という主体は社会的属性に準じて正当性を確保しなければならないことが論じられた。

第3章では主に境界連結者としての企業家的ミドルによる組織外部へ向けられたパワーに言及したが，第4章ではむしろ彼・彼女らの組織内部に対して行使するパワーについて考察した。そこでまず，ダフトらが主張する情報の多義性という観点から情報パワーの有効性を論じた。さらに，トレビーノらの主張する情報の多義性とコミュニケーション・メディア選択の3つの規定要因について考察した。そして，ここまで考察してきた情報の多義性とコミュニケーション・メディア選択の規定要因との関わりから，企業家的ミドルが境界連結活動を担う組織論的な意義について検討した。組織の内外に対面というコミュニケーション・メディアを有する企業家的ミドルは，（1）組織内部の既存の規範や規則に疑念を抱くような自省能力を高め，結果として他の組織メンバーの準拠フレームにゆらぎを与えるトリガーになり得ること，また（2）そうして高められた自省能力によって既存の組織学習の過程を変容させる学習棄却の触媒機能を担う可能性があること，そして（3）組織内コンフリクトの緩衝機能（buffering function）として重要な存在意義を持つことの3点を主張した。また，境界連結者として情報のゲートキーパーの役割を担う際は情報パワーが，情報のトランスフォーマーの役割を担う際は専門パワーが，それぞれ組織内部に向けられたパワーとして有効になることについても言及した。

第5章では，企業家的ミドルによるネットワーク・リーダーシップを説明する変数として，第3章で検討したパワーに加え信頼についても考察することにした。まず，信頼に関する先行研究をレビューしながらパワーとの関係性を把握すると共に，本書の関心であるミクロ・マクロ・リンクの観点から先行研究の限界を指摘した。そしてその限界を克服するために，ギデンズの所論を下敷きに，コールマンの主張する第三者信頼を加味して，企業家的ミドルによるネットワーク・リーダーシップに関するモデルを試論的に提示した。すなわち，仮に信頼やパワーの発動が，いずれもそれ相応に当事者間で共有された意味を拠り所としているのだというルーマンやハーディらの主張を措定するのであれば，境界連結者としての企業家的ミドルにとって相手（取引先担当者等の他組織の境界連結者）との間のミクロ信頼やマクロ信頼が未知である場合は，ポジティブなパワー・ベース（準拠パワー・専門パワー・情報パワー）の行使を通じて，第一義的に見せかけの信頼を創造することが肝要になる。反対に，既に取引実績があるような既知の企業に対しては，相手自身に対する信頼やその担当者を通じて認知されている組織能力に対する信頼，すなわちミクロ信頼やマクロ信頼がモデレータ機能を果たすことにより，相対的にネガティブなパワー・ベース（強制パワー・報酬パワー・正当パワー）を行使しても協調が得られる可能性が高いことを主張した。

第6章では，企業家的ミドルを育む土壌として社内ベンチャーに着目し，日本の社内ベンチャーが機能不全に陥る論理を探索的に調査すると共に，機能ならしめる方策について検討した。そのため，先駆的に社内ベンチャー制度の導入実績のある大手エレクトロニクスメーカー２社を選定し，両社の制度の運営責任者と，制度を利用してスピンオフした企業の経営者に対して半構造化インタビューによる定性的分析を縦断的に行った。分析結果からは，（１）「独立性vs依存性」，（２）「スタートアップvsスケールアップ」，（３）「バカな社員vs優秀な社員」の３つのアンビバレンスに関わるコンフリクトによって機能不全がもたらされていることが示唆された。とりわけ，（３）は企業内企業家とその他の従業員とのアイデンティティの分断を生じさせており，日本企業の社内ベンチャーを機能ならしめるためには，「優秀な社員」という言説に対する「ルールを遵守して波風を立てずに事業の効率性を追求する良き組織人」というドミナント・ディスコースを解体し，「ルールを逸脱して事業の革新性を追求する非常識な（＝常識を疑う）バカ者」というオルタナティブな意味へと脱構築する必要性を論じた。またそのためには，「ヨソ者」との接触機会を高める越境学習が有効であることを主張した。そして最後に，ミドルによる企業家的行動を促進する制度設計に関する先行研究をレビューして，組織的先行要因に加え，ミドルが周囲の企業家的行動を支援するための承認，改良，そして扇動という役割を担う重要性について言及した。また，自由と統制のバランスについて，企業内企業家に過度な自由度や自律性を与える放任主義は，むしろ組織の生産性を低下させ場合によっては組織の崩壊を招くリスクすらあるため，バーキンショウの主張に従って，裁量の余地と支援のバランスおよび境界と方向づけのバランスに関する具体的な方策ついても論究した。

第７章においては，リーダーシップ能力の開発における語りを用いたアプローチの可能性について考察した。また，第４章で論じた企業家的ミドルの組織論的な存在意義を，改めて越境学習論からも再確認することにした。まず，リーダーシップ開発の語りの可能性について，筆者が携わったMS社でのシニアマネジャー育成プログラムで使われたライブケースをベースにした開発方法に対する理論的な検討を行った。同事例分析から，（１）先行研究で指摘されていたキャリア・トランジションにおけるライブケースの有効性と符合していたこと，（２）成功ではなく失敗の経験をライブケースにしたことが心理的安全を醸成したこと，（３）ライブケースの主人公と研修の参加者との対話の場の設定がドミナント・ストーリーをオルタナティブ・ストーリーに書き換える過程そのものだったこと，という3点を発見事実として指摘した。また，こうした語りを用いたアプローチの周辺的なアプローチとして，とりわけ「キャリア・ナラティブ」と「批判的経営教育（ME）」について言及し，後者は批判的内省力の開発に有効であることが論じられた。最後に，状況的学習論と拡張的学習を理論的支柱に展開されている越境学習論の特徴について言及した上で，企業家的ミドルの組織内外での対面的な接触頻度が高いという事実は，拡張的学習の水平次元と垂直次元とが対話や肉声などの言語行為によって下支えされ再組織化が促進されると主張する越境学習観によっても，企業内企業家精神の組織的育成に関する理論的な後ろ盾になることが確認された。すなわち，越境する企業家的ミドルは，自らが企業家精神を発揮すると同時に，周囲の企業家精神を扇動する存在であり，革新の主導者にも促進者にもなり得る理論的根拠が越境学習論に見出せることを主張した。

最後の補章では，第5章で提示したモデルを探索的に検証するため，研究開発と営業職に就いているミドル各200名，合計400名をサンプルとしてアンケート調査による定量的分析を行った。具体的な分析内容は，第一に既知の企業と未知の企業を想定した場合において，重視するパワー・ベースが，ネットワーク密度の高いグループと低いグループ，また社内志向グループと社外志向グループとの間で統計的に有意な差があるかを検証するためT検定を行うことにした。第二に，「ネットワーク密度」と「第三者信頼」とが，重視するパワー・ベースと革新的自己効力感との関係に影響しているかを検証するため，独立変数を「パワー・ベース」，従属変数を「革新的自己効力感」，調整変数を「ネットワーク密度」と「信頼」とし，階層的重回帰分析を実施した。第一の分析結果は，「未知の企業」を想定した場合の強制パワーのみ有意な差が見られ，その他ではすべて統計的に有意な差が検証されなかった。また，第二の分析結果からは，既知の企業を想定した場合，ネットワーク密度は，情報パワーと革新的自己効力感との関係を弱め，反対に報酬パワーと革新的自己効力感との関係を強めることが分かった。また，未知の企業を想定した場合，第三者信頼は，情報パワーと革新的自己効力感との関係を弱め，強制パワーと革新的自己効力感との関係を強めることが確認された。提示したモデルに準拠した仮説が支持されなかったため，探索的に定性分析としてインタビュー調査を行うことにした。その目的は，上記のように未知の企業に対してネガティブなパワー（強制パワー）がなぜ重視されてしまうかの解明であり，とりわけ第三者信頼との関連から分析を試みた。すると，日本企業のミドルは，第三者を介した新規取引先の開拓の際，その人が所属する企業と紹介してもらいたい企業との間に既存するパワー優位な関係を織り込み済みで利用しており，そのことが第三者を介して未知の企業を開拓する際に強制パワーを重視させている可能性を示唆するものだった。しかも興味深いことに，自己と同等レベルの担当者を介してではなく，それよりも上位レベルのポジションを介して繋げてもらい，トップダウン型の紹介プロセスを企図していたのである。すなわち，第三者信頼を利用する際の利害関係者の構造は複線的であり，モデルの発展可能性の余地を与える結果だった。

最後に本書の理論的な貢献について，改めて触れておきたい。本書の貢献として，次の３点が指摘できる。第一に，これまで暗黙知としてミドルという文脈の中で「企業家的」や「企業家精神」なるキーワードが語られてきたことに対して，これらの用語とミドルとを理論的に接合し形式知化したことである。第二に，従来の研究が主にミドルの社内ネットワークを対象として行われてきたのに対し，本書では社外ネットワークにフォーカスし，しかもパワーと信頼という古くて新しい変数によってモデル構築を行ったことが指摘できる。さらに，そのモデルを探索的に検証するために，実証分析を行ったことも重要な貢献であろう。残念ながら総じて期待していたような分析結果は導出されなかったが，部分的には興味深い示唆が得られた。従来の組織間関係論やネットワーク組織論，あるいは近年の社会ネットワーク論にあっても，要素間の関係性を説明・解釈するには有効だけれども，関係性が構築される過程をブラックボックス化する傾向にある。本書の研究は，このブラックボックスにわずかばかりではあるがスポットライトを当てた。尺度を見直したりサンプルを変えて追試を行ったりしながら，モデルを彫琢していくことが今後取り組むべき研究課題となる。

第三の貢献として，ミドルを中心に据えた育成や学習について多角的な観点から考察を試みたことがあげられる。これまで育成や開発，学習という様々な観点からミドルを論究した研究は必ずしも多くない。本書では企業家的ミドルの育成基盤としての社内ベンチャーに着目したり，ネットワーク・リーダーシップを開発する基盤としてのリーダーシップ開発に言及したり，あるいは企業家的ミドルによる越境活動を通じた学習がミドル自身や組織にどのような影響を与えるかを究明しようと試みた。とりわけ，社会構成主義というフィルターを通して，これらの問題・課題に言及し，その解決策を提示した研究貢献は大きいと言えよう。

もちろん，まだまだ不十分な点が多いことは認識している。例えば，田中(2021)は，ミドルによる新規事業創造経験によって得られる学習内容として，学習目標指向性（自己研鑽に注力し難易度の高い職務課題に挑戦する個人特性）を設定し，その促進要因として上司からの批判的省察支援（上司からの新しい視点の付与）が正の影響を，精神支援（上司からの精神的な安らぎの付与）が負の影響を与えていることを実証的に明らかにしている。また，このような分析結果が導出された理由として，前者は既存事業の学習棄却を促している可能性を，後者は現状維持の肯定感を促している可能性を示唆している（田中, 2021, 146-149頁)。田中の研究は，ミドルによる事業創造を通じた学習や育成を体系的に論じている貴重な研究成果に位置づけられ，本書で考察した企業家的ミドルと深く関連づけられる研究内容である。しかしながら，越境学習との関係から育成や学習を論じる研究展開は，まだまだ議論の余地がある研究領域だろう。取り組むべき研究課題は山積しているが，ひとまず本書を締めくくることにしたい。

あとがきにかえて

このたび初めて単著を世に送り出す筆者の研究者人生を振り返ってみると，実に色々な人達との繋がりの中で，周囲に支えられて現在の自分がいることを痛感する。筆者がネットワーク・リーダーシップ能力を持ち合わせているか自信のないところではあるが，ネットワークから得られた恩恵は計り知れない。本来ならばこれまで筆者を温かく支援して下さったすべての方々に対して，この場を借りて一人ひとりお名前を出して感謝を申し上げたい気持ちである。けれども，紙幅に限りのあることから，その中でも特に謝意を表したい方々のみお名前を出すことをお許し頂きたい。

筆者には学部時代と大学院時代を通じて，研究者と教育者としてのあり方をご指南頂いた２人の恩師がいる。１人は，「はしがき」で触れた研究者として１つの道を究めることの重要性を説いて頂いた髙澤十四久先生（専修大学）である。髙澤先生には，浮ついた気持ちで表面的な研究をしがちな筆者を常に厳しくも温かく指導して下さった。もう１人は，学部のゼミ生の時からご指導を仰ぎ，大学院生から研究者として独り立ちした後もずっと公私に渡りご指導ご鞭撻を賜った加藤茂夫先生（専修大学）である。小生意気で時に反目しがちな筆者をいつも温かく見守って下さった加藤先生との出会いがなければ，研究者をめざそうなどとは微塵も思わなかっただろう。本書の出版をきっと誰よりも喜んでくれたはずの加藤先生は，2021年２月に別の世界に旅立たれてしまった。本書を手に取って満面の笑みを浮かべてくれるだろう加藤先生のことを励みに，本書の下敷きになっている博士論文を書き上げていただけに，実際にお見せすることの叶わなくなってしまったことが悔やまれてならない。もう１人，本書を心待ちにしていた人がいる。2022年１月に帰らぬ人となってしまった母佳子である。母も加藤先生同様，筆者が苦しい時にいつも笑顔で支えてくれた。筆者の最大の理解者で支援者でもあったこの２人が生きている間に本書を届けられなかった筆者の怠慢を猛省するとともに，墓前で報告することを許してもらいたい。

恩師や肉親の他にも，筆者の研究者人生においてお世話になった方々はたくさんいる。まず，加藤先生との繋がりで，大学院生時代から筆者の研究に対していつも丁寧にご助言を下さった佐々木利廣先生（京都産業大学），辻村宏和先生（中部大学），大平浩二先生（明治学院大学），大平義隆先生（北海学園大学）に感謝申し上げたい。とりわけ，加藤先生と同門の佐々木先生には継続して交流させて頂いており，そのご縁あって本書の出版と時期を同じくして出版する別の書籍の編著者に名を連ねさせて頂くことができた。これまでの学恩に対していくばくか報いることになり胸をなで下ろすのと同時に，加藤先生がひときわ喜んでおられるのではと感じずにはいられない。また，加藤門下の兄弟子の杉田博先生（石巻専修大学）と水野基樹先生（順天堂大学）は，筆者にとって等身大のキャリアモデルであり，お二方の存在が筆者を大学院進学へと誘ってくれたことは間違いない。大学院時代から切磋琢磨し，母校の同僚になってからもずっとお世話になりっぱなしの間嶋崇先生には感謝してもしきれない。同じような時間軸では，筆者が大学院生時代に新進気鋭の研究者として専修大学に赴任された馬場杉夫先生と蔡芢錫先生にも公私ともに大変お世話になっている。職場の同僚にも恵まれ，それこそすべての方々のお名前を出したいところではあるが，そんな同僚の方々の中にあって，専門領域がまったく異なるけれども家族ぐるみのお付き合いをさせて頂いている青木章通先生と植竹朋文先生に御礼申し上げたい。さらに，大学院生時代に経営学の科学方法論の入り口をご教授頂いた丹沢安治先生（中央大学），その丹沢先生のご紹介で当時一橋大学でインターカレッジなオープンセミナーを開催していた谷本寛治先生（早稲田大学）にも感謝申し上げたい。とりわけ谷本先生にあっては，研究分野がまったく異なるにも関わらず現在も定期的に交流させて頂いており，研究者のあるべき姿やチャレンジ精神をいつも背中で語りながら，筆者に絶えず知的刺激を与え続けて下さっている。そして，このオープンセミナーで出会い，今から20年以上も前に当時まったく市民権を得ていなかったCMS（Critical Management Study）の研究会を立ち上げて議論した故西本直人先生（明治大学），高浦康有先生（東北大学），藤沼司先生（青森公立大学）との若かりし日の研究交流が，現在の研究者としての礎を築いてくれた。

研究者として駆け出しの頃からお世話になったこれらの先生方に加え，現在の筆者の研究者人生を支えてくれている方々にも御礼を申し上げたい。まず，故西本直人先生が繋いでくれた経営情報学会・組織ディスコース研究部会（通称：IMI研究会）のコアメンバーである高橋正泰先生（明治大学），清宮徹先生（西南学院大学），青木克生先生（明治大学），増田靖先生（光産業創成大学院大学），四本雅人先生（長崎県立大学），髙木俊雄先生（昭和女子大学），Thomas Lennerfors先生（Uppsala University），またこの研究コミュニティから派生して交流させて頂くことに至った川村尚也先生（大阪公立大学），涌田幸宏先生（名古屋大学），平澤哲先生（中央大学），竹内倫和先生（学習院大学），遠藤貴宏先生（University of Victoria），坪山雄樹先生（一橋大学）に深く御礼申し上げたい。特に高橋先生には，サバティカルでのシドニー大学への留学，国際学会での報告や国際ジャーナルの投稿，さらには博士論文取得等々，多くの国際的な研究機会やそのきっかけを与えて頂き，筆者が研究者として独り立ちしてからの第三の恩師のような存在で筆舌に尽くしがたいほどお世話になっている。また，世界的な経営学者との潤沢なネットワークを持ち，留学中のホストを引き受けてくれた組織ディスコース研究の世界的権威David Grant先生（Griffith University），CMSの双璧Hugh Willmott先生（University of London）とMats Alvesson先生（Lund Univeristy）等との度重なる交流機会を与えて下さった清宮先生にも，公私ともに大変お世話になっている。さらに，日本経営学会の幹事を務めていた際，同学会の第90回記念大会を弊学で開催した頃から交流させて頂くようになった藤田誠先生（早稲田大学），藤原雅俊先生（一橋大学），宮本琢也先生（久留米大学）にも感謝申し上げたい。

本書は明治大学に提出した博士論文を大幅に加筆修正したものである。目を背けたくなるような過去の駄文・拙文と向き合い，それらをアップデートしながら学位論文として１つの体系的な研究へと仕上げる作業は，筆者にとって苦行そのものだった。この苦行に忍耐強く寄り添って頂き，大変有益なご助言を下さった主査の高橋正泰先生，副査を務めて下さった大月博司先生（早稲田大学）と中西晶先生（明治大学）には改めて深く感謝申し上げたい。これらの先生方から頂戴した貴重なご助言は，本書のベースになる筆者の拙い博士論文の内容を洗練させる大事な契機となった。

最後に，これまでの人生において最も筆者を支えてくれた人達に謝意を伝えさせて欲しい。「今何をすべきかよく考え行動せよ」と「スタートラインには立たせてやる」が口癖だった父茂富には，就職先が決まっていた大学４年生の卒業間際に大学院進学を志すことを告げると，嫌な顔一つせず惜しみないサポートをしてくれた。闘病中の母のケアと博士論文の執筆とを同時並行しながら講義やその他の校務をこなさなければならなかったこの２年間，精神的にも肉体的にも困憊した筆者に寄り添い伴走してくれた妻ゆきえ，疲弊した筆者に屈託のない笑顔で癒やしの時間を与えてくれた娘の朱織は，筆者にとってかけがえのない元気の源だった。この数年は家族の支えがなければ，おそらく独りでは乗り切ることのできなかった苦難の連続だったように思う。だからこそ，この場を借りて普段言い慣れていない「ありがとう」を伝えたい。

IMI研究会のメンバーによる*SAGE Handbook of Organizational Discourse*という分厚く難解な洋書の翻訳出版プロジェクトが本格的にスタートしたのは，今からおよそ10年前である。このプロジェクトがご縁で親しくさせて頂いている同文舘出版の青柳裕之氏と大関温子氏には，同プロジェクトが終了してからは仕事上のお付き合いはまったくなく，むしろ私的なお付き合いが続いた。そんなご両人からのご協力の下，今回出版に漕ぎ着けられたことは，筆者にとって感慨深いものがある。専門書の出版事情厳しき折，ともすれば出版依頼をしてしまったことがご迷惑だったかもしれないという懸念を抱いていたが，そのような危惧を杞憂に変えてくれるくらい，出版に至る過程で頂戴した献身的なご支援は枚挙にいとまがない。末筆ながら，公私共々お世話になっていることに，改めて厚く御礼申し上げ，本書を閉じることにしよう。

2022年７月７日

多摩丘陵の一角をなす生田の風を感じて

福原康司

【参考文献】

＜和文献＞

青山征彦（2015）「越境と活動理論のことはじめ（第1章）」香川秀太・青山征彦編『越境する対話と学び：異質な人・組織・コミュニティをつなぐ』新曜社，19-33頁。

浅羽茂（2002）『日本企業の競争原理：同質的行動の実証分析』東洋経済新報社。

荒木淳子（2008）「職場を越境する社会人学習のための理論的基盤の検討：ワークプレイスラーニング研究の類型化と再考」『経営行動科学』第21巻第2号，119-128頁。

池本正純（2004）『企業家とはなにか：市場経済と企業家機能』八千代出版。

石田英夫・星野裕志・大久保隆弘（2007）『ケース・メソッド入門』慶應義塾大学出版会。

石田光規（2009）『産業・労働社会における人間関係：パーソナルネットワーク・アプローチによる分析』日本評論社。

石山恒貴（2018）『越境的学習のメカニズム：実践共同体を往還しキャリア構築するナレッジ・ブローカーの実像』福村出版。

伊丹敬之（2012）『経営戦略の論理（第4版）：ダイナミック適合と不均衡ダイナミズム』日本経済新聞出版社。

井上達彦（2012）「模倣戦略のタイポロジー」『早稲田商学』第431号，607-631頁。

今井賢一・金子郁容（1988）『ネットワーク組織論』岩波書店。

今田高俊（1986）『自己組織性：社会理論の復活』創文社。

岩内亮一・高橋正泰・村田潔・青木克生（2005）『ポストモダン組織論』同文舘出版。

岩田龍子（1977）『日本的経営の編成原理』文眞堂。

上野千鶴子編（2001）『構築主義とは何か』勁草書房。

遠田雄志（1996）『組織の認識モード』税務経理協会。

太田肇（1993）『プロフェッショナルと組織：組織と個人の「間接的統合」』同文舘出版。

太田肇（1994）『日本企業と個人：統合のパラダイム転換』白桃書房。

大滝精一（1986）「社内ベンチャーと戦略概念の進化」『専修経営学論集』第42号，79-154頁。

大月博司（1984）「組織のパワー研究論：Mintzbergの所論を中心に」『北海学園大学経済論集』第32巻第2号，283-293頁。

大月博司（1990）「組織におけるパワー現象と組織文化」『經營學論集（日本経営学会）』第60巻，229-235頁。

大月博司（1999）『組織変革とパラドックス』同文舘出版。

岡本大輔（2018）『社会的責任とCSRは違う！』千倉書房。

奥林康司・平野光俊編著（2004）『フラット型組織の人事制度』中央経済社。

香川秀太・青山征彦編（2015）『越境する対話と学び：異質な人・組織・コミュニティをつなぐ』新曜社。

加護野忠男（1988）『組織認識論：企業における創造と革新の研究』千倉書房。

加護野忠男・山田幸三・（財）関西生産性本部編（1999）『日本企業の新事業開発体制』有斐閣。

加藤俊彦（1999）「技術システムの構造化理論：技術研究の前提の再検討」『組織科学』第33巻第1号，69-79頁。

加藤俊彦（2000）「技術の多義性と企業行動：経営戦略における利用可能性と制約」『ビジネスレビュー』第47巻第3号，61-76頁。

金井壽宏（1991）『変革型ミドルの探求：戦略・革新指向の管理者行動』白桃書房。

金井壽宏（1994）『企業者ネットワーキングの世界：MITとボストン近辺の企業者コミュニティの探求』白桃書房。

金井壽宏（1998）「リーダーとマネジャー：リーダーシップの持論（素朴理論）と規範の探求」『国民経済雑誌』第177巻第4号，65-78頁。
金井壽宏（2000）「ケース・メソッドによる経営教育：通常のケースの効果と課題，ならびにライブ・ケースのすすめ」『企業と人材』第33巻，7-15頁。
金井壽宏（2001）「キャリア・トランジッション論の展開：節目のキャリア・デザインの理論的・実践的基礎」『国民経済雑誌』第184巻第6号，43-66頁。
金井壽宏（2007）「『リーダーシップ物語（ナラティブ）』を通じての知識創造」『国民経済雑誌』第195巻第6号，1-23頁。
金井壽宏（2008）「実践的持論の言語化が促進するリーダーシップ共有の連鎖」『国民経済雑誌』第198巻第6号，1-29頁。
金井壽宏・米倉誠一郎・沼上幹編（1994）『創造するミドル：生き方とキャリアを考えつづけるために』有斐閣。
金井壽宏・森岡正芳・高井俊次・中西眞知子編（2009）『語りと騙りの間：羅生門的現実と人間のレスポンシビリティー』ナカニシヤ出版。
金光淳（2003）『社会ネットワーク分析の基礎：社会的関係資本論にむけて』勁草書房。
河合忠彦（1999）『複雑適応系リーダーシップ：変革モデルとケース分析』有斐閣。
河上誓作編著（1996）『認知言語学の基礎』研究社出版。
清成忠男（1984）『経済活力の源泉：日米欧ベンチャー比較』東洋経済新報社。
清宮徹（2019）『組織のディスコースとコミュニケーション：組織と経営の新しいアジェンダを求めて』同文舘出版。
楠木建（2009）「短い話を長くする：ストーリーの戦略論」『組織科学』第42巻第3号，31-47頁。
楠木建（2010）『ストーリーとしての競争戦略：優れた戦略の条件』東洋経済新報社。
小林敏男（1990）『正当性の条件：近代的経営管理論を超えて』有斐閣。
小松陽一（1976）「経営組織とパワー（1）」『甲南経営研究』第17巻第3号，21-38頁。
坂井正広（1996）『経営学教育の理論と実践：ケース・メソッドを中心として』文眞堂。
榊原清則・大滝精一・沼上幹（1989）『事業創造のダイナミクス』白桃書房。
佐々木利廣（1990）『現代組織の構図と戦略』中央経済社。
瀬戸知也（2007）「キャリア教育問題と子供の社会化：コンストラクティヴィスト・アプローチ」『教育科学』第16号，61-71頁。
瀬戸知也（2009）「キャリア・ナラティブの構築としてのキャリア教育の可能性と課題」『教育科学』第20号，1-8頁。
十川廣國（1991）『企業家精神と経営戦略』森山書店。
十川廣國（1997）『企業の再活性化とイノベーション』中央経済社。
十川廣國（2002）『新戦略経営・変わるミドルの役割』文眞堂。
高木晴夫（1995）『ネットワークリーダーシップ』日科技連。
高木晴夫・竹内伸一（2006）『実践！日本型ケースメソッド教育：企業力を鍛える組織学習装置』ダイヤモンド社。
高橋正泰（1998）『組織シンボリズム：メタファーの組織論』同文舘出版。
高橋正泰（2002）「組織論とディスコース」『経営論集』第49巻第3・4号，67-82頁。
髙見啓一（2021）「商業高校におけるアントレプレナーシップ教育の分析視座：コミュニティ・オブ・プラクティスと越境学習」『関西大學商學論集』第65巻第4号，99-115頁。
舘野泰一（2017）「越境学習（第22章）」中原淳編『人材開発研究大全』東京大学出版会，555-578頁。

田中聡（2021）『経営人材育成論：新規事業創出からミドルマネジャーはいかに学ぶか』東京大学出版会。
丹沢安治（2000）『新制度派経済学による組織研究の基礎：制度の発生とコントロールへのアプローチ』白桃書房。
谷本寛治（2020）『企業と社会：サステナビリティ時代の経営学』中央経済社。
寺本義也（1990）『ネットワーク・パワー：解釈と構造』NTT出版。
寺本義也（1992）『パワーミドル』講談社。
寺本義也（1999）「ネットワークパワーのダイナミズム（第２章）」寺本義也・小松陽一・福田順子・原田保・水尾順一・清家彰敏・山下正幸著『パワーイノベーション』新評論，63-83頁。
蔡芢錫（1999）『プロフェッショナルの研究成果の決定要因：研究者の組織行動，研究成果，人的資源管理』慶應義塾大学出版会。
辻和洋・齊藤光弘・関根雅泰・中原淳（2017）「越境型管理職研修の学習効果（第23章）」中原淳編『人材開発研究大全』東京大学出版会，579-606頁。
辻村宏和（2001）『経営者育成の理論的基盤：経営技能の習得とケース・メソッド』文眞堂。
長岡健（2015）「経営組織における水平的学習への越境論アプローチ（第３章）」香川秀太・青山征彦編『越境する対話と学び：異質な人・組織・コミュニティをつなぐ』新曜社，65-81頁。
中西晶（2007）『高信頼性組織の条件：不測の事態を防ぐマネジメント』生産性出版。
中原淳（2021）『経営学習論（増補新装版）』東京大学出版会。
中原淳・荒木淳子（2006）「ワークプレイスラーニング研究序説：企業人材育成を対象とした教育工学研究のための理論レビュー」『教育システム情報学会誌』第23巻第２号，88-103頁。
中村雄二郎・金子郁容（1999）『弱さ』岩波書店。
中山ちなみ（2017）「政治参加における社会的ネットワークの効果に関する考察：結束型と橋渡し型ネットワークの交互作用に着目して」『ノートルダム清心女子大学紀要』第41巻第１号，21-39頁。
長山宗広（2012）『日本的スピンオフ・ベンチャー創出論：新しい産業集積と実践コミュニティを事例とする実証研究』同友館。
西本直人（2002）「組織論における目的概念の変遷と展望：ウェーバーからCMSまで」経営学史学会編『IT革命と経営理論（第９輯）』文眞堂，143-153頁。
沼上幹（2000）『行為の経営学：経営学における意図せざる結果の探究』白桃書房。
沼上幹・軽部大・加藤俊彦・田中一弘・島本実（2007）『組織の〈重さ〉：日本的企業組織の再点検』日本経済新聞出版社。
野中郁次郎・加護野忠男・小松陽一・奥村昭博・坂下昭宣（1978）『組織現象の理論と測定』千倉書房。
野中郁次郎（1990）『知識創造の経営：日本企業のエピステモロジー』日本経済新聞社。
延岡健太郎（2020）「経済を見る眼：現実解としての社内ベンチャー再考」『週刊東洋経済』第6961号，９頁。
野間幹晴（2020）「コーポレート・ベンチャリングと脱成熟：日米企業のライフサイクルと利益率」『一橋ビジネスレビュー』第68巻第１号，32-42頁。
朴容寛（2003）『ネットワーク組織論』ミネルヴァ書房。
橋本良子（2013）「コーポレートベンチャリング推進組織とその推進者像：社内ベンチャー推進組織に関する一考察」『日本ベンチャー学会誌』第21号，33-43頁。

畑村洋太郎編著（2002）『社長のための失敗学』日本実業出版社。
馬場杉夫（2005）『個の主体性尊重のマネジメント』白桃書房。
馬場杉夫（2019）『なぜ組織は個を活かせないのか』中央経済社。
原田勉（1999）『知識転換の経営学：ナレッジ・インタラクションの構造』東洋経済新報社。
平田仁胤（2016）「状況的学習論の再検討：ドレイファスのハイデガー解釈に注目して」『岡山大学大学院教育学研究科研究集録』第161号，1-9頁。
平田仁胤（2017）「エンゲストロームの拡張的学習における言語的基盤」『岡山大学大学院教育学研究科研究集録』第164号，19-29頁。
平松闊・鵜飼孝造・宮垣元・星敦士（2010）『社会ネットワークのリサーチ・メソッド：人の多様なつながりを明らかにする』ミネルヴァ書房。
福嶋路（2019）「新規事業創造についての研究の系譜：社内ベンチャーとCVCについての研究動向」『研究年報経済学』第77巻第1号，1-16頁。
福原康司（1999）「ネットワーク・リーダーシップ研究：行為主体とパワーの問題を中心に」『専修社会科学論集』第24号，55-76頁。
福原康司（2000a）「ミドル・マネジメントと動機づけに関する一考察：企業内企業家精神論との関連から」『専修社会科学論集』第25号，11-29頁。
福原康司（2000b）「境界連結者のパワーメカニズムに関する一研究：ミドル・マネジメントによる情報パワーとメディア選択の有効性について」『専修大学経営研究所報』第138号，1-17頁。
福原康司（2003）「組織間関係における信頼とパワーの連動過程：境界連結者の機能を中心に」『専修大学経営研究所報』第150号，1-20頁。
福原康司（2005）「経営学とナラティブ：その研究パースペクティブとリーダーシップ研究への接近」『専修経営学論集』第81号，53-101頁。
福原康司（2010a）「組織における語りとリーダーシップ教育：キャリア・トランジッションにおける内省力の開発」『明治大学経営論集』第57巻第3号，197-218頁。
福原康司（2010b）「リーダーシップとフォロワー：バーナード理論の示唆と社会構成主義アプローチの検討」『専修経営学論集』第90巻，59-102頁。
福原康司（2013）「組織の変革とディスコース：「変革化」論への転回と批判的ディスコース分析の検討」『専修経営学論集』第96号，15-30頁。
福原康司（2014）「企業家精神の社会的構築過程に関する探索的研究：マスメディアの社内ベンチャーを取り巻く用語法を中心として」『専修マネジメントジャーナル』第3巻第2号，13-25頁。
福原康司（2017）「フォロワーシップと上方影響力：社会構成主義によるリッカートリーダーシップ論再訪」『専修経営学論集』第103号，71-86頁。
福原康司・蔡芒錫（2012）「組織不祥事研究における視座と方法：ミクロ・アプローチの再検討」『専修マネジメントジャーナル』第1巻第1・2号，99-113頁。
福原康司・間嶋崇・堀野賢一郎（2019）「リーダーシップ開発プログラムのリフレクティヴ・プロセス：専修大学での取り組みを中心に」日本経営学会編『經營學論集第89集（電子版）』（15）1-（15）9。
淵上克義（2002）『リーダーシップの社会心理学』ナカニシヤ出版。
淵上克義・迫田裕子（2008）「社会構成主義的アプローチに関する研究：カリスマ的リーダーシップ研究を中心に（第3章）」坂田桐子・淵上克義編『社会心理学におけるリーダーシップ研究のパースペクティブⅠ』ナカニシヤ出版，79-101頁。
松尾太加志（1999）『コミュニケーションの心理学：認知心理学・社会心理学・認知工学か

らのアプローチ』ナカニシヤ出版。
真壁昭夫（2012）『若者，バカ者，よそ者 イノベーションは彼らから始まる！』PHP新書。
真鍋誠司（2002）「企業間協調における信頼とパワーの効果：日本自動車産業の事例」『組織科学』第36巻第1号，80-94頁。
三品和広（2004）『戦略不全の論理：慢性的な低収益の病からどう抜け出すか』東洋経済新報社。
水野由香里（2013）「組織のライフステージをたどる組織の成功要因：協立電機の事例から」『赤門マネジメント・レビュー』第12巻第4号，283-325頁。
水野由香里（2019）『レジリエンスと経営戦略：レジリエンス研究の系譜と経営学的意義』白桃書房。
宮本孝二（1998）『ギデンズの社会理論：その全体像と可能性』八千代出版。
宮本琢也・前川佳一・安田昌司（2014）「社内ベンチャーにおける技術と市場の統合に関する研究：事業本部研究所の活動を中心に」『組織科学』第47巻第3号，5-16頁。
森雄繁（1998）『権力と組織』白桃書房。
安田雪（1997）『ネットワーク分析：何が行為を決定するか』新曜社。
安田雪（2001）『実践ネットワーク分析：関係を解く理論と技法』新曜社。
安田雪（2004）『人脈づくりの科学：「人と人との関係」に隠された力を探る』日本経済新聞社。
安田雪（2008）「若年者の転職意向と職場の人間関係：上司と職場で防ぐ離・転職」『Works Review：リクルートワークス研究所研究報告』第3号，32-45頁。
安田雪・石田光規（2000）「相談と情報交換：パーソナルネットワークの機能」『社会学評論』第51巻第1号，104-119頁。
山岸俊男（1998）『信頼の構造：こころと社会の進化ゲーム』東京大学出版会。
山口洋（2003）「社会ネットワーク分析におけるデータ収集法の比較検討：個人間のネットワークデータを中心に」『社会学部論集』第36号，105-119頁。
山倉健嗣（1993）『組織間関係：企業間ネットワークの変革に向けて』有斐閣。
山田幸三（2000）『新事業開発の戦略と組織：プロトタイプの構築とドメインの変革』白桃書房。
横田絵理（1998）『フラット化組織の管理と心理：変化の時代のマネジメント・コントロール』慶應義塾大学出版会。
吉田和男（1993）『日本型経営システムの功罪』東洋経済新報社。
吉原英樹（1988）『「バカな」と「なるほど」：経営成功のキメ手！』同文舘出版。
吉原英樹（2014）「『バカな』と『なるほど』」『一橋ビジネスレビュー』第61巻第4号，136-139頁。
米倉誠一郎（2015）「経営革命：イノベーション遂行者としての企業家（アントルプルヌア）」『学術の動向』第20巻第11号，66-69頁。

＜欧文献＞

Abrell, T., & Karjalainen, T. (2017). The Early Stage of Internal Corporate Venturing: Entrepreneurial Activities in a Large Manufacturing Company. *Journal of Enterprising Culture*, 25(1), pp.1-30.
Adams, J.S. (1976). The Structure and Dynamics of Behavior in Organizational Boundary Role. In M.D. Dunnette (Ed.), *Handbook of Industrial and Organizational Psychology* (pp.1175-1199). Rand Mc-Nally.
Adams, J.S. (1980). Interorganizational Processes and Organizational Boundary Activities. In B.M.

Staw & L.L. Cummings (Eds.), *Research in Organizational Behavior Vol.2* (pp.321-355). Greenwich: JAI Press.

Allen, T.J. (1977). *Managing the Flow of Technology: Technology Transfer and the Dissemination of Technological Information Within the Research and Development Organization*. MIT Press.

Aldrich, H.E., & Zimmer, C. (1986). Entrepreneurship Through Social Networks. In D.L. Sexton & R.W. Smiler (Eds.), *In the Art and Science of Entrepreneurship* (pp.3-23). Cambridge.

Alvesson, M. (1996). Leadership Studies: From Procedure and Abstraction to Reflexivity and Situation. *Leadership Quarterly*, 7(4), pp.455-485.

Alvesson, M., & Willmott, H. (1992). *Critical Management Studies*. SAGE Publications. (CMS研究会訳『経営と社会：批判的経営研究』同友館，2001年)。

Alvesson, M., & Sköldberg, K. (2000). *Reflexive Methodology: New Vistas for Qualitative Research*. SAGE Publications.

Alvesson, M., & Sandberg, J. (2013). *Constructing Research Questions: Doing Interesting Research*. SAGE Publications.

Alvesson, M., Blom, M., & Sveningsson, S. (2017). *Reflexive Leadership: Organising in an Imperfect World*. SAGE Publications.

Ardichvili, A., Cardozo, R., & Ray, S. (2003). A Theory of Entrepreneurial Opportunity Identification and Development. *Journal of Business Venturing*, 18(1), pp.105-123.

Argyris, C. (1992). *On Organizational Learning*. Blackwell Publishers Inc.

Argyris, C., & Schön, D.A. (1978). *Organizational Learning: A Theory of Action Perspective*. Addison-Wesley.

Ashby, W.R. (1956). *An Introduction to Cybernetics*. Champan & Hall. (篠崎武・山崎英三・銀林浩訳『サイバネティクス入門』宇野書店，1967年)。

Avolio, B.J., Kahai, S., & Dodge, G.E. (2000). E-Leadership: Implications for Theory, Research, and Practice. *Leadership Quarterly*, 11(4), pp.615-668.

Axelrod, R. (1984). *The Evolution of Cooperation*. Basic Books Inc. (松田裕之訳『つきあい方の科学：バクテリアから国際関係まで』HBJ出版局，1987年)。

Bachmann, R. (2001). Trust, Power and Control in Trans-Organizational Relations. *Organization Studies*, 22(2), pp.337-365.

Bachrach, P., & Baratz, M.S. (1970). *Power and Poverty: Theory and Practice*. Oxford University Press.

Baker, S.D. (2007). Followership: The Theoretical Foundation of a Contemporary Construct. *Journal of Leadership & Organizational Studies*, 14(1), pp.50-60.

Bakhtin, M. (1981). Discourse in the Novel (M. Holquist, & C. Emerson, Trans.). In M. Holquist (Ed.), *The Dialogic Imagination* (pp.259-422). University of Texas Press.

Baldwin, A.S., Kiviniemi, M.T., & Snyder, M. (2009). A Subtle Source of Power: The Effect of Having an Expectation on Anticipated Interpersonal Power. *Journal of Social Psychology*, 149(1), pp.82-104.

Bandura, A. (1977). *Social Learning Theory*. Pearson Education, Inc. (原野広太郎監訳『社会的学習理論：人間理解と教育の基礎』金子書房，1979年)。

Barnard, C.I. (1948). *Organization and Management: Selected Papers*. Harvard University Press. (飯野春樹監訳『組織と管理』文眞堂，1990年)。

Bass, B.M. (1985). *Leadership and Performance Beyond Expectations*. Free Press.

Bass, B.M. (1990). *Bass & Stogdill's Handbook of Leadership: Theory, Research, and Managerial*

Applications 3rd ed. Free Press.

Bass, B.M., & Avolio, B.J. (1994). *Improving Organizational Effectiveness Through Transformational Leadership*. SAGE Publications.

de Beaugrande, R., & Dressler, W.U. (1981). *Introduction to Text Linguistics*. Longman. (池上嘉彦他訳『テクスト入門』紀伊國屋書店，1984年)。

Bennis, W.G., & Thomas, R.J. (2002). *Geeks and Geezers: How Era, Values and Defining Moments Shape Leaders*. Harvard Business School Press. (斎藤彰悟監訳・平野和子訳『こうしてリーダーはつくられる』ダイヤモンド社，2003年)。

Bhattacherjee, A. (2002). Individual Trust in Online Firms: Scale Development and Initial Test. *Journal of Management Information Systems*, 19(1), pp.211-241.

Birkinshaw, J. (2003). The Paradox of Corporate Entrepreneurship. *Strategy and Business*, 30 (Spring), pp.46-58.

Bisel, R.S., Kramer, M.W., & Banas, J.A. (2016). Scaling up to Institutional Entrepreneurship: A Life History of an Elite Training Gymnastics Organization. *Human Relations*, 70(4), pp.410-435.

Block, Z., & MacMillan, I.C. (1993). *Corporate Venturing: Creating New Business Within the Firm*. Harvard Business School Press. (松田修一監訳，社内起業研究会訳『コーポレート・ベンチャリング：実証研究 成長し続ける企業の条件』ダイヤモンド社，1994年)。

Boje, D.M. (2001). *Narrative Methods for Organizational & Communication Research*. SAGE Publications.

Boschee, J. (1995). Social Entrepreneurship: Some Non-Profits Are Not Only Thinking About the Unthinkable, They're Doing It - Running a Profit. *Across the Board*, 32(3), pp.20-25.

Bourgeois Ⅲ, L.J. (1981). On the Measurement of Organizational Slack. *Academy of Management Review*, 6(1), pp.29-39.

Brewer, D.D. (1993). Patterns in the Recall of Persons in a Student Community. *Social Networks*, 15(4), pp.335-359.

Brown, J.S., Denning, S., Groh, K., & Prusak (2004). *Storytelling in Organizations: Why Storytelling Is Transforming 21st Century Organizations and Management*. Butterworth-Heinemann. (高橋正泰・高井俊次監訳『ストーリーテリングが経営を変える：組織変革の新しい鍵』同文舘出版，2007年)。

Brown, M.E., & Treviño, L.K. (2006). Ethical Leadership: A Review and Future Directions. *Leadership Quarterly*, 17(6), pp.595-616.

Bruins, J. (1999). Social Power and Influence Tactics: A Theoretical Introduction. *Journal of Social Issues*, 55(1), pp.7-14.

Burgelman, R.A. (1983). A Process Model of Internal Corporate Venturing in the Diversified Major Firm. *Administrative Science Quarterly*, 28(2), pp.223-244.

Burgelman, R.A. (1984). Designs for Corporate Entrepreneurship in Established Firms. *California Management Review*, 26(3), pp.154-166.

Burgelman, R.A. (1991). Intraorganizational Ecology of Strategy Making and Organizational Adaptation: Theory and Field Research. *Organization Science*, 2(3), pp.239-262.

Burgelman, A., & Sayles, L.R. (1986). *Inside Corporate Innovation: Strategy, Structure, and Managerial Skills*. Free Press. (小林肇監訳・海老沢栄一・小山和伸訳『企業内イノベーション：社内ベンチャー成功への戦略組織化と管理技法』ソーテック社，1987年)。

Burns, J.M. (1978). *Leadership*. Harper & Row.

Burt, R.S. (1992). *Structural Holes: The Social Structure of Competition*. Harvard University Press.

（安田雪訳『競争の社会的構造：構造的空隙の理論』新曜社，2006年）。
Butler Jr., J.K.（1991）. Toward Understanding and Measuring Conditions of Trust: Evolution of a Conditions of Trust Inventory. *Journal of Management*, 17, pp.643-663.
Butler Jr., J.K., & Cantrell, R.S.（1984）. A Behavioral Decision Theory Approach to Modeling Dyadic Trust in Superiors and Subordinates. *Psychological Reports*, 55（1）, pp.19-28.
Carland, J.W., Hoy, F., Boulton, W.R., & Carland, J. C.（1984）. Differentiating Entrepreneurs from Small Business Owners: A Conceptualization. *Academy of Management Review*, 9（2）, pp.354-359.
Carlson, J.C., & Davis, G.B.（1998）. An Investigation of Media Selection Among Directors and Managers: From "Self" to "Other" Orientation. *MIS Quarterly*, 22（3）, pp.335-362.
Carlson, J.R., & Zmud, R.W.（1999）. Channel Expansion Theory and the Experiential Nature of Media Richness Perceptions. *Academy of Management Journal*, 42（2）, pp.153-170.
Carroll, B., & Simpson, B.（2012）. Capturing Sociality in the Movement Between Frames: An Illustration from Leadership Development. *Human Relations*, 65（10）, pp.1283-1309.
Carroll, B., Firth, J., Ford, J., & Taylor, S.（2018）. The Social Construction of Leadership Studies: Representations of Rigour and Relevance in Textbooks. *Leadership*, 14（2）, pp.159-178.
Chen, M., Chang, Y., & Chang, Y.（2015）. Entrepreneurial Orientation, Social Networks, and Creative Performance: Middle Managers as Corporate Entrepreneurs. *Creativity and Innovation Management*, 24（3）, pp.493-507.
Christensen, C.M.（1997）. *The Innovator's Dilemma: When New Technologies Cause Great Firms to Fail*. Harvard Business Review Press.（玉田俊平太監修・伊豆原弓訳『イノベーションのジレンマ（増補改訂版）：技術革新が巨大企業を滅ぼすとき』翔泳社，2001年）。
Cliff, J.E., Jennings, P.D., & Greenwood, R.（2006）. New to the Game and Questioning the Rules: The Experiences and Beliefs of Founders Who Start Imitative Versus Innovative Firms. *Journal of Business Venturing*, 21（5）, pp.633-663.
Cogliser, C.C., & Brigham, K.H.（2004）. The Intersection of Leadership and Entrepreneurship: Mutual Lessons to Be Learned. *Leadership Quarterly*, 15（6）, pp.771-799.
Cogliser, C.C., Schriesheim, C.A., Scandura, T.A., & Gardner, W.L.（2009）. Balance in Leader and Follower Perceptions of Leader-Member Exchange: Relationships with Performance and Work Attitudes. *Leadership Quarterly*, 20（3）, pp.452-465.
Cole, A.H.（1959）. *Business Enterprise in its Social Setting*. Harvard University Press.（中川敬一郎訳『経営と社会：企業者史学序説』ダイヤモンド社，1965年）。
Coleman, J.S.（1990）. *Foundations of Social Theory*. Harvard University Press.
Conger, J.A., & Kanungo, R.N.（Eds.）（1988）. *Charismatic Leadership: The Elusive Factor in Organizational Effectiveness*. Jossey-Bass Publishers.（片柳佐智子・山村宣子・松本博子・鈴木恭子訳『カリスマ的リーダーシップ：ベンチャーを志す人の必読書』流通科学大学出版，1999年）。
Conger, J.A., & Kanungo, R.N.（1998）. *Charismatic Leadership in Organizations*. SAGE Publications.
Connelly, D.R.（2007）. Leadership in the Collaborative Interorganizational Domain. *International Journal of Public Administration*, 30（11）, pp.1231-1262.
Cooper, C.D., Scandura, T.A., & Schriesheim, C.A.（2005）. Looking Forward but Learning from Our Past: Potential Challenges to Developing Authentic Leadership Theory and Authentic Leaders. *Leadership Quarterly*, 16（3）, pp.475-493.
Covin, J.G., & Slevin, D.P.（1989）. Strategic Management of Small Firms in Hostile and Benign Environments. *Strategic Management Journal*, 10（1）, pp.75-87.

Covin, J.G., & Slevin, D.P. (1991). A Conceptual Model of Entrepreneurship as Firm Behavior. *Entrepreneurship Theory & Practice*, 16 (1), pp.7-25.

Crawford, A., & L'Hoiry, X. (2017). Boundary Crossing: Networked Policing and Emergent 'Communities of Practice' in Safeguarding Children. *Policing & Society*, 27 (6), pp.636-654.

Currall, S.C., & Judge, T.A. (1995). Measuring Trust Between Organizational Boundary Role Persons. *Organizational Behavior and Human Decision Processes*, 64 (2), pp.151-170.

Czarniawska, B. (1998). *A Narrative Approach to Organization Studies*. SAGE Publications.

Czarniawska, B. (2008). *A Theory of Organizing*. Edward Elgar Publishing.

Daft, R.L., & Weick, K.E. (1984). Toward a Model of Organizations as Interpretation Systems. *Academy of Management Review*, 9 (2), pp.284-295.

Daft, R.L., & Lengel, R.H. (1986). Organizational Information Requirements, Media Richness and Structural Design. *Management Science*, 32 (5), pp.554-571.

Daft, R.L., Lengel, R.H., & Treviño, L.K. (1987). Message Equivocality, Media Selection, and Manager Performance: Implications for Information Systems. *MIS Quarterly*, 11 (3), pp.355-366.

Dahl, R.A. (1957). The Concept of Power. *Behavioral Science*, 2 (3), pp.201-225.

Das, T.K., & Teng, B. (1997). Time and Entrepreneurial Risk Behavior. *Entrepreneurship Theory & Practice*, 22 (2), pp.69-88.

Das, T.K., & Teng, B. (2001). Trust, Control, and Risk in Strategic Alliances: An Integrated Framework. *Organization Studies*, 22 (2), pp.251-283.

Dees, G. (1998). *The Meaning of "Social Entrepreneurship"*. Duke University.

Deutsch, M. (1958). Trust and Suspicion. *Journal of Conflict Resolution*, 2 (4), pp.265-279.

Dienesch, R.M., & Liden, R.C. (1986). Leader-Member Exchange Model of Leadership: A Critique and Further Development. *Academy of Management Review*, 11 (3), pp.618-634.

DiMaggio, P. (1988). Interest and Agency in Institutional Theory. In L. Zucker (Ed.), *Institutional Patterns and Organizations: Culture and Environment* (pp.3-22). Ballinger.

Dollinger, M.J. (1984). Environmental Boundary Spanning and Information Processing Effects on Organizational Performance. *Academy of Management Journal*, 27 (2), pp.351-368.

Doolin, B. (2002). Enterprise Discourse, Professional Identity and the Organizational Control of Hospital Clinicians. *Organization Studies*, 23 (3), pp.369-390.

Drucker, P.F. (1985). *Innovation and Entrepreneurship: Practice and Principles*. Harper & Row.（小林宏治監訳，上田惇生・佐々木実智男訳『イノベーションと企業家精神：実践と原理』ダイヤモンド社，1985年）。

Dyer, J.H., Gregersen, H.B., & Christensen, C. (2008). Entrepreneur Behaviors, Opportunity Recognition, and the Origins of Innovative Ventures. *Strategic Entrepreneurship Journal*, 2 (4), pp.317-338.

Ebbers, J.J. (2014). Networking Behavior and Contracting Relationships Among Entrepreneurs in Business Incubators. *Entrepreneurship Theory & Practice*, 38 (5), pp.1159-1181.

Emerson, R.M. (1962). Power-Dependence Relations. *American Sociological Review*, 27 (1), pp.31-41.

Engeström, Y. (1987). *Learning by Expanding: An Activity-Theoretical Approach to Developmental Research*. Orienta-Konsultit.（山住勝広・松下佳代・百合草禎二・保坂裕子・庄井良信・手取義宏・高橋登訳『拡張による学習：活動理論からのアプローチ』新曜社，1999年）。

Engeström, Y. (2001). Expansive Learning at Work: Toward an Activity Theoretical Reconceptualization. *Journal of Education and Work*, 14 (1), pp.133-156.

Engeström, Y.（2008）. *From Teams to Knots: Activity-Theoretical Studies of Collaboration and Learning at Work*. Cambridge University Press.（山住勝広・山住勝利・蓮見二郎訳『ノットワークする活動理論：チームから結び目へ』新曜社，2013年）。

Engeström, Y.（2016）. *Studies in Expansive Learning: Learning What Is Not yet There*. Cambridge University Press.（山住勝広監訳『拡張的学習の調整と可能性：いまだここにないものを学ぶ』新曜社，2018年）。

Engeström, Y., Engeström, R., & Karkkainen, M.（1995）. Polycontextuality and Boundary Crossing in Expert Cognition: Learning and Problem Solving in Complex Work Activities. *Learning and Instruction*, 5 (4), pp.319-336.

Erchul, W.P., Raven, B.H., & Ray, A.G.（2001）. School Psychologists' Perceptions of Social Power Bases in Teacher Consultation. *Journal of Educational and Psychological Consultation*, 12 (1), pp.1-23.

Fairclough, N.（1995）. *Critical Discourse Analysis: The Critical Study of Language*. Addison-Wesley Pub.

Fairclough, N., & Wodak, R.（1997）. Critical Discourse Analysis. In T.A. van Dijk（Ed.）, *Discourse as Social Interaction: Discourse Studies vol.2–A Multidisciplinary Introduction*（pp.258-284）. SAGE Publications.

Fayol, H.（1917）. *Administration Industrielle et Générale: Prévoyance, Organisation, Commandement, coordination, Controle*. H. Dunod et E. Pinat.（山本安二郎訳『産業ならびに一般の管理』ダイヤモンド社，1985年）。

Fayolle, A., & Gailly, B.（2015）. The Impact of Entrepreneurship Education on Entrepreneurial Attitudes and Intention: Hysteresis and Persistence. *Journal of Small Business Management*, 53 (1), pp.75-93.

Ferrin, D.L., Dirks, K.T., & Shah, P.P.（2006）. Direct and Indirect Effects of Third-Party Relationships on Interpersonal Trust. *Journal of Applied Psychology*, 91 (4), pp.870-883.

Fiedler, F.（1967）. *A Theory of Leadership Effectiveness*. McGraw-Hill.（山田雄一監訳『新しい管理者像の探究』産業能率短期大学出版，1970年）。

Fleming, D.（2001）. Narrative Leadership: Using the Power of Stories. *Strategy & Leadership*, 29 (4), pp.34-36.

Fligstein, N.（1997）. Social Skill and Institutional Theory. *American Behavioral Scientist*, 40 (4), pp.397-405.

Floyd, S.W., & Wooldridge, B.（1992）. Middle Management Involvement in Strategy and its Association with Strategic Type: A Research Note. *Strategic Management Journal*, 13（S1）, pp.153-167.

Floyd, S.W., & Wooldridge, B.（1997）. Middle Management's Strategic Influence and Organizational Performance. *Journal of Management Studies*, 34 (3), pp.465-485.

Floyd, S.W., & Wooldridge, B.（1999）. Knowledge Creation and Social Networks in Corporate Entrepreneurship: The Renewal of Organizational Capability. *Entrepreneurship Theory & Practice*, 23 (3), pp.123-143.

Floyd, S.W., & Wooldridge, B.（Eds.）（2017）. *Handbook of Middle Management Strategy Process Research*（pp.154-174）. Edward Elgar Publishing.

French Jr., J.R.P., & Raven, B.H.（1959）. The Bases of Social Power. In D. Cartwright（Ed.）, *Studies in Social Power*（pp.150-167）. Institute for Social Research.

Frost, T.F., & Moussavi, F.（1992）. The Relationship Between Leader Power Base and Influence: The

Moderating Role of Trust. *Journal of Applied Business Research*, 8 (4), pp.9-14.
Fukuhara, Y. (2012). The Dark Side of Japanese-Style Management: A Critical Discourse Analysis of Followers' Perception of Leadership. *Senshu Management Journal*, 2 (2), pp.1-11.
Fukuhara, Y. (2016). A Critical Interpretation of Bottom-Up Management and Leadership Styles Within Japanese Companies: A Focus on Empowerment and Trust. *AI & Society*, 31 (1), pp.85-93.
Fulop, L. (1991). Middle Manager: Victims or Vanguards of the Entrepreneurial Movement?. *Journal of Management Studies*, 28 (1), pp.25-44.
Gabarro, J.J. (1978). The Development of Trust, Influence and Expectations. In A.G. Athos & J.J. Gabarro (Eds.), *Interpersonal Behavior: Communication and Understanding in Relationships* (pp.290-303). Prentice Hall.
Gabriel, Y. (2004). *Myths, Stories, and Organizations: Premodern Narratives for Our Times*. Oxford University Press.
Gaddam, S. (2007). A Conceptual Analysis of Factors Influencing Entrepreneurship Behavior and Actions. IUP *Journal of Management Research*, 6 (11), pp.46-63.
Galang, M.C., & Ferris, G.R. (1997). Human Resource Department Power and Influence Through Symbolic Action. *Human Relations*, 50 (11), pp.1403-1426.
Gambetta, D. (1988). Can We Trust Trust?. In D. Gambetta (Ed.), *Trust: Making and Breaking Cooperative Relations* (pp.213-237). Basil Blackwell.
Gardner, W.L., & Cogliser, C.C. (2009). Meso-Modeling of Leadership: Following James G. (Jerry) Hunt's Lead in Integrating Micro- and Macro-Perspectives of Leadership. *Leadership Quarterly*, 20 (4), pp.493-500.
Gardner, W.L., Cogliser, C.C., Davis, K.M., & Dickens, M.P. (2011). Authentic Leadership: A Review of the Literature and Research Agenda. *Leadership Quarterly*, 22 (6), pp.1120-1145.
Gartner, W.B. (1985). A Conceptual Framework for Describing the Phenomenon of New Venture Creation. *Academy of Management Review*, 10 (4), pp.696-706.
Gartner, W.B. (1988). "Who Is an Entrepreneur?" Is the Wrong Question. *American Journal of Small Business*, 12 (4), pp.11-32.
Gartner, W.B. (1990). What Are We Talking About When We Talk About Entrepreneurship? *Journal of Business Venturing*, 5, pp.15-28.
Gee, J.P. (1990). *Social Linguistics and Literacies: Ideology in Discourses*. Falmer Press.
Giddens, A. (1979). *Central Problems in Social Theory: Action, Structure and Contradiction in Social Analysis*. University of California Press.（友枝敏雄・今田高俊・森重雄訳『社会理論の最前線』ハーベスト社，1989年）。
Giddens, A. (1990). *The Consequences of Modernity*. Polity Press.（松尾精文・小幡正敏訳『近代とはいかなる時代か？：モダニティの帰結』而立書房，1993年）。
Gnyawali, D.R., & Park, B. (2009). Co-opetition and Technological Innovation in Small and Medium-Sized Enterprises: A Multilevel Conceptual Model. *Journal of Small Business Management*, 47 (3), pp.308-330.
Goodale, J.C., Kuratko, D.F., Hornsby, J.S., & Covin, J.G. (2011). Operations Management and Corporate Entrepreneurship: The Moderating Effect of Operations Control on the Antecedents of Corporate Entrepreneurial Activity in Relation to Innovation Performance. *Journal of Operations Management*, 29 (1,2), pp.116-127.
Graen, G.B., & Uhl-Bien, M. (1995). Relationship-Based Approach to Leadership: Development of Leader–Member Exchange (LMX) Theory of Leadership over 25 Years: Applying a Multi-Level

Multi-Domain Perspective. *Leadership Quarterly*, 6 (2), pp.219-247.

Graen, G., Novak, M., & Sommerkamp, P. (1982). The Effects of Leader-Member Exchange and Job Design on Productivity and Satisfaction: Testing a Dual Attachment Model. *Organizational Behavior and Human Performance*, 30 (1), pp.109-131.

Granovetter, M.S. (1973). The Strength of Weak Ties. *American Journal of Sociology*, 78 (6), pp.1360-1380.

Grant, D., Hardy, C., Oswick, C., & Putnum, L. (Eds.) (2004). *The Sage Handbook of Organizational Discourse*. SAGE Publications.（高橋正泰・清宮徹監訳，組織ディスコース翻訳プロジェクトチーム訳『ハンドブック組織ディスコース研究』同文舘出版，2012年）。

Greve, A., & Salaff, J.W. (2003). Social Networks and Entrepreneurship. *Entrepreneurship Theory and Practice*, 28 (1), pp.1-22.

Guth, W.D., & Ginsberg, A. (1990). Guest Editors' Introduction: Corporate Entrepreneurship. *Strategic Management Journal*, 11 (special issue), pp.5-15.

Hakala, H. (2011). Strategic Orientations in Management Literature: Three Approaches to Understanding the Interaction between Market, Technology, Entrepreneurial and Learning Orientations. *International Journal of Management Reviews*, 13 (2), pp.199-217.

Hall, R.J., & Lord, R.G. (1995). Multi-Level Information-Processing Explanations of Followers' Leadership Perceptions. *Leadership Quarterly*, 6 (3), pp.265-287.

Hardy, C., Phillips, N., & Lawrence, T. (1998). Distinguishing Trust and Power in Interorganizational Relations: Forms and Façades of Trust. In C. Lane & R. Bachmann (Eds.), *Trust Within and Between Organizations* (pp.64-87). Oxford University Press.

Hatch, M.Y. (1997). *Organization Theory: Modern, Symbolic, and Postmodern Perspectives*. Oxford University Press.

Hedberg, B.L.T. (1981). How Organizations Learn and Unlearn. In P.C. Nystrom & W.H. Starbuck (Eds.), *Handbook of Organizational Design, Vol.1* (pp.3-27). Oxford University Press.

Heracleous, L., & Barrett, M. (2001). Organizational Change as Discourse: Communicative Actions and Deep Structures in the Context of Information Technology Implementation. *Academy of Management Journal*, 44 (4), pp.755-778.

Hersey, P., & Blanchard, K.H. (1977). *Management of Organizational Behavior: Utilizing Human Resources 3rd ed.* Prentice Hall.（山本成二・水野基・成田攻訳『行動科学の展開：人的資源の活用』日本生産性本部，1978年）。

Hill, C.W.L. (1990). Cooperation, Opportunism, and the Invisible Hand: Implications for Transaction Cost Theory. *Academy of Management Review*, 15 (3), pp.500-513.

Hinkin, T.R., & Schriesheim, C.A. (1989). Development and Application of New Scales to Measure the French and Raven (1959) Bases of Social Power. *Journal of Applied Psychology*, 74 (4), pp.561-567.

Hinkin, T.R., & Schriesheim, C.A. (2008). An Examination of "Nonleadership": From Laissez-Faire Leadership to Leader Reward Omission and Punishment Omission. *Journal of Applied Psychology*, 93 (6), pp.1234-1248.

Hogg, M.A. (2001). A Social Identity Theory of Leadership. *Personality and Social Psychology Review*, 5 (3), pp.184-200.

Hogg, M.A., & Terry, D.J. (2000). Social Identity and Self-Categorization Processes in Organizational Contexts. *Academy of Management Review*, 25 (1), pp.121-140.

Hollander, E.P. (1971). Style, Structure, and Setting in Organizational Leadership. *Administrative*

Science Quarterly, 16(1), pp.1-9.
Hollander, E.P.（1974）. Processes of Leadership Emergence. *Journal of Contemporary Business*, 3, pp.19-33.
Hollander, E.P., & Offermann, L.R.（1990）. Power and Leadership in Organizations: Relationships in Transition. *American Psychologist*, 45(2), pp.179-189.
Hosmer, L.T.（1995）. Trust: The Connecting Link Between Organizational Theory and Philosophical Ethics. *Academy of Management Review*, 20(2), pp.379-403.
Ireland, R.D., & Hitt, M.A.（1999）. Achieving and Maintaining Strategic Competitiveness in the 21st Century: The Role of Strategic Leadership. *Academy of Management Perspectives*, 13(1), pp.43-57.
Ireland, R.D., Hitt, M.A., Camp, S.M., & Sexton, D.L.（2001）. Integrating Entrepreneurship and Strategic Management Actions to Create Firm Wealth. *Academy of Management Executive*, 15(1), pp.49-63.
Ireland, R.D., Covin, J.G., & Kuratko, D.F.（2009）. Conceptualizing Corporate Entrepreneurship Strategy. *Entrepreneurship Theory and Practice*, 33(1), pp.19-46.
Janssen, O.（2000）. Job Demands, Perceptions of Effort-Reward Fairness and Innovative Work Behaviour. *Journal of Occupational & Organizational Psychology*, 73(3), pp.287-302.
Jeffries, F.L., & Reed, R.（2000）. Trust and Adaptation in Relational Contracting. *Academy of Management Review*, 25(4), pp.873-882.
Jung, D., Yammarino, F.J., & Lee, J.K.（2009）. Moderating Role of Subordinates' Attitudes on Transformational Leadership and Effectiveness: A Multi-Cultural and Multi-Level Perspective. *Leadership Quarterly*, 20(4), pp.586-603.
Kanter, R.M.（1982）. The Middle Manager as Innovator. *Harvard Business Review*, 60(4), pp.95-105.
Kanter, R.M.（1983）. *The Change Masters: Innovation for Productivity in the American Corporation*. Simon & Schuster.（長谷川慶太郎監訳『ザ・チェンジ・マスターズ：21世紀への企業変革者たち』二見書房，1984年）。
Katz, R.L.（1955）. Skills of an Effective Administrator. *Harvard Business Review*, 33(1), pp.33-42.
Katz, M.L., & Shapiro, C.（1985）. Network Externalities, Competition, and Compatibility. *American Economic Review*, 75(3), pp.424-440.
Kets de Vries, M.（1977）. The Entrepreneurial Personality: A Person at the Crossroads. *Journal of Management Studies*, 14(1), pp.34-57.
King, A.W., Fowler, S.W., & Zeithaml, C.P.（2001）. Managing Organizational Competencies for Competitive Advantage: The Middle-Management Edge. *Academy of Management Executive*, 15(2), pp.95-106.
Knight, D., Noble, N., Vurdubakis, T., & Willmott, H.（2001）. Chasing Shadows: Control, Virtuality and the Production of Trust. *Organization Studies*, 22(2), pp.311-336.
Kolb, A.Y., & Kolb, D.A.（2005）. Learning Styles and Learning Spaces: Enhancing Experiential Learning in Higher Education. *Academy of Management Learning & Education*, 4(2), pp.193-212.
Kotter, J.P.（1985）. *Power and Influence*. Free Press.（加護野忠男・谷本太郎訳『パワーと影響力：人的ネットワークとリーダーシップの研究』ダイヤモンド社，1990年）。
Kramer, R.M., & Neale, M.A.（Eds.）（1998）. *Power and Influence in Organizations*. SAGE Publications.
Kuratko, D.F., & Goldsby, M.G.（2004）. Corporate Entrepreneurs or Rogue Middle Managers? A Framework for Ethical Corporate Entrepreneurship. *Journal of Business Ethics*, 55(1), pp.13-30.
Kuratko, D.F., Ireland, R.D., Covin, J.G., & Hornsby, J.S.（2005）. A Model of Middle Level Managers'

Entrepreneurial Behavior. *Entrepreneurship Theory & Practice*, 29 (6), pp.699-716.
Kuratko, D.F. (2017). Middle Managers: the Lynchpins in the Corporate Entrepreneurship Process. In S.W. Floyd & B, Wooldridge (Eds.), *Handbook of Middle Management Strategy Process Research* (pp.154-174). Edward Elgar Publishing.
Larson, A. (1992). Network Dyads in Entrepreneurial Settings: A Study of the Governance of Exchange Relationships. *Administrative Science Quarterly*, 37 (1), pp.76-104.
Latour, B. (2005). *Reassembling the Social: An Introduction to Actor-Network-Theory*. Oxford University Press.（伊藤嘉高訳『社会的なものを組み直す：アクターネットワーク理論入門』法政大学出版局，2019年）。
Lave, J., & Wenger, E. (1991). *Situated Learning: Legitimate Peripheral Participation*. Cambridge University Press.（佐伯胖・福島真人訳『状況に埋め込まれた学習：正統的周辺参加』産業図書，1993年）。
Learmonth, M. (2007). Critical Management Education in Action: Personal Tales of Management Unlearning. *Academy of Management Learning & Education*, 6 (1), pp.109-113.
Leifer, R., & Delbecq, A. (1978). Organizational / Environmental Interchange: A Model of Boundary Spanning Activity. *Academy of Management Review*, 3 (1), pp.40-50.
Lemoine, G.J., Hartnell, C., & Leroy, H. (2019). Taking Stock of Moral Approaches to Leadership: An Integrative Review of Ethical, Authentic, and Servant Leadership. *Academy of Management Annals*, 13 (1), pp.148-187.
Lengnick-Hall, C.A., & Beck, T.E. (2005). Adaptive Fit Versus Robust Transformation: How Organizations Respond to Environmental Change. *Journal of Management*, 31 (5), pp.738-757.
Likert, R. (1961). *New Patterns of Management*. McGraw-Hill.（三隅二不二訳『経営の行動科学：新しいマネジメントの探求』ダイヤモンド社，1964年）。
Lin, N. (2001). *Social Capital: A Theory of Social Structure and Action*. Cambridge University Press.（筒井淳也・石田光規・桜井政成・三輪哲・土岐智賀子訳『ソーシャル・キャピタル：社会構造と行為の理論』ミネルヴァ書房，2008年）。
Liu, H., Ke, W., Wei, K.K., & Hua, Z. (2015). Influence of Power and Trust on the Intention to Adopt Electronic Supply Chain Management in China. *International Journal of Production Research*, 53 (1), pp.70-87.
Lord, R.G. (1985). An Information Processing Approach to Social Perceptions, Leadership and Behavioral Measurement in Organizations. In B.M. Staw & L.L. Cummings (Eds.), *Research in Organizational Behavior, Vol.7* (pp.87-128). JAI Press.
Lord, R.G., Brown, D.J., & Freiberg, S.J. (1999). Understanding the Dynamics of Leadership: The Role of Follower Self-Concepts in the Leader/Follower Relationship. *Organizational Behavior & Human Decision Processes*, 78 (3), pp.167-203.
Lord, R.G., & Brown, D.J. (2004). *Leadership Processes and Follower Self-Identity*. Lawrence Erlbaum Associates Publishers.
Lowe, K.B., & Gardner, W.L. (2000). Ten Years of the Leadership Quarterly: Contributions and Challenges for the Future. *Leadership Quarterly*, 11 (4), pp.459-514.
Luhmann, N. (1973). *Vertrauen: Ein Mechanismus der Reduktion Sozialer Komplexität, 2. erweiterte Auflage* Ferdinand Enke.（大庭健・正村俊之訳『信頼：社会的な複雑性の縮減メカニズム』勁草書房，1990年）。
Luhmann, N. (1975). *Macht*. Ferdinand Enke Verlag.（長岡克行訳『権力』勁草書房，1986年）。
Lukes, S. (1974). *Power: A Radical View*. Macmillan.（中島吉弘訳『現代権力論批判』未來社,

1995年)。
Lumpkin, G.T., & Dess, G.G. (1996). Clarifying the Entrepreneurial Orientation Construct and Linking It to Performance. *Academy of Management Review*, 21 (1), pp.135-172.
Maak, T., & Pless, N.M. (2006). Responsible Leadership in a Stakeholder Society: A Relational Perspective. *Journal of Business Ethics*, 66 (1), pp.99-115.
Marsden, P.V. (1987). Core Discussion Networks of Americans. *American Sociological Review*, 52 (1), pp.122-131.
Marsden, P.V., & Lin, N. (1982). *Social Structure and Network Analysis*. SAGE Publications.
Mayer, R.C., Davis, J.H., & Schoorman, F.D. (1995). An Integrative Model of Organizational Trust. *Academy of Management Review*, 20 (3), pp.709-734.
McAllister, D.J. (1995). Affect- and Cognition-Based Trust as Foundations for Interpersonal Cooperation in Organizations. *Academy of Management Journal*, 38 (1), pp.24-59.
McClelland, D.C. (1961). *The Achieving Society*. Van Nostrand & Co. (林保監訳『達成動機：企業と経済発展におよぼす影響』産業能率短期大学出版部，1971年)。
McIlveen, P., & Patton, W.A. (2007). Narrative Career Counseling: Theory and Exemplars of Practice. *Australian Psychologist*, 42 (3), pp.226-235.
Meindl, J.R. (1995). The Romance of Leadership as a Follower-Centric Theory: A Social Constructionist Approach. *Leadership Quarterly*, 6 (3), pp.329-341.
Meindl, J.R., Ehrlich, S.B., & Dukerich, J.M. (1985). The Romance of Leadership. *Administrative Science Quarterly*, 30 (1), pp.78-102.
Mescon, T.S., & Montanari, J.R. (1981). The Personalities of Independent and Franchise Entrepreneurs, An Empirical Analysis of Concepts. *Academy of Management Proceedings*, pp.413-417.
Meyer, M. (2001). Between Theory, Method, and Politics: Positioning of the Approaches to CDA. In R. Wodak & M. Meyer (Eds.), *Methods of Critical Discourse Analysis* (pp.14-31). SAGE Publications. (高木佐知子訳「理論，方法論，そして政治の間で：CDAアプローチを位置づける」野呂香代子監訳『批判的談話分析入門：クリティカル・ディスコース・アナリシスの方法』三元社，2010年，27-50頁)。
Miller, D. (1983). The Correlates of Entrepreneurship in Three Types of Firms. *Management Science*, 29 (7), pp.770-791.
Mintzberg, H. (1973). *The Nature of Managerial Work*. Harper Collins Publishers. (奥村哲史・須貝栄訳『マネジャーの仕事』白桃書房，1993年)。
Mintzberg, H. (1983). *Power in and Around Organizations*. Prentice Hall.
Mintzberg, H. (2004). *Managers Not MBAs: A Hard Look at the Soft Practice of Managing and Management Development*. Berrett-Koehler Publishers. (池村千秋訳『MBAが会社を滅ぼす：マネジャーの正しい育て方』日経BP社，2006年)。
Morriss, P. (2002). *Power: A Philosophical Analysis, Second Edition*. Manchester University Press.
Morris, M.H., Avila, R.A., & Allen, J. (1993). Individualism and the Modern Corporation: Implications for Innovation and Entrepreneurship. *Journal of Management*, 19 (3), pp.595-612.
Mumby, D.K., & Clair, R.P. (1997). Organizational Discourse. In T.A. van Dijk (Ed.), *Discourse as Structure and Process* (pp.181-205). SAGE Publications.
Mumby, D.K. (2004). Discourse, Power and Ideology: Unpacking the Critical Approach. In D. Grant, C. Hardy, C. Oswick & L. Putnum (Eds.), *The SAGE Handbook of Organizational Discourse* (pp.237-258). SAGE Publications. (福原康司訳「ディスコース，パワー，そしてイデオロギ

ー：批判的アプローチをひもとく」高橋正泰・清宮徹監訳，組織ディスコース翻訳プロジェクトチーム訳『ハンドブック 組織ディスコース研究』同文舘出版，2012年，375-410頁)。
Murmann, J.P., & Sardana, D.（2013）. Successful Entrepreneurs Minimize Risk. *Australian Journal of Management*, 38(1), pp.191-215.
Murrell, K.L.（1985）. The Development of a Theory of Empowerment: Rethinking Power for Organization Development. *Organization Development Journal*, 3(2), pp.34-38.
Nahapiet, J., & Ghoshal, S.（1998）. Social Capital, Intellectual Capital, and the Organizational Advantage. *Academy of Management Review*, 23(2), pp.242-266.
Newell, S., & Swan, J.（2000）. Trust and Inter-Organizational Networking. *Human Relations*, 53(10), pp.1287-1328.
Ng, T.W.H., & Lucianetti, L.（2016）. Within-Individual Increases in Innovative Behavior and Creative, Persuasion, and Change Self-Efficacy Over Time: A Social-Cognitive Theory Perspective. *Journal of Applied Psychology*, 101(1), pp.14-34.
Nicola, M., Pless, N.M., & Maak, T.（2011）. Responsible Leadership: Pathways to the Future. *Journal of Business Ethics*, 98（Supplement.1）, pp.3-13.
Nonaka, I., & Takeuchi, H.（1995）. *The Knowledge Creating Company: How Japanese Companies Create the Dynamics*. Oxford University Press.（梅本勝博訳『知識創造企業』東洋経済新報社，1996年）。
O'Donnell, A., Gilmore, A., Cummins, D., & Carson, D.（2001）. The Network Construct in Entrepreneurship Research: A Review and Critique. *Management Decision*, 39(9), pp.749-760.
O'Reilly III, C.A., & Tushman, M.L.（2016）. *Lead and Disrupt: How to Solve the Innovator's Dilemma*. Stanford Business Books.（渡部典子訳『両利きの経営：二兎を追う戦略が未来を切り開く』東洋経済新報社，2019年）。
Pappas, J.M., & Wooldridge, B.（2007）. Middle Managers' Divergent Strategic Activity: An Investigation of Multiple Measures of Network Centrality. *Journal of Management Studies*, 44(3), pp.323-341.
Parsons, T.（1969）. *Politics and Social Structure*. Free Press, A Division of The Macmillan.（神明正道監訳『政治と社会構造（下）』誠信書房，1974年）。
Patton, W.（2005）. A Postmodern Approach to Career Education: What Does It Look Like?. *Perspectives in Education*, 23(2), pp.21-28.
Paul, J., Costley, D.L., Howell, J.P., Dorfman, P.W., & Trafimow, D.（2001）. The Effects of Charismatic Leadership on Followers' Self-Concept Accessibility. *Journal of Applied Social Psychology*, 31(9), pp.1821-1844.
Paunonen, S.V., Lönnqvist, J., Verkasalo, M., Leikas, S., & Nissinen, V.（2006）. Narcissism and Emergent Leadership in Military Cadets. *Leadership Quarterly*, 17(5), pp.475-486.
Peltonen, T.（1998）. Narrative Construction of Expatriate Experience and Career Cycle: Discursive Patterns in Finnish Stories of International Career. *International Journal of Human Resource Management*, 9(5), pp.875-892.
Peters, T.J., & Waterman Jr., R.H.（1982）. *In Search of Excellence: Lessons from America's Best-Run Companies*. Harper and Row.（大前研一訳『エクセレント・カンパニー』講談社，1983年）。
Peters, T., & Austin, N.（1985）. *A Passion for Excellence: The Leadership Difference*. Random House.
Pfeffer, J.（1992）. *Managing with Power: Politics and Influence in Organizations*. Harvard Business School Press.
Pfeffer, J., & Salancik, G.（1978）. *The External Control of Organizations: A Resource Dependence*

Perspective. Harper & Row.

Phillips, N., Lawrence, T.B., & Hardy, C. (2004). Discourse and Institutions. *Academy of Management Review*, 29 (4), pp.635-652.

PinchotⅢ, G. (1985). *Intrapreneuring: Why You Don't Have to Leave The Corporation to Become An Entrepreneur*. Harper & Row.（清水紀彦訳『社内企業家（イントラプルナー）』講談社，1985年）。

Podsakoff, P.M., Bommer, W.H., Podsakoff, N.P., & Mackenzie, S.B. (2006). Relationships Between Leader Reward and Punishment Behavior and Subordinate Attitudes, Perceptions, and Behaviors: A Meta-Analytic Review of Existing and New Research. *Organizational Behavior & Human Decision Processes*, 99 (2), pp.113-142.

Putnam, R.D. (2000). *Bowling Alone: The Collapse and Revival of American Community*. Simon & Schuster.（柴内康文訳『孤独なボウリング：米国コミュニティの崩壊と再生』柏書房，2006年）。

Rajnandini, P., Schriesheim, C.A., & Williams, E.S. (1999). Fairness Perceptions and Trust as Mediators for Transformational and Transactional Leadership: A Two-Sample Study. *Journal of Management*, 25 (6), pp.897-933.

Randerson, K. (2016). Entrepreneurial Orientation. Do We Actually Know as Much as We Think We Do?. *Entrepreneurship & Regional Development*, 28 (7/8), pp.580-600.

Raven, B.H. (1965). Social Influence and Power. In I.D. Steiner & M. Fishbein (Eds.), *Current Studies in Social Psychology* (pp.371-382). Holt, Rinehart, Winston.

Raven, B.H. (1992). A Power/Interaction Model of Interpersonal Influence: French and Raven Thirty Years Later. *Journal of Social Behavior and Personality*, 7 (2), pp.217-244.

Raven, B.H., Schwarzwald, J., & Koslowsky, M. (1998). Conceptualizing and Measuring a Power/Interaction Model of Interpersonal Influence. *Journal of Applied Social Psychology*, 28 (4), pp.307-332.

Reich, R.B. (1987). Entrepreneurship Reconsidered: The Team as Hero. *Harvard Business Review*, 65 (3), pp.77-83.

Ren, C.R., & Guo, C. (2011). Middle Managers' Strategic Role in the Corporate Entrepreneurial Process: Attention-Based Effects. *Journal of Management*, 37 (6), pp.1586-1610.

Ring, P.S., & Van de Ven, A.H. (1992). Structuring Cooperative Relationships Between Organizations. *Strategic Management Journal*, 13 (7), pp.483-498.

Ring, P.S., & Van de Ven, A.H. (1994). Developmental Processes of Cooperative Interorganizational Relationships. *Academy of Management Review*, 19 (1), pp.90-118.

Ripamonti, S., Galuppo, L., Bruno, A., Ivaldi, S., & Scaratti, G. (2018). Reconstructing the Internship Program as a Critical Reflexive Practice: The Role of Tutorship. *Teaching in Higher Education*, 23 (6), pp.751-768.

Robinson, D. (1990). *The Naked Entrepreneur*. Kogan Page Ltd.（川上宏訳『素顔のアントルプルヌール』千倉書房，1992年）。

Rosenthal, S.A., & Pittinsky, T.L. (2006). Narcissistic Leadership. *Leadership Quarterly*, 17 (6), pp.617-633.

Rotter, J.B. (1967). A New Scale for the Measurement of Interpersonal Trust. *Journal of Personality*, 35 (4), pp.651-665.

Rush, M.C., Thomas, J.C., & Lord, R.G. (1977). Implicit Leadership Theory: A Potential Threat to the Internal Validity of Leader Behavior Questionnaires. *Organizational Behavior and Human*

Performance, 20 (1), pp.93-110.

Russ, G.S., Galang, M.C., & Ferris, G.R. (1998). Power and Influence of the Human Resources Function Through Boundary Spanning and Information Management. *Human Resource Management Review*, 8 (2), pp.125-148.

Sako, M. (1992). *Prices, Quality and Trust: Inter-firm Relations in Britain and Japan*. Cambridge University Press.

Salancik, G.R., & Pfeffer, J. (1978). A Social Information Processing Approach to Job Attitudes and Task Design. *Administrative Science Quarterly*, 23 (2), pp.224-253.

Schmutzler, J., Andonova, V., & Diaz-Serrano, L. (2019). How Context Shapes Entrepreneurial Self-Efficacy as a Driver of Entrepreneurial Intentions: A Multilevel Approach. *Entrepreneurship Theory and Practice*, 43 (5), pp.880-920.

Schumpeter, J.A. (1926). *Theorie Der Wirtschaftlichen Entwicklung*. Duncker & Humblot.（塩野谷祐一・中山伊知郎・東畑精一訳『経済発展の理論（上)』岩波書店，1977年)。

Schumpeter, J.A. (1942). *Capitalism, Socialism, and Democracy*. Harper & Row.（中山伊知郎・東畑精一訳『資本主義・社会主義・民主主義（上)』東洋経済新報社，1951年)。

Schwab, D.P. (1980). Construct Validity in Organizational Behavior. In L.L. Cummings & B.M. Staw (Eds.), *Research in Organizational Behavior Vol.2* (pp.3-43). JAI Press.

Scott, S.G., & Bruce, R.A. (1994). Determinants of Innovative Behavior: A Path Model of Individual Innovation in the Workplace. *Academy of Management Journal*, 37 (3), pp.580-607.

Selznick, P. (1957). *Leadership in Administration: A Sociological Interpretation*. Harper & Brothers.（北野利信訳『組織とリーダーシップ』ダイヤモンド社，1963年)。

Seo, M.G., & Creed, W.E.D. (2002). Institutional Contradictions, Praxis and Institutional Change: A Dialectical Perspective. *Academy of Management Review*, 27 (2), pp.222-247.

Sharma, P., & Chrisman, J.J. (1999). Toward a Reconciliation of the Definitional Issues in the Field of Corporate Entrepreneurship. *Entrepreneurship Theory and Practice*, 23 (3), pp.11-28.

Shepherd, D.A., Haynie, J.M., & Patzelt, H. (2013). Project Failures Arising from Corporate Entrepreneurship: Impact of Multiple Project Failures on Employees' Accumulated Emotions, Learning, and Motivation. *Journal of Product Innovation Management*, 30 (5), pp.880-895.

Short, J., Williams, E., & Christie, B. (1976). *The Social Psychology of Telecommunications*. John Wiley and Sons Ltd.

Simon, H.A. (1955). A Behavioral Model of Rational Choice. *Quarterly Journal of Economics*, 69 (1), pp.99-118.

Slotte-Kock, S., & Coviello, N. (2010). Entrepreneurship Research on Network Processes: A Review and Ways Forward. *Entrepreneurship Theory and Practice*, 34 (1), pp.31-57.

Spekman, R.E. (1979). Influence and Information: An Exploratory Investigation of the Boundary Role Person's Basis of Power. *Academy of Management Journal*, 22 (1), pp.104-117.

Stahelski, A.J., & Paynton, C.F. (1995). The Effects of Status Cues on Choices of Social Power and Influence Strategies. *Journal of Social Psychology*, 135 (5), pp.553-560.

Stam, W., & Elfring, T. (2008). Entrepreneurial Orientation and New Venture Performance: The Moderating Role of Intra- and ExtraIndustry Social Capital. *Academy of Management Journal*, 51 (1), pp.97-111.

Stevenson, W.B., & Greenberg, D.N. (1998). The Formal Analysis of Narratives of Organizational Change. *Journal of Management*, 24 (6), pp.741-762.

Sydow, J. (1998). Understanding the Constitution of Interorganizational Trust. In C. Lane & R.

Bachmann (Eds.), *Trust Within and Between Organizations* (pp.31-63). Oxford University Press.

Sylla, R. (2003). Financial Systems, Risk Management, and Entrepreneurship: Historical Perspectives. *Japan and the World Economy*, 15 (4), pp.447-458.

Taylor, J.R. (1989). *Linguistic Categorization*. Oxford University Press.（辻幸夫訳『認知言語学のための14章』紀伊國屋書店，1996年）。

Thompson, J.D. (1967). *Organizations in Action: Social Science Bases of Administrative Theory*. McGraw-Hill.（大月博司・廣田俊郎訳『行為する組織』同文舘出版，2012年）。

Tichy, N.M., & Cohen, E. (1997). *The Leadership Engine: How Winning Companies Build Leaders at Every Level*. Harper Business.（一條和生訳『リーダーシップ・エンジン』東洋経済新報社，1999年）。

Toledano, N., Urbano, D., & Bernadich, M. (2010). Networks and Corporate Entrepreneurship. *Journal of Organizational Change Management*, 23 (4), pp.396-412.

Treviño, L.K., Daft, R.L., & Lengel, R.H. (1990). Understanding Managers' Media Choices: A Symbolic Interactionist Perspective. In J. Fulk & C. Steinfield (Eds.), *Organizations and Communication Technology* (pp.71-94). SAGE Publications.

Treviño, L.K., Hartman, L.P., & Brown, M. (2000). Moral Person and Moral Manager: How Executives Develop a Reputation for Ethical Leadership. *California Management Review*, 42 (4), pp.128-142.

Treviño, L.K., Brown, M., & Hartman, L.P. (2003). A Qualitative Investigation of Perceived Executive Ethical Leadership: Perceptions from Inside and Outside the Executive Suite. *Human Relations*, 56 (1), pp.5-37.

Tsui, A.S. (2021). Responsible Research and Responsible Leadership Studies. *Academy of Management Discoveries*, 7 (2), pp.166-170.

Uhl-Bien, M. (2006). Relational Leadership Theory. Exploring the Social Processes of Leadership and Organizing. *Leadership Quarterly*, 17 (6), pp.654-676.

Uhl-Bien, M., Riggio, R.E., Lowe, K.B., & Carsten, M.K. (2014). Followership Theory: A Review and Research Agenda. *Leadership Quarterly*, 25 (1), pp.83-104.

Van de Ven, A.H., Emmett, D.C., & Koenig Jr., R. (1974). Frameworks for Interorganizational Analysis. *Organization and Administrative Sciences*, 5 (1), pp.113-129.

van Dijk, T.A. (1993). Principles of Critical Discourse Analysis. *Discourse and Society*, 4 (2), pp.249-283.

Vecchio, R.P. (Ed.) (1997). *Leadership: Understanding the Dynamics of Power and Influence in Organizations*. University of Notre Dame Press.

Venn, R., & Berg, N. (2014). The Gatekeeping Function of Trust in Cross-Sector Social Partnerships. *Business and Society Review*, 119 (3), pp.385-416.

Waddock, S.A., & Post, J.E. (1991). Social Entrepreneurs and Catalytic Change. *Public Administration Review*, 51 (5), pp.393-401.

Walumbwa, F.O., Avolio, B.J., Gardner, W.L., Wernsing, T.S., & Peterson, S.J. (2008). Authentic Leadership: Development and Validation of a Theory-Based Measure. *Journal of Management*, 34 (1), pp.89-126.

Watson, T.J. (2001). Beyond Managism: Negotiated Narratives and Critical Management Education in Practice. *British Journal of Management*, 12 (4), pp.385-396.

Weick, K.E. (1978). The Spines of Leadership. In M.W. McCall Jr. & M.M. Lombardo (Eds.), *Leadership: Where Else Can We Go?* (pp.37-61). Duke University Press.

https://ci.nii.ac.jp/ncid/BA03525401.
Weick, K.E. (1979). *The Social Psychology of Organizing 2nd ed.* McGraw-Hill.（遠田雄志訳『組織化の社会心理学（第２版）』文眞堂，1997年）。
Weick, K.E. (1995). *Sensemaking in Organizations.* SAGE Publications.（遠田雄志・西本直人訳『センスメーキング イン オーガニゼーションズ』文眞堂，2001年）。
Weick, K.E., & Sutcliffe, K.M. (2015). *Managing the Unexpected: Sustained Performance in a Complex World 3rd ed.* Jossey-Bass.（中西晶監訳・杉浦大輔ほか高信頼性組織研究会訳『想定外のマネジメント（第３版）：高信頼性組織とは何か』文眞堂，2017年）。
Weiner, B. (1986). *An Attributional Theory of Motivation and Emotion.* Springer-Verlag.
Welter, F. (2011). Contextualizing Entrepreneurship - Conceptual Challenges and Ways Forward. *Entrepreneurship Theory and Practice*, 35(1), pp.165-184.
Wenger, E. (1998). *Communities of Practice: Learning, Meaning, and Identity.* Cambridge University Press.
Wenger, E., McDermott, R., & Snyder, W.M. (2002). *Cultivating Communities of Practice.* Harvard Business School Press.（野村恭彦監修・野中郁次郎解説・櫻井祐子訳『コミュニティ・オブ・プラクティス』翔泳社，2002年）。
White, M., & Epston, D. (1990). *Narrative Means to Therapeutic Ends.* W.W. Norton.（小森康永訳『物語としての家族』金剛出版，1992年）。
Williamson, O.E. (1975). *Markets and Hierarchies: Analysis and Antitrust Implications.* Free Press.（浅沼萬里・岩崎晃訳『市場と企業組織』日本評論社，1980年）。
Willer, D., Lovaglia, M.J., & Markovsky, B. (1997). Power and Influence: A Theoretical Bridge. *Social Forces*, 76(2), pp.571-603.
Wincent, J., & Westerberg, M. (2005). Personal Traits of CEOs, Inter-Firm Networking and Entrepreneurship in Their Firms: Investigating Strategic SME Network Participants. *Journal of Developmental Entrepreneurship*, 10(3), pp.271-284.
Wolfram Cox, J., & Hassard, J. (2018). From Relational to Relationist Leadership in Critical Management Education: Recasting Leadership Work After the Practice Turn. *Academy of Management Learning & Education*, 17(4), pp.532-556.
Wooldridge, B., Schmid, T., & Floyd, S.W. (2008). The Middle Management Perspective on Strategy Process: Contributions, Synthesis, and Future Research. *Journal of Management*, 34(6), pp.1190-1221.
Yammarino, F.J., Dionne, S.D., Schriesheim, C.A., & Dansereau, F. (2008). Authentic Leadership and Positive Organizational Behavior: A Meso, Multi-Level Perspective. *Leadership Quarterly*, 19(6), pp.693-707.
Yukl, G.A. (1989). *Leadership in Organizations 2nd ed.* Prentice Hall.
Yukl, G.A. (2006). *Leadership in Organizations 6th ed.* Prentice Hall.
Zaheer, A., McEvily, B., & Perrone, V. (1998). Does Trust Matter? Exploring the Effects of Interorganizational and Interpersonal Trust on Performance. *Organization Science*, 9(2), pp.141-159.
Zand, D.E. (1972). Trust and Managerial Problem Solving. *Administrative Science Quarterly*, 17(2), pp.229-239.
Zand, D.E. (1997). *The Leadership Triad.* Oxford University Press.
Zucker, L.G. (1986). Production of Trust: Institutional Sources of Economic Structure, 1840-1920. *Research in Organizational Behavior*, 8, pp.53-111.

【付録】

質問紙[1)]
アンケートご協力のお願い

本研究では，同じ企業の中の他の部署や企業外部と交渉する際，その相手との信頼関係によって，どのようなパワーを行使する傾向にあるかを調査したいと考えております。本調査はすべて匿名で行い，個人情報の取り扱いには細心の注意を払って行います。また，何か不明な点があれば，調査者まで連絡を頂ければ幸いです。

専修大学経営学部　福原康司（fukuhara@isc.senshu-u.ac.jp）

該当する項目の数字に○をつけて下さい。

Ⅰ．属性

性別：　1．男性　2．女性

年齢：　1．24歳以下　2．25～29歳　3．30～34歳　4．35～39歳　5．40～44歳
　　　　6．45歳以上

役職：　1．係長　2．課長　3．次長　3．部長（役付は除く）

職種：　1．営業　2．研究開発

Ⅱ．次の設問に対して，最も該当する数字に○をつけて下さい。

【設問０】 仕事をする上で何か相談したり，情報交換したりする人は，社内外に何人位いますか？該当するものを選択して下さい。

1．1～5人　2．6～10人　3．11～15人　4．16～20人　5．21人以上

【設問１】

（1）下記のいずれかに合致する方で，仕事をする上で何か新しいやり方やアイデアを発想する際に特に相談している人を《5人》思い浮かべてください。

1）アンケートはWeb形式で行ったので実際のアンケートのフォームとは異なるが，アンケートの掲載情報はこちらに記載の説明や質問項目と同じである。

・自社の同じ部門の人
・自社の違う部門の人
・取引関係のある他社の人
・取引関係のない他社の人（勉強会や研究会等で出会った人）
・仕事に関係のないコミュニティ（家族・友人・趣味仲間等）の人

相談内容や情報交換の内容については，仕事に関することであればどのような些細なものでも構いません。

（2）上記の（1）で思い浮かべた５名のお名前を，お手元のメモ用紙などに書いて下さい。
※このメモはアンケートの回答をスムーズに行うためのものです。
メモにお書きいただいたお名前などの個人情報をアンケートに記入する必要は一切ございません。
また，アンケートの回答終了後に，メモは破いて破棄してください。

（3）メモにお書き頂いた５名のお名前の横に，Ａ，Ｂ，Ｃ，Ｄ，Ｅ，と記入してください。

（4）お書き頂いたメモを見ながら，質問１と質問２に回答してください。

それでは質問いたします。

メモにお書き頂いた，あなたが仕事をする上で何か新しいやり方やアイデアを発想する際に特に相談している人達（Ａ～Ｅの方）はどのような立場の人でしょうか。該当するボックスに○を１つだけ付けて下さい。

	1	2	3	4	5
	自社の同じ部門の人	自社の違う部門の人	取引関係のある他社の人	取引関係のない他社の人（勉強会や研究会等で出会った人）	仕事に関係のないコミュニティ（家族・友人・趣味仲間等）の人
Aの方					
Bの方					
Cの方					
Dの方					
Eの方					

【設問2】

質問1であげられた人どうしの関係について，1．親しい　2．親しくはないが面識はある　3．まったく面識がない　4．わからない，のいずれに該当するか，お答えください。該当するボックスに○を1つだけ付けて下さい。

	1	2	3	4
	親しい	親しくはないが面識はある	まったく面識がない	わからない
Aの方とBの方				
Aの方とCの方				
Aの方とDの方				
Aの方とEの方				
Bの方とCの方				
Bの方とDの方				
Bの方とEの方				
Cの方とDの方				
Cの方とEの方				
Dの方とEの方				

【設問3】2)

Q3-1　自分は職場では，グループに属し，まとまって行動するほうだ。

Q3-2　自分は職場では，気心しれた人たちと一緒に仕事をすることを好む

2）設問3～8は実際には各Qに以下の選択肢を示したうえで回答を依頼しているが、本書においては割愛している。
1．まったくそう思わない　2．そう思わない　3．どちらとも言えない　4．そう思う　5．非常にそう思う

Q3-3　自分は職場では，グループに属さず一人で行動するほうだ

Q3-4　職場以外の人たちとも幅広い交友関係がある

Q3-5　自分は情報を発信する（自分の持っている色々な情報や知識を周囲に伝える）ことが多いタイプだと思う

Q3-6　自分は情報を受信する（周囲から色々な情報・相談を提供してもらう）ことが多いタイプだと思う

【設問４】

既に協働や取引のある他社とビジネスをする時に抱く感情には○を，これまでに協働や取引のなかった他社とビジネスをする時に抱く感情には×をつけて下さい。

Q4-1　私からの良い評価は，その人の給与や他の報酬の増加をもたらしてくれるはずだ

Q4-2　私はその人が特定の便益を受け取る手助けとなり得る

Q4-3　その人は私が好きで，私からの承認はその人にとって重要である

Q4-4　私はその人が要求する通りに何でもこなし，その人に自分が価値ある存在だと思わせることができる

Q4-5　私はその人にとって嬉しくないことをすることができる

Q4-6　私はその人にとって不利益になることをできる立場にある

Q4-7　その人が私に嫌われていることを知ったらあわてるだろう

Q4-8　私はその人が自分の要求通りにしない場合，その人に冷たくするか距離をおくかもしれない

【設問５】

Q5-1　その人は私がおそらくその人の問題・課題をうまく対処する最善の方法を知っていると感じている

Q5-2　その人は私がおそらく色々なことに精通していると感じている

Q5-3　その人は私が最善の方向性を自分に指南してくれると信じている

Q5-4　その人はおそらく自分たちよりも私の方が多くの知識を持っていると感じている

Q5-5　その人は私を尊敬もしくは称賛しており，同意しないようなことはないだろう

Q5-6　その人は私を自分達と価値観や考え方が同じだとみなしている

Q5-7　私達は同じ職場グループの一部であると共に，物事に対して意見が一致すべきだ

Q5-8　その人は私を尊敬しており，私はそれなりにその人の行動のお手本となっている

【設問６】

Q6-1　私が一度指摘したら，その人はなぜその指摘が必要か理解できる

Q6-2　私はその人に自分の指摘に対する基本的なことを丁寧に説明してきた

Q6-3　私はその人が指摘したことに対処する方法をなぜ変更しなければならないかをうまく説明できる

Q6-4　その人は私が指摘したことを実践すればより良い方向に向かっていくことを理解している

Q6-5　私のポジションからしてその人はある程度私に従う義務を感じている

Q6-6　その人の問題・課題をうまく対処する方法を教えることは私の仕事だ

Q6-7　私はその人に対して何か要求する正当な権利を持っている

Q6-8　その人は私が言うことを受け入れなければならない立場である

【設問７】

他社と協働や取引などのビジネスをする時，その相手先に対して抱く感情で最も当てはまるものに○をつけて下さい。

Q7-1　その会社は自分たちとの交渉において常に公平である

Q7-2　その会社は自分たちを犠牲にして利益を上げる機会を利用するかもしれない

Q7-3　過去の経験から，自分たちと取り交わした約束を守るべきその会社に確信をもって依存することはできない

Q7-4　契約書が曖昧な時，その会社と取引を行うことにためらいがある

Q7-5　その会社は名前が知れているので信頼に値する

Q7-6　担当者は自分との交渉において常に公平である

Q7-7　自分は担当者がどのように振る舞うかを知っている。自分が期待したようにその担当者が行動することは常にあてにできる

Q7-8　自分の担当者は信頼に値する

Q7-9　自分の担当者は本人の費用よりも自分の利益を配慮してくれる

Q7-10　仮に担当者の仕事ぶりが自分の期待以下だった場合ある意味裏切られたような感覚になる

Q7-11　その会社のことをよく知っている第三者から推薦されたから安心できる

Q7-12　自分が信頼している人からその会社を紹介されたので安心できる

Q7-13　知り合いではないがその道に熟知した人からその会社を紹介されたので問題ないはずだ

【設問８】

次の各設問で自分のタイプとして最も当てはまるものに○をつけて下さい。

Q8-1　私は改善のための新しいアイデアを生み出している

Q8-2　私は新しい働き方，技術あるいは道具を探している

Q8-3　私は種々の問題に対して独自の解決策を生み出している

Q8-4　私は革新的なアイデアのためにサポートを動員する

Q8-5　私は革新的なアイデアの承認を取りつける

Q8-6　私は革新的なアイデアのために重要な組織メンバーを夢中にさせる

Q8-7　私は革新的なアイデアを利用しやすい方法に変換する

Q8-8　私は革新的なアイデアを体系立てた方法で職場に導入する

Q8-9　私は革新的アイデアの活用を評価する

Q8-10　私は創造的に問題を解決する能力に自信がある

Q8-11　私は奇抜なアイデアを生み出すことが得意な方だと思う

Q8-12　私は他の人のアイデアをさらに進展させる才覚がある

Q8-13　私は他の人に自分の提案を採用してもらうことにいつも成功している

Q8-14　私は仕事である意見を擁護する時に自信を感じている

Q8-15　私は仕事で話しをしなければならない時，常に熱心だと感じる

Q8-16　私は他の同僚に何かを教えなければならない時不安になることはない

Q8-17　私は卓越した説得の技術や戦術を持っている

Q8-18　組織の変革が起こるようなどのような場所でも，私は変革にうまく対処できると確信している

Q8-19　私は一緒に働いている誰よりも変革を上手に扱うと思っている

Q8-20　この組織で劇的な変革が起こった場合，私は簡単にそれに対処できるのではないかと思う

Q8-21　私は組織の変革に従事しながら，うまくそれを成し遂げることができるとほぼ確信している

Q8-22　私は組織の変革に従事しながら自分の職務もうまく成し遂げるだろうと信じている

事項索引

さ

た

や

ら

わ

人名索引

マ

ヤ

ラ

ワ

【著者紹介】

福原　康司（ふくはら　やすし）

専修大学経営学部 准教授　博士（経営学）明治大学

1971年　東京都渋谷区に生まれる

1995年　専修大学経営学部卒業

2001年　専修大学大学院経営学研究科博士課程単位取得後退学

国際医療福祉大学専任講師を経て現職

《主要業績》

『自分事化の組織論：主体的に考え行動するためのストーリーとロジック』（編著）学文社，2022年。

『ミクロ組織論』（編著）学文社，2019年。

2022年 9 月 2 日　　初版発行　　　　　　　略称：企業家的ミドル

企業家的ミドルの探索

―越境するリーダーの役割と育成―

著　者　ⓒ福　原　康　司

発行者　　中　島　治　久

発行所　**同文舘出版株式会社**

東京都千代田区神田神保町1-41　〒101-0051

電話　営業(03)3294-1801　編集(03)3294-1803

振替 00100-8-42935　http://www.dobunkan.co.jp

Printed in Japan 2022

製版：一企画

印刷・製本　萩原印刷

装丁：藤田美咲

ISBN978-4-495-39065-5